現代カトリシズムの公共性

現代カトリシズムの公共性

岩本潤一訳著

知泉書館

はじめに
── 「現代カトリシズムの公共性」について ──

　本書は 2005 年から 2011 年にかけてさまざまな機会に発表した論考・翻訳 9 篇をまとめたものである。

　初めに本書を刊行するに至った背景を記しておきたい。

　著者は 2003 年 4 月から，カトリック中央協議会（日本カトリック司教協議会）に新設されたばかりの「司教協議会秘書室研究企画」と呼ばれる長い名称の研究部門に研究員として勤務することになった。

　じつはそれまでの 12 年間，すなわち 1991 年から 2003 年 3 月までは上智大学中世思想研究所の常勤嘱託職員として，K・リーゼンフーバー所長の下，おもに『中世思想原典集成』（全 21 巻，平凡社，1992-2002 年）の編集実務に従事していた。同研究所では同時期に『キリスト教史』（全 11 巻，平凡社，1996-1997 年）の新書版を刊行しており，その中で当然，近現代のカトリック教会史を目にする機会はあったものの，仕事の中心は古代から近世初期に至るキリスト教古典の翻訳にあり，現代のカトリック教会にはほとんど関心をもつこともなく過ごした。

　「司教協議会秘書室研究企画」に勤務するにあたり，当初行ったのは，当時の教皇ヨハネ・パウロ 2 世の出した公文書（回勅）の翻訳のほかに，カトリック教会の現勢をまとめた『カトペディア 2004』（カトリック中央協議会，2004 年）の編集であった。『カトペディア』は不思議な書名であるが，「カトリック・エンサイクロペディア」の略である。1992 年版が初めて刊行されて以来二度目の刊行だったので，その間の新しいデータを補足する必要があった。著者は同書編集を通じて初めて，現代カトリック教会の組織と活動の全貌を目にした。

　「司教協議会秘書室研究企画」勤務の始まった 2003 年には，偶然，3 つの出来事が重なった。

2003年2月，教皇庁文化評議会／諸宗教対話評議会は『ニューエイジについてのキリスト教的考察』という報告書を発表し，各国司教協議会にそれぞれの地域での状況の報告を求めた。日本の司教協議会はその報告の作成を著者に委嘱した。著者にとって「ニューエイジ」はまったく未知のテーマであったが，幸い日本にすでに存在していた先行研究を手がかりに報告書を作成してローマ（バチカン）に送り，翌年バチカンで行われた同テーマに関する国際会議にも日本から参加した。なお，この報告の際に行った研究成果をまとめたのが，本書第5章である。

　同じ2003年は，国が2001年に総合科学技術会議生命倫理専門調査会を設置して開始した「ヒト胚の取扱い」に関する検討が終盤を迎え，年末には同調査会が中間報告書「ヒト胚の取扱いに関する基本的考え方」を発表してパブリックコメントを行った時期でもあった。これもたまたま司教協議会内で対応する人間が著者しかいなかったために，司教協議会としての回答案の作成を行うことになった。司教協議会は2004年2月に回答を発表・送付した。ヒト胚に関しては，周知のとおり，カトリック教会として1987年に教皇庁教理省が『生命の始まりに関する教書』を発表して明確な見解を示している。しかし，その後，国が2001年にヒトES細胞（胚性幹細胞）の基礎研究を認めたときにも行われたパブリックコメントに日本の司教協議会は特に反応しなかったので，2004年2月の司教協議会回答は，この問題に関する最初のアクションとなった。著者が生命倫理問題を研究し始めたきっかけは，このように偶然であったが，その研究成果の一端が本書の第1～第3章である。

　さらに2003年10月，当時の教皇ヨハネ・パウロ2世は在位25周年を迎えた。上述の『カトペディア』には当然，現教皇の業績に関する記事を掲載する必要があると考えたが，調べてみると，ヨハネ・パウロ2世の教えと活動についてのまとまった研究は国内にほとんどないことに驚かされた。唯一，同教皇の在位3周年の際に論考「ヨハネ・パウロ二世の教え」（1981年）を書いておられたP・ネメシェギ師（上智大学名誉教授）に執筆をお願いすることができた。

　著者はこうして2003年の着任当初から，一研究員として比較的大きなテーマを急遽慌ただしく担当することを迫られ，その対応に追われながらも，一つの素朴な疑問を抱くようになった。――確かに，いわゆる

はじめに

「普遍教会」としてのカトリック教会は，特にヨハネ・パウロ2世の長い在位期間における信頼の置ける道徳的発言を通して，世界全体に対して大きな影響を及ぼすようになった。その裏づけとなっているのは，バチカン（聖座）が非信仰者を含めた科学者や神学者を会員とするアカデミーの活動などを通して行っている，現代の最先端の（自然科学的・社会科学的）情報・知見の収集と，神学的・哲学的考察である。ところで，これらの現代カトリシズムの姿が日本では十分知られていないのではないか。これは日本の一般社会だけでなく，日本のカトリック教会にとってもいえる。前述のとおり，ヨハネ・パウロ2世の業績について，極端にいえば25年間，1篇のモノグラフしか存在しないことが，それを如実に示している。このような状態になった一因は，もしかすると，1980年代に日本でもラテンアメリカを中心とした「解放の神学」が積極的に紹介・研究された際，バチカン（教皇・教皇庁）は「解放の神学」の敵対者・弾圧者というバイアスのかかったイメージでのみ捉えられたことにあるかもしれない。

これに対して，著者は「ニューエイジ」「ヒト胚」「ヨハネ・パウロ2世」といったテーマに親しむにつれ，次のことをますます感じるようになった。現在のカトリシズム，それもいわゆる「バチカン」と呼ばれるカトリック教会の狭義における教導職（magisterium）においても，近年目覚ましい知の蓄積・深化・発信が行われているのではないか。さらにこの「バチカンの知」は，単なる宗教的言説ではなく，ある普遍性・公共性も備えているのではないか。バチカン自身も自覚的・積極的に自らの教説の普遍的・公共的性格の基盤を明らかにし，公共的言説を通して現代の諸問題に積極的な貢献を行おうとしているのではないか。「自らの教説の普遍的・公共的性格の基盤を明らかにする」という点に関しては，まず1997年に発布された『カトリック教会のカテキズム』，そして2009年に（教皇庁教理省の諮問機関である）教皇庁国際神学委員会が発表した「自然法」に関する研究を挙げることができる（拙訳『普遍的倫理の探求――自然法の新たな展望』カトリック中央協議会，2012年）。そして教皇自ら，ローマから，また国外訪問を通して，さまざまな機会に行う発言は，こうした公共的発言の典型とみなすべきものである。つきつめていえば，現在の教皇ベネディクト16世がいうとおり，「キリスト教信仰は本質的

に合理的・知的な側面をもっています。この側面を欠くなら，キリスト教信仰はキリスト教信仰でなくなります」（『神学生への手紙（2010 年 10 月 18 日）』5〔『司祭職』カトリック中央協議会司教協議会秘書室研究企画編訳，カトリック中央協議会，2011 年，135 頁〕）ということである。このキリスト教の合理的・知的性格が，普遍性・公共性の基盤となっているのである。さらにキリスト教は，実証主義に限定された理性を解放して，道徳と法の新たな基盤を示すために役立ちうるかもしれない（ベネディクト 16 世「ドイツ連邦議会での演説（2011 年 9 月 22 日）」参照）。要するに，現代カトリシズムの言説は，そのすべてとはいえないまでも，多くの部分において，公共的性格を備えている。そして，こうしたバチカンの言説は，その普遍性・公共性のゆえに，日本におけるさまざまな倫理的・政治的議論にも貢献しうるのではないか。そうであるなら，このような知のあり方を，日本においてももっと積極的に紹介すべきでないか。

　このような問題意識に促されて，著者は特に 2005 年 4 月にベネディクト 16 世の教皇職が始まって以来，その重要な発言をできる限り多く翻訳・紹介し（第 9 章の参考文献参照），同時に，「カトリシズムの公共性」が発揮されるいくつかの問題群の検討を行ってきた。本書に収めたのはそのささやかな，最初の成果なのである。

　以下，目次順に本書の内容を概観する。
　初めに生命倫理における，人の始まりと終わりに関する議論をそれぞれ取り上げる。すなわち，第 1 章と第 2 章はヒト ES 細胞・人クローン胚研究，第 3 章は植物状態の患者に対する水分・栄養補給の問題である。
　第 1 章では，まず議論の前提となる，カトリック教会のヒト胚に関する教理的発言を分析する。次いで第 2 章で具体的に，日本におけるヒト胚をめぐる議論を，カトリシズムの立場から検討する。上記のとおり，日本では，ヒト ES 細胞研究が 2001 年の文部科学省の指針で認められ，それ以降，いわば「滑り坂」を降るようにヒト胚の取扱いに関する制限の緩和が行われた。すなわち，人クローン胚研究と，生殖補助医療研究目的でのヒト受精胚の作成の許容（2004 年），それぞれのための指針の策定である（2009 年，2010 年）。第 2 章では，2004 年の総合科学技術会議意見で容認された人クローン胚研究が，その後の山中伸弥教授による

ヒト iPS 細胞作成の成功（2007 年）によって，当初の意味を失うに至ったことを確認する。

　第 3 章（「植物状態の患者に対する水分・栄養補給をめぐって」）は，この問題に関して，2007 年に全米司教協議会からの質問にこたえる形で教皇庁教理省が発表した文書と関連文書を翻訳し，それに解説を加えたものである。近年，日本でも高齢者ケアの意思決定プロセスが議論されているが，本章の示す視点は，終末期・高齢者の問題とは次元を異にするにせよ，同様の問題の対応への示唆を与えうると思われる。

　第 4 章は同性愛の問題を取り上げる。性は現代キリスト教が直面するきわめてアクチュアルな問題である。カトリック教会は同性愛の傾向が存在することを認め，そのような傾向をもつ人を差別してはならないことを強調する一方で，同性結合に男女の結婚と同等の位置づけを与えることには一貫して反対している。本章は，この問題に関して 2003 年に教理省が公布した文書『同性愛者間の結合に法的承認を与えようとする提案に関する考察』および 2005 年に教皇庁教育省が公布した『同性愛の傾向をもつ人の神学校への受け入れと叙階に関する召命の識別基準について』を翻訳し，解説する。後者は教会内の教職者養成に関わる特殊問題が主題であるが，教会の同性愛に関する教説を要約し，新たな観点も示している。

　第 5 章は，ニューエイジに対するカトリック教会の取り組みを考察する。先述のとおりバチカンは 2003 年に『ニューエイジについてのキリスト教的考察』を発表し，世俗化社会の中で個人主義的宗教として展開するこの新しい宗教現象に正面から光を当てた。本章は，日本の状況も含め，ニューエイジ／スピリチュアリティの本質と展望の考察を試みたものである。この研究の基になったのは，2004 年にバチカンで開催された「ニューエイジに関する国際専門家会議」における発表である。

　続く 2 章では，政教分離と，平和の問題を扱う。第 6 章（「裁判員制度とカトリック教会」）は，2009 年に日本で導入された裁判員制度に対する日本のカトリック教会の対応を考察する。2009 年，日本カトリック司教協議会は，聖職者が裁判員となるのを辞退することを勧める声明を発表したが，これは宗教法のもとで「市民法上の義務と教会法上の義務が対立する「義務の衝突」が生じる」（大石眞「宗教法」『宗教学事典』丸善

株式会社，2010年，51頁）事例である．日本のカトリック教会は，少なくとも聖職者に関して，裁判員制度に対して距離を置く姿勢を示したが，本章では教会と政治の関係のあり方についても原理的に考察した．なお，本論は2010年に行われた宗教法学会でのシンポジウム「裁判員制度と信教の自由」での発表に基づく．

　第7章（「カトリック教会の平和論」）は，第二バチカン公会議以降のカトリック教会の平和に関する教説を概観する．現代カトリシズムにおいて，平和思想はもっとも豊かな内容をもつ領域である．本章では第二バチカン公会議から現代の教皇に至る主要文書を分析した．

　最後に，第8章と第9章では，ヨハネ・パウロ2世と現教皇ベネディクト16世の教皇職の意味を考察し，現代カトリシズムの歴史的背景を示す．この第二バチカン公会議後の2人の教皇においては，いずれの場合も，人間の尊厳の擁護と平和への取り組みが重要な位置を占めるのである．

　本書に収めた諸論考は，もともと日本カトリック神学会，日本カトリック教育学会，宗教法学会等で行った研究報告に基づくものである．また宮川俊行・長崎純心大学教授（当時）には，同大学カトリック社会福祉研究所『カトリック社会福祉研究』の第6号（2006年）−第12号（2012年）に翻訳・論考を発表させていただいた．まことにわずかな成果であるが，曲がりなりにも本書をまとめることができたのはこれらの諸学会における諸会員と宮川教授のご指導のおかげである．ここに記してあらためて御礼申し上げたい．最後になるが，このような拙い研究を刊行することをお認めくださった知泉書館社長の小山光夫氏に深甚の感謝の意を表するものである．

2012年5月

著　　者

目　次

はじめに――「現代カトリシズムの公共性」について………………v

第1章　生命倫理と教育――人クローン胚作成の是非をめぐって……3
　1　問題の所在――生命倫理と教育　3
　2　カトリック教会の人の生命の始まりに関する教説　7
　結　び　14

第2章　ES細胞とiPS細胞――現状と展望……………………17
　はじめに　17
　1　ヒトES細胞，人クローン胚，体性幹細胞，iPS細胞とその研究状況　20
　2　日本におけるヒトES細胞，人クローン胚，iPS細胞研究に関する指針　26
　結　び　39
　　（参考資料1）
　　　「ヒト胚の取扱いに関する基本的考え方」（中間報告書）についての意見　41
　　（参考資料2）
　　　人クローン胚の作成・利用を容認する総合科学技術会議 生命倫理専門調査会の方針決定に対する見解　44
　　（参考資料3）
　　　「特定胚の取扱いに関する指針等の改正案」への意見　46

第3章　植物状態の患者に対する水分・栄養補給をめぐって……49
　はじめに　49

1　2007年の教理省文書の歴史的背景　50
　　2　植物状態をどう考えるか　52
　　3　植物状態の患者への栄養・水分補給の義務をどう考えるか　54
　　4　植物状態の患者に対する社会の義務　57
　　（参考資料1）
　　　　教皇ヨハネ・パウロ二世　「生命維持措置と植物状態に関する国際会議」参加者への挨拶　60
　　（参考資料2）
　　　　世界カトリック医師会／教皇庁生命アカデミー　共同声明「植物状態をめぐる科学的・倫理的問題の考察」　66
　　（参考資料3）
　　　　教皇庁教理省「全米司教協議会から提出された人工的栄養補給と水分補給に関する問いに対する回答」　70
　　（参考資料4）
　　　　教皇庁教理省「全米司教協議会から提出された人工的栄養補給と水分補給に関する問いに対する回答」の解説　72

第4章　同性愛とカトリック教会──同性結合と，同性愛の傾向を
　　　　もつ人の神学校への受け入れをめぐって ………………… 79
　　1　同性愛とカトリック教会　79
　　2　参考資料1について　82
　　3　参考資料2について　84
　　（参考資料1）
　　　　教皇庁教理省『同性愛者間の結合に法的承認を与えようとする提案に関する考察』　88
　　（参考資料2）
　　　　教皇庁教育省　教書『同性愛の傾向をもつ人の神学校への受け入れと叙階に関する召命の識別基準について』　99

第5章　ニューエイジとカトリック教会 ………………… 109
　　はじめに──『ニューエイジについてのキリスト教的考察』について　109
　　1　ニューエイジとは何か　111

2　日本にもニューエイジ現象は見られるか　115
　　3　カトリック教会の教導職はニューエイジをどのように見てきたか
　　　　116
　　4　『考察』はニューエイジのどこを問題視しているか　125
　　5　日本の教会にもニューエイジは影響を及ぼしているか　133
　　6　ニューエイジに直面する教会の司牧的課題はいかなるものか
　　　　136

第6章　裁判員制度とカトリック教会　………………………　139
　　はじめに　139
　　1　日本のカトリック教会の裁判員制度への対応をめぐって　141
　　2　信教の自由と政教分離——カトリック教会の視点　150
　　（参考資料1）
　　　　「裁判員制度」について——信徒の皆様へ　156
　　（参考資料2）
　　　　カトリックの聖職者の裁判員辞退について　159

第7章　カトリック教会の平和論　………………………………　161
　　はじめに　161
　　1　『現代世界憲章』　161
　　2　『カトリック教会のカテキズム』　165
　　3　『教会の社会教説綱要』　167

第8章　ヨハネ・パウロ2世の生涯と著作　……………………　171
　　1　教皇以前　171
　　2　教皇としての活動　173
　　結　び　178

第9章　ベネディクト16世の教皇職　……………………………　181
　　1　教皇の課題としての第二バチカン公会議の実施　182
　　2　福音宣教　186
　　3　エキュメニズムと諸宗教との対話　199

    4 平和のための取り組み 202

初出一覧……………………………………………………… 211
索　引……………………………………………………… 213

現代カトリシズムの公共性

第 1 章

生命倫理と教育
――人クローン胚作成の是非をめぐって――

1 問題の所在 ――生命倫理と教育

(1) 人クローン胚をめぐる議論

2004年7月，国は，内閣府総合科学技術会議生命倫理専門調査会（会長：薬師寺泰蔵）において「ヒト胚の取扱いに関する基本的考え方」（最終報告書）をまとめ，人クローン胚の研究目的の作成・利用を容認する決定を行った。人クローン胚研究の問題は，前後して，国連の場でも議論され，2005年3月に，すべての人クローン胚作成を禁止する政治宣言が採択された。

(2) 生命倫理と教育

ところで，人クローン胚作成の是非をめぐっては，2004年2月に日本カトリック司教協議会が，生命倫理専門調査会の意見募集（パブリックコメント）に応えて意見表明を行った。これは司教団が国のパブリックコメント募集に応じた最初である。この意見表明の中で，司教団は，生命倫理専門調査会の中間報告書「ヒト胚の取扱いに関する基本的考え方」に紹介されている，生命倫理専門調査会のヒアリングに基づく「意見」がカトリックの立場を代表するものではないことをはっきりと指摘した[1]。この「意見」をヒアリングで述べたのは，当時上智大学神学部

---

1) 日本カトリック司教協議会「「ヒト胚の取扱いに関する基本的考え方」（中間報告書）

教授であったJ・マシア氏である。マシア氏の所説については別の機会に検討した[2]。上記「中間報告書」が，ヒト胚の扱いに関するカトリック教会の教説——後で見るように，それは国内・国外の区別を超えた普遍的な倫理的要求を示している——を，この教説に関する一教育者の否定的な所説によって相対化しようと試みたことは，まことに姑息な試みだと言わなければならない。同時に，一教育者の言説が公共政策の決定にこのような形であれ影響を与えうることも，看過できない。これは，生命倫理とその教育の実践が，公共政策の形成と深い関係をもつようになっていることを示す一例である。

(3) 生命倫理と公共政策

　生命倫理（bioethics）は比較的歴史の浅い研究分野であり，生命科学の倫理的・社会的・哲学的問題を研究する学際的な学問領域として「国際バイオエシックス学会」（1992年創立）や「日本生命倫理学会」（1988年創立）などの学会を中心として研究されてきた。ところで，近年の生命科学の進展に伴い，生命倫理学は，個々の研究者の研究・教育活動にとどまらない，きわめてプラクティカル（実務的）な学となりつつある。たとえば，日本の多くの大学等の高等教育機関では，機関内倫理審査委員会（IRB）が特定の生命科学研究の倫理性を審査する。そこでは生命倫理の知識が必須である[3]。さらに，生命科学に関する連邦法のない米国では，医薬企業が倫理問題の法的解決のために生命倫理学者を顧問と

への意見（パブリックコメント）」（2004年2月20日），カトリック中央協議会ウェブサイト参照（http://www.cbcj.catholic.jp/jpn/doc/cbcj/040304.htm）。本書第2章参考資料1。司教団が削除と訂正を求めたのは，「中間報告書」13頁26-30行の以下の一文である。「○これに関連して，ヒアリングでは「ヒト受精胚についてローマ・カトリック教会の考え方はよく誤解されているが，教会は命の始まりについて科学的な定義も哲学的な定義もしていない。ただ，生命に対する慎重な立場から「受精の時から守る」という安全第一の態度を勧めているということ。」との意見もあった。」

　2）　拙稿「ヒト胚の尊厳とカトリック教会」，日本カトリック学友会『創造』121号，2004年，3-12頁。ちなみにマシア氏はその後，マドリード大司教の決定により，2006年1月，その生命倫理に関する所説が教会の教説に反することを理由に，スペイン・コミリャス大学生命倫理研究所教授職を解かれ，以後の教職活動も禁じられた。

　3）　機関内倫理審査委員会については，文部科学省科学技術・学術審議会の報告書「機関内倫理審査委員会の在り方について」（2003年3月20日）を参照（http://www.mext.go.jp/a_menu/shinkou/seimei/03050103.pdf）。

して迎えるという，生命倫理学者の「弁護士化」が進行し，欧州では，先端医療・生物技術の法的統制のための「バイオポリティクス」の構築が進められている[4]。こうして，今日，世界的に見ても，生命倫理は，単なる学問の世界を超えて，公共政策の形成と切り離せない関係をもちつつある。

(4)　「世俗的」生命倫理教育とその問題

　2005年10月19日，UNESCO（国連教育科学文化機関）総会で採択された「生命倫理世界宣言」では，23項で生命倫理教育（bioethics education）の促進を各国に求めている。UNESCOの言う「生命倫理教育」は，とりあえずこの「生命倫理世界宣言」の内容の普及をめざしたものである。しかし，すでに日本でも国家規模での「生命倫理教育」が計画されている。これは，一方では，公的な政策決定に際しての一般国民に対する意見募集（パブリックコメント）が，2006年から義務づけられた（「行政手続法の一部を改正する法律」平成17年法律第73号，2005年6月29日成立）ことにより，生命倫理に関しても一般国民に一定の理解が必要となったという事情が背景にある。しかし，国家を主体として進められる生命倫理教育には，科学技術振興のために有利な情報のみを提供して世論の誘導が図られる懸念がある。事実，近年提唱される「国民の科学理解教育」（public understanding of science=PUS）では，「科学技術政策の意思決定に国民も参加する」ことが推奨される[5]。日本学術会議委員となった毛利衛氏（日本科学未来館館長）の「クローン技術やES（胚性幹）細胞など倫理が絡む問題は国民の理解が欠かせない」（『日本経済新聞』2005年10月27日夕刊）といった発言も，これと軌を一にしたものである。国の総合科学技術会議基本政策専門調査会が2006年2月にまとめた「第三期科学技術基本計画」でも，「ライフサイエンス分野」で「国民の理解の醸成・促進の推進方策」が挙げられる。2004年に行

　4）　米本昌平「バイオポリティクス」『毎日新聞』2006年2月19日付，同『バイオポリティクス』中央公論新社，2006年参照。

　5）　第20回厚生科学審議会科学技術部会「ヒト幹細胞を用いた臨床研究の在り方に関する専門委員会」（2004年7月1日）における橋本信也委員の発言，厚生労働省ウェブサイト掲載の議事録19頁参照（http://www.mhlw.go.jp/shingi/2004/07/txt/s0701-1.txt）。

われた生命倫理専門調査会の政策決定のプロセスを見ても，国が国民の「科学理解」を進めながら倫理的問題の解決にあたることの透明性には，疑問を感じざるをえない[6]。

(5) 「宗教的」生命倫理とその教育の意義

公共政策形成との関連における生命倫理とその教育に対して，宗教，特にカトリック教会の生命倫理とそれに基づく教育のもつ意義は少なくない。そもそも人間の生死をめぐる問題を扱う生命倫理においては，科学的理解と同時に，人間の人格性に関する根源的な考察が不可欠である。そして，このような考察において，カトリック教会の倫理は，今日ますます大きな重要性を帯びているからである。実際，近年，カトリック教会が科学技術と生命倫理の交差する領域に関して行ってきた積極的な発言は，宗派の枠を超えて，生命倫理問題についての普遍的・合理的な判断基準を示すものとして注目されている。現代の教会は，科学的探究と宗教的信仰を対立的に考えない（第二バチカン公会議『現代世界憲章』36 参照）。同時に教会は，人間が責任をもって科学技術を管理すべきことも求める。「科学も技術も，それ自体が目的ではない。技術的に可能なことが，かならず合理的といえるわけでも，倫理的に許されることだといえるわけでもない」[7]からである。公共政策との関連で言えば，カトリック教会は，もちろん教会として政治に直接関与するわけではないが，一方でその倫理的教説によって一般社会の「良心の教育」[8]を行う。ここでの教育の主体は教会であり，その対象は，教会の信者であるなしにかかわらず，世俗社会全体である。他方で，教会は信者の政治参加を通じて，積極的に国家の立法と行政が道徳（自然法）に適ったものとなることに寄与することができる[9]。

---

 6) 生命倫理専門調査会のあり方全体の問題については，同調査会委員を務めた島薗進氏の『いのちの始まりの生命倫理 受精卵・クローン胚の作成・利用は認められるか』春秋社，2006 年を参照。
 7) 教皇庁国際神学委員会『人間の尊厳と科学技術（2004 年）』61，拙訳，カトリック中央協議会，2006 年，50 頁。
 8) 第二バチカン公会議『信教の自由に関する宣言』14，『カトリック教会のカテキズム』1783，教皇ヨハネ・パウロ 2 世回勅『真理の輝き』64 参照。
 9) 教会が行う，良心の教育と，信者の政治参加については，教皇ベネディクト 16 世回勅『神は愛（2005 年 12 月 25 日）』（*Deus caritas est*）28 – 29 を参照。

(6) 生命倫理教育の内容と方法——人クローン胚作成の是非を手がかりに

このように，カトリック教会がめざす生命倫理教育は，学校教育を超えて，公共政策の形成を担う社会全体を広く対象に，良心の教育として行われる。ところでその教育の内容また方法はどのようなものとなるであろうか。本章はその内容・方法の検討のための手がかりとして，人クローン胚作成の是非の問題を取り上げる。ところで，人クローン胚作成の是非という問題は，もっとも弱い立場に置かれた人の初期生命（ヒト胚）における人間の人格性をどう考えるかを問う。それゆえ，この問題は，ヒト胚だけでなく，安楽死と終末期医療の問題にまで及ぶ，生命倫理の根幹に関わる[10]。そこで，人クローン胚の問題の考察は，われわれの生命倫理教育の実践の典型例となりうると考えられるのである。本論では，カトリックの生命倫理が，こうした批判的教育（良心教育）を合理的な根拠に基づいて行いうることを，人クローン胚の問題をめぐる最近の教会諸文書の歴史的分析を通して示す。こうした考察を通じて，カトリックの生命倫理が，社会の教育，ひいてはよりよい公共政策の形成のために大いに寄与しうることを示したいと思う。

2　カトリック教会の人の生命の始まりに関する教説

カトリック教会は，人工妊娠中絶に反対してきたが，その関係で，クローニングの問題が論じられる前から，人の生命の始まりに関して精緻な議論を積み上げてきた。以下に重要な教皇庁文書を挙げる。

1）教皇庁教理聖省「堕胎に関する教理聖省の宣言」（*Declaratio de abortu procurato*: AAS [=Acta Apostolicae Sedis] 66 [1974], 730-747）（1974 年 11 月 18 日）。

人間の生命の始まりについて，「理性の光に照らして」と名づけられた第 3 章で扱い，現代の発生学の研究を参照する。本文書は，受精の瞬

---

[10]　宮川俊行「ヒト胚性幹細胞を巡って」『カトリック社会福祉研究』創刊号（2001 年），79–103 頁，同「ペルソナについて——トマス人間論哲学的考察」『カトリック社会福祉研究』第 6 号（2006 年），1-48 頁，秋葉悦子『ヴァチカン・アカデミーの生命倫理　ヒト胚の尊厳をめぐって』知泉書館，2005 年参照。

間から「新しい生命」が始まることを宣言するが，それが人間（persona humana）であるかどうかは，この時点で判断を保留している[11]。

 2）教皇庁教理省「生命の始まりに関する教書」（*Donum vitae*: AAS 80 [1988], 70-102)（1987年2月22日）[12]。

　本文書は，その後の生殖補助医療の進歩に照らして，堕胎だけでなく，広く受精卵の保護の問題を扱う。人間の生命の始まりに関しては，「堕胎に関する教理聖省の宣言」を確認しつつ，さらに精密な定義を行う。生物学に基づいて，人間の生命の始まりを，受精によって接合子（2つの配偶子の核が融合してできる細胞）が形成された瞬間であるとし，「理性に基づいて」，人間の生命が初めに現れた瞬間から，そこに人格の存在を認める[13]。この原則に基づいて，胎内診断と受精卵に対する治

---

　11)「12 ……事実，妊娠の過程が始まった時から，人間の生命に対する尊重が要求される。卵子が受精した時から，父のものでも母のものでもない生命が始まる。むしろ，それはみずからの成長を持つ，新しい人間の生命である。もしすでに人間のものでないならば，彼はけっして人間にならないであろう。／13 霊魂が入れられる瞬間に関する論議から全く独立した，この永久に明白な事実を，現代の発生学は貴重な証拠をあげて確認している。この発生学が証明しているように，すでに妊娠の最初の瞬間から，この生きているものが将来何になるかという計画が立てられている。すなわち，それは，ひとりの人間，すでにはっきり規定された特徴を持つ一個の人間である。まさに受精の瞬間から，人間的生命の冒険が始まるのであり，その各能力が配備され，活動することができるようになるまでには，時が，かなり長い時が必要である。少なくとも言えることは，現代の科学は，そのもっとも進歩した状態で，堕胎を弁護する人々に，なんの本質的支持も与えないということである。そのうえ，人間が成立する瞬間とか堕胎の可否のような，本来哲学と倫理に属する問題について決定的判断をくだすことは，生物学の任務ではない。倫理の観点からすると，次のことが確かである。みごもったものがすでに人間であるかどうか疑わしくても，あえて殺人の危険をおかすことは，客観的に重い罪である。『将来人間になるものは，すでに人間である』」（邦訳，カトリック中央協議会，1975年）。

　12) 正式には「人間の生命の始まりに対する尊重と生殖過程の尊厳について」。邦訳『生命のはじまりに関する教書』カトリック中央協議会，1987年。当時の教理省長官はJ・ラッツィンガー枢機卿（現教皇ベネディクト16世）。なお，本文書の原則は『カトリック教会のカテキズム』に引用され，再確認されている（受精卵の保護と受精卵の破壊を伴う研究の禁止については同2274 – 2275，人工授精については2376 – 2377）。

　13)「1・1 ……もし確証が必要ならば，人間に関する生物科学の成果によってさらに確認することができる。すなわち，それによれば，受精によって生じた接合子において，新しい個人の生物学上のアイデンティティーは既に形成されているとされる。もちろん，いつ霊魂が宿るかということは経験による実験的データからだけでは示すことはできないが，にもかかわらず，受精卵についての科学的なこれらの結論は重要な示唆を与えているといえよう。それを踏まえたうえで理性に基づいて考えるならば，われわれは，人間の生命が初めに現れた瞬間から，そこに一つの人格の存在を見いだすことができる。ヒトの個体（human individual）であるものが人格的存在（human person）でないということがあり得るのだろう

療を認める一方で（1・2 - 3），治療のためでない，研究目的の受精卵の使用，単為生殖やクローニング，受精卵の凍結を禁じる（1・4 - 6）。体外受精に関しては，非配偶者間の体外受精を倫理的に認めず（2・2），配偶者間の体外受精に反対する（2・5）。

　3）教皇ヨハネ・パウロ２世回勅『いのちの福音』（*Evangelium vitae*: AAS 87 [1995], 401-522）（1995 年 3 月 25 日）[14]。

　　安楽死と人工妊娠中絶に対する反対を確認する[15]。人の生命の始まりについては，上記の教理省の宣言と教書を確認する[16]。さらに本回勅の重要な主張は，安楽死と人工妊娠中絶を許容するような，道徳法に反する市民法に従う良心の義務はないとした点である（73 項）。

　4）教皇庁生命アカデミーの総会閉会声明（1997 年 2 月 20 日）。

　教皇庁生命アカデミーは，教皇ヨハネ・パウロ２世によって 1994 年に設立された。1997 年に行われた第 3 回総会は「ヒト胚のアイデンティティーと地位」をテーマとして取り上げ，その閉会声明において，神学

か。……したがって人間の生命は，その存在の最初の瞬間から，すなわち接合子が形成された瞬間から，肉体と精神とからなる全体性を備えた一人の人間として，倫理的に無条件の尊重を要求する。人間は，受精の瞬間から人間として尊重され，扱われるべきである。そして，その同じ瞬間から人間としての権利，とりわけ無害な人間誰にでも備わっている不可侵の権利が認められなければならない」。

　14）邦訳，カトリック中央協議会，1996 年／ 2008 年（ペトロ文庫版）。研究として，秋葉悦子「自己決定権の限界——東海大学安楽死事件判決への疑問と新たな視点　ローマ教皇ヨハネ・パウロ二世の回勅「いのちの福音」を手がかりに」『法の理論』17 号（1997 年），79-152 頁参照。

　15）「57　……何ものであれ誰であれ，罪のない者を殺害することはけっして容認されるものではありません。胎児（foetus）であれ，胚芽（embryo）であれ，幼児であれ成人であれ，老人であれ，不治の病を患う人であれ，死を目前にする人であれ，いっさいの区別はありません」。ちなみにこれは教皇庁教理省『安楽死に関する宣言（*Declaratio de euthanasia*: AAS 72 [1980], 542-552）』（1980 年 5 月 5 日。邦訳，宮川俊行訳，『安楽死について——「バチカン声明」はこう考える』中央出版社，1983 年）の引用。

　16）「60　……道徳上の義務の立場からいって，人間の胚芽の殺害を目的とするいかなる介入をも絶対的に明確に禁じることが正当であるためには，一人の人間にかかわることであるという蓋然性さえあれば十分です。まさにこのような理由から，あらゆる科学的討議や哲学的論証——教導職はけっしてそれらの議論に関わり合うことはありませんでした——を超えて，教会はいつもこう教えてきましたし，また今も教えています。すなわち，人間の生殖活動によって生存を始めたものは，その最初の瞬間から，男性あるいは女性の全体性，および体と霊としての一体性において，倫理的に人間になるはずのものであることへの無条件の畏敬が保障されなければならないということです」（邦訳はカトリック中央協議会訳を一部訂正）。

的・科学的な検討を踏まえた上で，人間の生命の始まりが受精の瞬間にあることを宣言した[17]。

5）教皇庁生命アカデミー「クローニングに関する考察」（*Reflessioni sulla Clonazione*）（1997 年）。

クローン羊ドリーの誕生の報告を受けて出された声明。人間の尊厳と，人間の生殖の尊厳を否定するものとして，生殖目的の人クローン作成に反対する[18]。

6）教皇庁教理省「教皇ヨハネ・パウロ２世自発教令『信仰を守るために』（*Ad tuendam fidei*）に対する解説」（AAS 90 [1998], 542-551）（1998 年 6 月 29 日）。

本文書はおもに神学者の義務を述べたものである。第 11 項において，「罪のない人を直接に意図的に殺害することが重大な道徳違反であることに関する教義」を第一の「信じるべき事柄」に数え，教義の立場から，ヒト胚を含めた罪のない人の生命の保護をあらためて強調する。典拠は上記『いのちの福音』57 項である。

7）教皇庁生命アカデミー「ヒト胚性幹細胞の作成および科学的・治療的使用に関する宣言」（2000 年 8 月 25 日）[19]。

ヒト ES 細胞研究に関連する倫理問題について，以下の明快な判断を行った。① ES 細胞の作成は重大な非道徳的行為である。ヒト胚は人間そのものであり，人間の個体として自己の生命についての権利を有する

17）「生物学上の観点から，ヒト胚の形成と発展は，受精の瞬間から，継続的な，秩序だった，漸次的な過程として現れる。この受精の瞬間から，自己自身によって成体へと成長する内在的な能力を備えた，新たな人間の有機体が成立する。最新の生物医学の成果は，胚の個体性と成長の持続性を実証するための貴重な経験的証拠を提供している。したがって，『前－胚』について語ることは，この生物学的なデータの不正確な解釈となる」: Pontifical Academy for Life, Concluding Document, in: Pontificia Academia pro Vita, *Identity and Statute of Human Embryo. Proceedings of the Third Assembly of the Pontifical Academy for Life (Vatican City, February 14-16, 1997)*, edited by Juan de Dios Vial Correa and Elio Sgreccia, Libreria Editrice Vaticana, 1998, pp. 432-433.

18）邦訳，秋葉悦子訳『ヴァチカン・アカデミーの生命倫理』知泉書館，2005 年，101-109 頁。「3 ……ヒトクローニング……は，その生物学的側面においてもまさに人格的側面においても，人間の生殖の起源を構成する関係性と相補性を根本から操作することである。……ヒトのクローニングは，他者の存在をコピーして（たとえ単なる生物学的コピーであっても）生み出されるクローンの尊厳に関しても否定的に判断されなければならない」。

19）邦訳，秋葉悦子訳，同書 39-49 頁。

からである。同じ理由に基づいて、②治療目的のクローン胚作成も、ヒト胚の破壊を伴うがゆえに、道徳的に許されない。③他の研究者からの提供や、購入によってES細胞を利用することも道徳的に許されない。これに対して、体性幹細胞の研究を支持する。

8）教皇庁教理省「カトリック信者の政治参加に関するいくつかの問題について」（*Doctrinal note on some questions regarding the participation of Catholics in political life:* AAS 96 [2004], 359-370）（2002年11月24日）[20]。

1998年の教理省の「『信仰を守るために』に対する解説」が神学者に対する義務を述べたのに対して、本文書の対象は信者である。すでに回勅『いのちの福音』で述べられた、民主主義社会の中で道徳法をいかに実現するかという問題があらためて取り上げられる。「ヒト胚の保護」はキリスト信者の守るべき道徳的義務の一つとされる[21]。教導職が、道徳について「教える」ことを務めとするとすれば、それを世俗社会の政治の中で実現する使命を帯びているのは、信徒である[22]。

---

20) *L'Osservatore Romano,* Weekly Edition, N. 4, 22 January 2003, pp. 5-7. 邦訳はカトリック中央協議会ホームページに掲載（http://www.cbcj.catholic.jp/jpn/doc/pontifical/politics/index.htm）。AAS版はイタリア語（*Nota dottrinale circa alcune questioni riguardanti l'impegno e il comportamento dei cattolici nella vita politica*）。

21)「4 ……カトリック信者には、人の生命に関するより深い理解と、すべての人がこのことについてもっている責任とについて、社会にあらためて想起させる権利と義務がある。……十分な養成を受けたキリスト教的良心に基づくならば、信仰と道徳の基本的な内容に相反するような政治綱領や個別の法律に賛成して投票することはできない。……政治活動が、いかなる例外も妥協も逸脱も認めない道徳原理に反するかたちで行われるとき、カトリック信者がとるべき態度はいっそう明白となり、また責任を伴う。根本的で不可侵の倫理的な要求に直面した場合、キリスト信者はそこで問題となっているのが道徳法の欠くべからざる要素であることを理解する必要がある。それは人間の人格にとって不可欠な善に関わるものだからである。人工妊娠中絶と安楽死（これを道徳的に正当な、延命治療の中止と混同してはならない）に関する法律の場合がこれに相当する。こうした法律は、受精から自然死に至るまでの生命に関する基本的権利を擁護するものでなければならない。同様に、ヒト胚の権利を尊重し、守る義務があることも再確認すべきである」。

22)「6 ……教会の教導職は、こうした領域（政治）に介入することによって、政治権力の行使を望んでいるわけではないし、偶然的な問題に関するカトリック信者の言論の自由を排除しようと望むものでもない。むしろ、教会教導職は、その固有の務めとして、信者、特に政治生活に関わる信者の良心を教育し、照らすことを意図している。それは、信者の活動が常に人間の人格と共通善を十全なしかたで向上させることに仕えることができるようにするためである。教会はその社会教説を個々の国の政府に押し付けはしない。自己の良心に忠実に、道徳的に一貫した態度をとることは、カトリック信徒が行うべき義務に属する問題である」。

9）教皇庁国務省「人クローン個体産生禁止に関する国際協議に向けて——人クローン作成に関する聖座の見解」(*International convention against the reproductive cloning of human beings: Considerations of the Holy See on Human Cloning*)（2004年9月27日）[23]

　教皇庁国務省が，第59回国連総会に提出した，人クローン作成に関する教皇庁の見解である。教皇庁の主張は次のように要約できる。①医学・生物学研究は人間の尊厳が守られることを前提する（1項）。②倫理的にも理論的にも問題のあるヒト胚性幹細胞（ES細胞）ではなく，体性幹細胞の研究を進めるべきである（2～3項）。③クローニングからは異常な胚が作成されるために，治療目的クローニングによる胚性幹細胞の使用は危険であり，それを臨床応用するめどは立っていない（4～5項）。④生殖目的クローニングは，人間の人格の尊厳を軽視するものなので，その問題は明らかである（6項）。しかし，治療目的クローニングは，人間を道具化し，その尊厳を損うので，いっそう倫理的に問題がある（8項）。⑤科学性と倫理性の両方の理由から，治療目的クローニングとヒト胚性幹細胞の研究ではなく，成体幹細胞研究を選択すべきである（9～10項）。以上の論旨を，最新の研究成果に基づいて主張している。

　ちなみに教皇庁は国連の常駐オブザーバーで，議決（投票）権はないが，一般討議に参加する正式な資格を持っている。教皇庁の常駐オブザーバー資格は，2004年7月1日の国連決議で明確化された。

10）教皇庁国際神学委員会『交わりと管理——神の像として造られた人間の人格』(*Communion and Stewardship: Human Persons Created in the Image of God*)（2004年7月23日）[24]

　国際神学委員会は教理省の諮問委員会である。本文書は厳密な意味での教導職としての教えではないが，一定の権威をもつ。生命倫理を扱う最後の部分で，明確に次のように指摘する。治療を目的とせずにヒト胚を用いる実験や，着床前診断によるヒト胚の道具化は，自分が選択した

　23）　*L'Osservatore Romano*, Weekly Edition, N. 45, 10 November 2004, pp. 6-7. 邦訳はカトリック中央協議会ホームページ掲載（http://www.cbcj.catholic.jp/jpn/doc/pontifical/clone/index.htm）。秋葉悦子，前掲書142-148頁に再録。

　24）　前掲『人間の尊厳と科学技術』。当時の国際神学委員会委員長もJ・ラッツィンガー枢機卿（現教皇ベネディクト16世）。

目的のために生命を自由に扱うことを意味するので，許されない。

11) 教皇庁生命アカデミー『着床前の段階のヒト胚――科学的側面と生命倫理学的考察』（*The Human Embryo in its Pre-implantation Phase: Scientific aspects and bioethical considerations*）（2006 年）[25]

2006 年の生命アカデミー年次総会の報告の要約。「科学的側面」において，「発生生物学の最新のデータに基づいて，人の生物学的始まりは受精時であり，以後，胚は新たな有機体として自律的な発達を開始すること，胚‒母間の活発な相互作用もすでにこの時点で始まり，着床前の胚の発達に重要な影響を与えていること，胚の発達軸と各細胞の運命も着床前に決定されること等が紹介される。初期胚に対して実施される着床前遺伝子診断の実状と問題点もここで指摘される」。「生命倫理学的考察」においては，「初期胚の人格を否定するさまざまな見解に対して，実体論の立場から明確な人格概念が提示されている」。「倫理学的および法律学的考察」において，「人格の尊厳は存在論と緊密な関係にあることを指摘しつつ，道徳的観点からは存在論とは関わりなく，ただ人が存在しているという単純な事実のみで人格の尊厳を尊重し保護する十分な理由があることが論証される」（訳者解説 52 頁）。

12) 教皇ベネディクト 16 世「国際幹細胞会議参加者への演説」（*Udienza ai partecipanti al Congresso Internazionale promosso dalla Pontificia Accademia per la Vita*）（2006 年 9 月 16 日）[26]

生命アカデミー・世界カトリック医師会共催の会議「幹細胞――その治療の未来。科学的側面と生命倫理学的諸問題」参加者への演説の中で，体性幹細胞研究を奨励し，ES 細胞を用いた治療が倫理的に許さないことをあらためて指摘した。「この機会に，わたしは最近の謁見の中で述べたことを繰り返したいと思います。『進歩は，人間の人格に奉仕し，人間の人格を成長させて，初めて真の意味での進歩となります。進歩は，科学技術の力の進歩によってだけでなく，道徳的能力によっても行われるのです』。このことに照らして，体性幹細胞研究も容認し，奨励すべきです。それは科学的知識，生物学の分野における最新の技術

---

[25] 邦訳，秋葉悦子訳，カトリック中央協議会，2008 年。
[26] 原文はイタリア語（AAS 98 [2006], 693-695）。英訳は *L'Osservatore Romano*, Weekly Edition, N. 39, 27 September 2006, p. 3.

と，人間をそのあらゆる段階において尊重することを要請する倫理とを幸いなしかたで結びつけるからです。……よい結果が本質的に不法な手段を正当化することはけっしてありません。これは限りある財政的資源を用いるための健全な基準の問題であるだけでなく，何よりも，科学研究の分野それ自体において基本的人権を尊重するという問題です」。

結　　　び

　カトリック教会にとって，人の生命の尊重はなによりも重要な課題である。ところで，同じ生命の尊重といっても，戦争や死刑の是非の問題のように，賢明な判断を要求される問題と，人工妊娠中絶や，ヒト胚の保護，安楽死の問題のように，いかなる例外もなく守るべき倫理的要求とが区別される。自分を守るすべのない，もっとも弱い立場に置かれた人の生命を守ることは，今日の多元主義的社会にあっても，道徳の基礎であり，教会の第一の使命だからである。こうした生命をめぐる問題に関して，倫理神学者をはじめとする教育者の責任も大きい。かつて教皇ヨハネ・パウロ2世は回勅『真理の輝き』（1993年）の中で，倫理神学者が教導職の教えに忠実であることを求めた。
　ヒト胚の尊厳といった問題について，われわれは直接に聖書から結論を導くことができない。したがって，こうした問題について扱う際に，カトリック教会が依拠するのは，自然道徳律と自然科学のデータである。自然道徳律も自然科学も，（特に前者の場合は）かならずしも一義的なものではないが，それ自体としてはともに合理的・普遍的な性格をもっている。教会が，人クローン胚作成の是非をめぐって，自然法と科学という，理性的な共通の土俵の上で世俗社会と倫理的議論を行うとき，こうした対話は，社会の良心の教育を通じた「社会の福音化」にとっても重要な意義をもつ。その際，クローン技術そのものの科学性・安全性を検討し[27]，クローン胚を使わない技術（体性幹細胞研究等）の動

27）　勝木元也「ヒトクローン胚作成の是非」『科学』第74巻第9号，2004年9月，1035-1037頁参照。

向を注視することを通じて,「信仰を共有しない一般社会への影響力」[28]を高めることにも努めなければならない[29]。

---

28) 宮川俊行「ヒト初期胚の道徳的身分を巡って」『社会と倫理』第17号,2004年,116頁。
29) 2006年3月に枢機卿に上げられた韓国ソウル大司教区のチョン・ジンスク(鄭鎭奭)大司教(当時)は,2005年に「いのちを守るための教区委員会」を設置し,体性幹細胞研究による再生医療を財政的にも支援している。

第 2 章

ES 細胞と iPS 細胞
―― 現状と展望 ――

はじめに

　2008 年 2 月，文部科学省科学技術・学術審議会の生命倫理・安全部会は，同部会の特定胚及びヒト ES 細胞等研究専門委員会　人クローン胚研究利用作業部会がとりまとめた「人クローン胚の研究目的の作成・利用のあり方について（第一次報告）」（以下「第一次報告」）を承認した。この「第一次報告」に基づいて，同年 5 月，人クローン胚研究利用作業部会は「特定胚の取扱いに関する指針」，「ヒト ES 細胞の樹立及び使用に関する指針」，「ヒトに関するクローン技術等の規制に関する法律施行規則」の改正案を承認した。同年 6 月，文部科学省はこの「特定胚の取扱いに関する指針等の改正案に関するパブリックコメント（意見公募）」を実施した。

　パブリックコメントの後，人クローン胚研究利用作業部会は同年 8 月と 10 月の 2 回，会議を開いて，パブリックコメントの結果に対する対応を検討した。

　パブリックコメントの結果は，提出意見総数 13 意見，意見提出者数 5 名であった。意見提出者のうち 1 名は 2 行のみの簡単なものなので，実質的な意見提出者は 4 名である。意見を提出した研究者名は伏せられているが，1 名は，内容から，中辻憲夫・京都大学物質−細胞統合システム拠点長であることがわかる。残り 3 名は，秋葉悦子・富山大学

経済学部経営法学科教授（2008年7月22日），石島武一・日本カトリック医師会会長（同年7月25日），日本カトリック司教協議会常任司教委員会（同年7月10日）である[1]。

パブリックコメントの内容に関しておもに問題となったのは，次の3点であった。
　一　iPS 細胞との関係での人クローン胚研究の位置づけについて。
　二　3 前核胚の治療について。
　三　人クローン胚研究機関の要件（余剰胚由来のヒト ES 細胞の樹立〔いわゆる第一種樹立〕経験を有すること）について。

このうち一は回答案を修文して以下の文言が付け加えられた。「このように，現時点においては，人クローン胚を作成・利用する研究は，ヒト iPS 細胞研究とともに必要な研究と考えられるため認めることとしています。なお，関連技術の進展や新たな科学的知見により，さらに研究を進めることに科学的合理性が認められなくなる場合等には，必要に応じ研究の推進を見直すこともあり得ると考えます」。

二の「3 前核胚自身を治療する道が探られるべきではないか」という意見に対する回答は次のように修文された。「最終的に出産を目的とする生殖補助医療では，3 前核胚が生じた場合，子宮に移植しないものと判断されています。また，生殖補助医療において，（人クローン胚作成に用いられる）一細胞期の胚が廃棄されるのは，このような 3 前核胚が生じた場合以外には想定されません」。「治療」についてはあえて触れていない。

三については，ES 指針の要件の適用により，必要な態勢の整備の要件が十分担保できると考え，人クローン胚由来 ES 細胞作成実施機関の要件に「ES 細胞樹立実施経験」を含めないことに変更した[2]。

---

　1)　日本カトリック司教協議会の意見は，カトリック中央協議会ウェブサイトに公開されている（http://www.cbcj.catholic.jp/jpn/doc/cbcj/080710.htm）。参考資料3参照。なお，日本カトリック医師会の意見は『日本カトリック医師会会誌』第 47 号（2008年）冒頭に掲載されている。石島武一「「クローン胚等に関する文科省に対する日本カトリック医師会の意見」について」『日本カトリック医師会会誌』第 47 号（2008年），3-5 頁も参照。
　2)　第 35 回人クローン胚研究利用作業部会（2008年10月3日）資料 35 − 2 − 1「特定胚の取扱いに関する指針等の改正案に関するパブリックコメントについて」別添「特定胚指針等の改正案に対するパブリックコメントにおいて提出された意見と回答案」。文部科学省のウェブサイト（http://www.lifescience.mext.go.jp/council/program_council.html?b=6&l=383）

はじめに　　　　　　　　　　　　　　　　19

　なお，上記「特定胚の取扱いに関する指針等の改正案」は，2008年10月17日，第61回特定胚及びヒトES細胞等研究専門委員会で報告され，了承を得た後，10月31日開催の第77回総合科学技術会議に諮問された（諮問第7号「特定胚の取扱いに関する指針の改正について」，第8号「ヒトES細胞の樹立及び使用に関する指針の改正について」）。その後，総合科学技術会議生命倫理専門調査会で審議し，諮問を妥当とする答申（2009年4月21日）が行われた後，2009年5月20日付で改正「特定胚指針」が公布・施行された。

　「第一次報告」自身が述べているように，海外でも人クローン胚研究について「法律によりその実施を認めている国は少ない」（1 - 11 ～ 1 - 12頁）。報告書は人クローン胚に関する法的規制をもつ国として，イギリスと韓国のみを挙げる。日本は，今回のES指針，特定胚指針と（クローン技術規制法）法律施行規則の改正によって，法律の下に人クローン胚研究を認める数少ない国の一つとなった。

　ただし，「現時点で改正案の条件をすべて満たす研究機関は国内にはない。また，クローン技術を使わず，拒絶反応のない再生医療が期待できる万能細胞（iPS細胞）が開発され，解禁を求める声は以前ほど強くなくなっている」（朝日新聞2008年5月20日報道）。iPS細胞研究と，ES細胞のみによる臨床応用研究に向けた研究支援が中心となる中，人クローン胚への関心が今や低下していることは否めない。

　本章では，日本におけるES細胞（ヒト受精卵由来のES細胞と人クローン胚由来ES細胞を含めて）とiPS細胞の研究と，国の研究指針作成に関する議論を振り返り，今後の問題点を展望したい[3]。

に掲載されている。
　3）　本章は拙稿「ヒト胚の取扱いとカトリック教会の立場」『日本カトリック医師会会誌』第47号（2008年12月），14-40頁の一部を，その後の新しいデータを加えて改稿したものである。なお，同記事は2008年11月16日に日本カトリック医師会東京支部例会で行った講演に基づく。また，本記事はこれ以外に，筆者がこれまで行った以下の発表・記事と重複する部分がある。「ヒト胚の尊厳とカトリック教会」，日本カトリック学友会『創造』121号（2004年6月），3-12頁，「ヒト胚の取扱いとカトリック教会——「ヒト胚の取扱いに関する基本的考え方」（最終報告書）をめぐって」（日本カトリック神学会第16回学術大会研究発表，2004年9月21日），「ヒト胚の取扱いとカトリック教会——「ヒト胚の取扱いに関する基本的考え方」（最終報告書）をめぐって」『日本カトリック神学会誌』第16号（2005年8月），135-161頁，「生命倫理と教育——人クローン胚作成の是非をめぐって」（日本カトリック教育学会第29回全国大会研究発表，2005年9月10日），「生命倫理と教育——人ク

1 ヒト ES 細胞，人クローン胚，体性幹細胞，iPS 細胞とその研究状況

(1) ヒト ES 細胞

1998 年，アメリカで，初めてヒト ES 細胞（human embryonic stem cell）の作成成功が報じられた。ヒト ES 細胞は，試験管内で培養され，受精後 5 ～ 6 日の胚盤胞（blastocyst）となった受精卵の内部細胞塊から樹立される。ヒト ES 細胞は，人体のほとんどすべての種類の組織細胞へと分化する可能性（多能性）があると期待されることから，これを再生医療のための移植用組織細胞作成に利用するための研究が進められている。ただし，ES 細胞は，樹立の際に，元の胚が破壊・滅失されるため，その作成は倫理的に大きな問題がある。

日本では，「ヒト ES 細胞の樹立及び使用に関する指針（ES 指針）」（2001 年 9 月公表・施行）に基づき，京都大学が 2003 年 5 月に国内で初めて 3 株のヒト ES 細胞を樹立した。

日本の ES 細胞樹立で用いられる受精胚は，生殖補助医療に用いる目的で作成され，この目的に用いる予定がなく，受精胚の滅失についての提供者の意思が確認されたもの，いわゆる「余剰胚」に限定されている。

国内のヒト ES 細胞研究については，樹立計画がその後 2 件承認され，そのうち 2008 年 12 月，最初の樹立を行ったのと同じ京都大学物質－細胞統合システム拠点／再生医科学研究所の中辻憲夫教授が新たに 2 株のヒト ES 細胞の樹立に成功した。また，国立成育医療センターも 2010 年 11 月，3 株のヒト ES 細胞を樹立した。使用計画は 2008 年 9 月 18 日現在で 56 件（うち 7 件は終了）承認されている[4]。

ローン胚作成の是非をめぐって」『カトリック教育研究』第 23 号（2006 年 8 月），1-15 頁。

　4）　文部科学省生命倫理・安全対策室「ヒト ES 細胞樹立計画及び使用計画の確認について（報告）」（第 42 回生命倫理専門調査会〔2007 年 3 月 8 日〕資料 4）に 2007 年 3 月までに実施されている ES 細胞樹立計画 2 件，使用計画 42 件（3 件はすでに終了）の一覧が示されている。2008 年 5 月 28 日の総合科学技術会議事務局の報告「ヒト ES 細胞使用研究について」（第 48 回生命倫理専門調査会〔2008 年 5 月 28 日〕資料 4 － 1）では，確認された使

(2) 人クローン胚

　ES細胞樹立に先立つ1997年，クローン羊ドリー誕生が発表され，人クローン個体産生（reproductive cloning）禁止が検討されるようになった。日本も「ヒトに関するクローン技術等の規制に関する法律（クローン技術規制法）」（2000年公布，2001年施行）により，人クローン個体産生を禁止している。

　ところで，ヒトES細胞を再生医療に用いるには，免疫拒絶の問題がある。しかし，細胞移植を受ける人と同じ遺伝情報をもつ人クローン胚を作成し，これから樹立したES細胞，すなわち「体細胞核移植ヒトES細胞（SCNT［=somatic cell nuclear transfer］－ヒトES細胞）」[5]を用いて細胞治療を行えば，移植された細胞が免疫拒絶を受ける可能性がきわめて低いと考えられている。これが，クローン胚を母胎に戻さない，研究目的の人クローン胚作成（therapeutic cloning）である。研究目的の人クローン胚作成も，ES細胞樹立のためにクローン胚の破壊を行うものなので，倫理的に問題がある。

　SCNT－ヒトES細胞は2004年2月，韓国ソウル大学のファン・ウソク（黄禹錫）教授を中心とする研究チームが初めて樹立し，同じ研究チームが2005年5月に，185個のクローン胚から11個のES細胞を作成したことが発表されたが，2005年末に後者の研究を報告する論文が捏造されたものであったことが明らかになった。2006年1月10日にソウル大学調査委員会が発表した最終報告書により，2004年の論文も捏造であることが結論づけられた。イギリスでも2004年8月11日に，人クローン胚からES細胞を作るニューカッスル大の研究計画が承認され，2005年5月に3個のクローン胚作成を行ったことが報道されたが，

用計画は50件，第50回生命倫理専門調査会（2008年9月30日）で示された文部科学省の資料「ヒトES細胞の使用計画の分類」（資料3）では2008年9月18日現在の使用計画数56件（うち7件が終了）となっている。最後の資料では，使用計画の実施機関数は27機関（うち1機関が終了）。ヒトES細胞の樹立計画が確認された機関は，京都大学再生医科学研究所と国立成育医療センター研究所の2機関である。その後の研究状況は文部科学省ウェブサイトで逐次公表されている（http://www.lifescience.mext.go.jp/bioethics/hito_es.html）。

　5）2008年の「特定胚の取扱いに関する指針」改正に伴う「ヒトES細胞の樹立及び使用に関する指針（ES指針）」改正案では，現行のES指針で認められている余剰胚を用いたES細胞の樹立を「第一種樹立」，人クローン胚を作成してES細胞を樹立することを「第二種樹立」と定義した（ES指針第1章第1条第8～9項）。

ES 細胞は採取できていない。2008 年 1 月に米国のバイオ企業ステマジェン（カリフォルニア州）が人の未受精卵と皮膚の細胞からクローン胚を作り，胚盤胞の作成に成功したと発表したが，ES 細胞は作成できなかった[6]。その後 2012 年 5 月現在も，SCNT －ヒト ES 細胞作成の成功例はまだない。

なお，日本では，動物におけるクローン個体作出は行われているが，1998 年以来 2004 年までに生まれたウシの体細胞クローン 425 頭のうち 52％は死産・病死しており，異常・死亡率が高いことが報告されている[7]。動物の体細胞クローンの異常の根本的な解決には，生殖細胞ゲノムの働きの研究が欠かせないが，これについては，近年研究が大きく進展しつつあるものの，未解明の部分が多いことが指摘されている[8]。

(3) 体性幹細胞

成人の体内（臍帯血など）から採取できる体性幹細胞（somatic ［adult］ stem cell）にも多能性があることが指摘されている。ES 細胞と違って倫理的問題も少なく，教皇庁も ES 細胞の代替としてその研究を勧めている。日本では体性幹細胞の臨床研究に関して，厚生科学審議会科学技術部会「ヒト幹細胞を用いた臨床研究の在り方に関する専門委員会」がとりまとめた「ヒト幹細胞を用いる臨床研究に関する指針」がパブリックコメントを経て 2006 年 7 月 3 日に告示され，9 月 1 日から施行された。

同指針は「胎児（死胎を含む）から採取されたヒト幹細胞を用いる臨床研究」は対象としない（同第一章第三，第一項②）。胎児幹細胞を用いた研究に関して合意が得られなかったためである。

再生医療に用いられる体性幹細胞としては，京都大学で研究が進めら

---

6) Andrew J French et al., Development of Human cloned Blastocysts Following Somatic Cell Nuclear Transfer (SCNT) with Adult Fibroblasts: Stem Cells online Jan 17, 2008, 1-22.

7) 第 2 回文部科学省人クローン胚研究利用作業部会（2005 年 3 月 17 日）における角田幸男・近畿大学農学部教授の発表「動物クローン個体作出研究の現状」，同作業部会議事録 5 頁参照。データは 2004 年 9 月 30 日農林水産省調べ。

8) 第 1 回人クローン胚研究利用作業部会（2004 年 12 月 21 日）における小倉淳郎・理化学研究所バイオリソースセンター遺伝工学基盤技術室室長の発表「動物のクローン技術の現状について」，同作業部会議事録 18-22 頁参照。

れている，骨髄間質細胞が注目されている。骨髄間質細胞には多能性があり，採取が容易で，患者本人からの採取も可能であることから，倫理的な問題が少ない。神経細胞や骨格筋細胞への分化誘導が開発され，移植の有効性も確認された[9]。上記「ヒト幹細胞を用いる臨床研究に関する指針」に基づく初めての審査は2007年7月～8月に行われ，3機関4件の研究計画が了承されたが，4件の研究のうち2件はこの骨髄間葉系幹細胞を用いた骨再生医療の研究である（研究責任者は京都大学医学部付属病院・中村孝志教授）[10]。

なお，指針の「ヒト幹細胞」は「ヒトES細胞及びこれに由来する細胞を除く」（第一章第二（1））。その後，第42回生命倫理専門調査会（2007年2月20日）は「ヒトES細胞の臨床研究指針」作成のための検討を始めることに合意し，第43回会議（2007年4月19日）では関係者からのヒアリングを行った[11]。また，「ヒト幹細胞を用いる臨床研究に関する指針」を拡大して，次項で述べるヒトiPS細胞の臨床応用指針を作成する専門委員会が2008年10月6日に設置され（第47回厚生科学審議会科学技術部会），改正指針が2010年11月1日に施行された。2012年現在，厚生科学審議会科学技術部会ヒト幹細胞を用いる臨床研究に関する指針の見直しに関する専門委員会で，ヒトES細胞を用いた臨床研究を可能にするための指針改正作業も進められている。

---

9) 第4回人クローン胚研究利用作業部会（2005年6月22日）では，出澤真里・京都大学大学院医学研究科生体構造医学講座機能微細形態学助教授が「骨髄間質細胞を用いた細胞移植治療における問題点と展望」について発表した。Cf. Mari Dezawa, Hiroto Ishikawa, Yutaka Itokazu, Tomoyuki Yoshihara, Mikio Hoshino, Shin-ichi Takeda, Chizuka Ide, and Yo-ichi Nabeshima, Bone Marrow Stromal Cells Generate Muscle Cells and Repair Muscle Degeneration: Science, 8 July 2005, pp. 309, 314-317.

10) 厚生科学審議会科学技術部会ヒト幹細胞臨床研究に関する審査委員会第1回（2007年7月11日），第2回（2007年8月29日）議事概要参照。研究計画は第41回厚生科学審議会科学技術部会（2007年10月11日）で了承され，2007年12月7日，京都大学は，了承された骨再生医療を開始したことを発表した。これが国内で「ヒト幹細胞を用いる臨床研究に関する指針」に基づいて初めて行われた臨床研究となった。

11) 笹井芳樹・理化学研究所発生・再生科学総合センターグループ・ディレクター「ヒトES細胞の医学利用の実現性　克服すべき問題点と研究指針」（パーキンソン病治療へのES細胞利用について），小室一成・千葉大学大学院医学研究院循環病態医科学教授「心筋再生医療の現状」，中内啓光・東京大学医科学研究所ヒト疾患モデル研究センター教授「ヒトES細胞研究の現状と問題点　献血に頼らない輸血を実現」。

(4) ヒト iPS 細胞（ヒト人工多能性幹細胞）

2006年8月，幹細胞研究において重要な研究成果が明らかにされた。すなわち，京都大学再生医科学研究所の山中伸弥教授らによる，マウスの皮膚細胞に4種類の遺伝子を導入して細胞の初期化を行い，ES細胞様の細胞を作るのに成功したという報告である。山中教授らはこの新しい細胞を「人工多能性幹細胞（iPS 細胞）」(induced pluripotent stem cells) と名づけた[12]。iPS 細胞の性質については，ただちに京都大学と慶応大学が共同で検証を開始した。

翌2007年11月21日，同じ山中伸弥教授らの研究グループが「ヒト人工多能性幹細胞（iPS 細胞）」の樹立に成功したことが発表された[13]。続いて山中教授はがん遺伝子を使わずに iPS 細胞を人の細胞から作製することに成功した[14]。

2007年11月23日，文部科学省は iPS 細胞の実用化に向けた研究に今後5年間で70億円を投入することを決めた。11月27日，渡海紀三朗文部科学大臣は会見の中で，iPS 細胞研究への早急な支援と研究体制の構築が必要であると述べ，28日開催の第71回総合科学技術会議では iPS 細胞への国の研究支援のありかた等について検討が必要であることが議論された。12月3日，科学技術振興機構は山中伸弥教授のグループに対して年内に数億円の追加支援を行うことを決めた。

内閣府総合科学技術会議は iPS 細胞研究推進のために「iPS 細胞研究ＷＧ」を設置し，2008年1月10日から6月18日まで9回の会議を開催して，「iPS 細胞研究の推進について（第一次とりまとめ）」(2008年7月3日) を作成，発表した。同文書の示した方針は次のとおりである。「この分野の研究はまだ開始間もないため，再生医療実現に向けて解決

---

12) Kazutoshi Takahashi and Shinya Yamanaka, Induction of Pluripotent Stem Cells from Mouse Embryonic and Adult Fibroblast Cultures by Defined Factors: Cell 126, 1-14, August 25, 2006.

13) Kazutoshi Takahashi, Koji Tanabe, Mari Ohnuki, Megumi Narita, Tomoko Ichisaka, Kiichiro Tomoda, and Shinya Yamanaka, Induction of Pluripotent Stem Cells from Adult Human Fibroblasts by Defined Factors: Cell 131, 1-2, November 30, 2007.

14) Masato Nakagawa, Michiyo Koyanagi, Koji Tanabe, Kazutoshi Takahashi, Tomoko Ichisaka, Takashi Aoi, Keisuke Okita, Yuji Mochiduki, Nanako Takizawa & Shinya Yamanaka, Generation of induced pluripotent stem cells without Myc from mouse and human fibroblasts: published online: Nature Biotechnology, 30 November 2007.

すべき課題が多々ある。したがって，基礎研究と再生医療の実現に向けた研究を同時並行的に強化していく必要がある。また，iPS 細胞を利用することにより，多くの種類の細胞を作製することができ，疾患病態解明・創薬研究が大きく加速される可能性があるので，iPS 細胞を利用した疾患病態解明・創薬研究を推進する」（1頁）。

なお，同文書は，iPS 細胞研究の基盤となる ES 細胞研究の促進のため，ES 細胞の使用研究の手続きの緩和と，ES 細胞の臨床応用の検討を求めている[15]。これを受けて，第 51 回総合科学技術会議生命倫理専門調査会（2008 年 10 月 30 日）は，ES 指針における使用研究に関する手続きの見直しを文部科学省に求めることを決めた。正式な諮問案の文言は 11 月 18 日開催の第 52 回会議で決定された[16]。その後，（旧）ES 指針は 2009 年，「ヒト ES 細胞の使用に関する指針」，「ヒト ES 細胞の樹立及び分配に関する指針」に分けられ，ヒト ES 細胞使用研究は研究計画の文部科学大臣への届け出のみで行える形に緩和された（2009 年 8 月 21 日公布，施行）。

また，ヒト iPS 細胞からは生殖細胞を分化誘導できる可能性が指摘される。ES 指針は ES 細胞からの生殖細胞の作成を禁止しているが（第 45 条第 4 項），ヒト iPS 細胞からの生殖細胞の作成は国の指針によって禁止されていない。そこで 2008 年 2 月 21 日，文部科学省は当面の対応として，「ヒト iPS 細胞からの生殖細胞の作成を行わないものとする」とする研究振興局長通知を関係機関に送った。特定胚及びヒト ES 細胞等研究専門委員会は関連研究者からのヒアリングを行い，さらに 2008 年 4 月に「ヒト ES 細胞等からの生殖細胞作成・利用作業部会」を設置して，同専門委員会と合同開催の形で検討を進めた。部会は，2008 年 12 月 19 日開催の第 9 回会議において，不妊症や先天性の疾患・症候群

---

[15] 「研究の進展・進捗に合わせ，迅速に iPS 細胞を用いた臨床応用に関して指針，基準等の整備を実施する必要がある。iPS 細胞研究加速に欠かせない ES 細胞研究を促進するために，ES 細胞の分化誘導研究などの使用研究の際の手続きの緩和に関して，生命倫理専門調査会で検討を開始したところである。また，同様に，ES 細胞の臨床応用についても，指針，基準等の検討・整備が必要であり，検討を開始することとされている」（「iPS 細胞研究の推進について（第一次とりまとめ）」5 頁）。

[16] 生命倫理専門調査会「ES 指針における手続等の見直しについて」（2008 年 11 月 18 日），第 62 回特定胚及びヒト ES 細胞等研究専門委員会（2008 年 11 月 18 日）資料 62 - 6。

の原因解明や,新たな診断・診療方法の確立,生殖細胞の老化のメカニズムや,生殖細胞に与える内分泌攪乱物質や薬物など影響因子の影響の研究などのために,ヒト ES 細胞等から生殖細胞を分化させることの意義を認め,今後,関係指針の整備を行うことを求めた[17]。その後,「ヒト iPS 細胞又はヒト組織幹細胞からの生殖細胞の作成を行う研究に関する指針」が 2010 年 5 月 20 日付で公布・実施された。同指針は,作成された生殖細胞から胚を作成することを禁じている（第 6 条）。

2 日本におけるヒト ES 細胞,人クローン胚,iPS 細胞研究に関する指針

ヒト ES 細胞,人クローン胚,iPS 細胞の研究に関する,国内での法・指針作成の現状は以下のとおりである。

(1) 「ヒトに関するクローン技術等の規制に関する法律」（クローン技術規制法。2000 年 12 月 6 日公布,2001 年 6 月 6 日施行）

1997 年のクローン羊ドリーの誕生の後,国はまず人クローン個体産生の禁止に関する法的枠組みを整備した。同法は,人クローン胚等の胎内への移植を禁止し,違反には刑罰を科すことを定めた。具体的な運用は「特定胚の取扱いに関する指針」（後述）で定められた。人クローン個体産生については厳格に禁止するが,研究目的の人クローン胚作成に関する判断についてはその後の議論に委ねた。また,付則で,同法施行後 3 年以内に,ヒト受精胚の人の生命の萌芽としての取扱いの在り方に関する検討を総合科学技術会議で行い,その結果を踏まえて,同法の見直しを行うことを定めた。この付則に基づいて,2001 年に,生命倫理専門調査会が総合科学技術会議の下に設置された。「人の尊厳」という用語は,生命倫理に関する日本の法律の中で,この法律に初めて現れる[18]。

---

17) 「ヒト ES 細胞等からの生殖細胞の作成・利用について」(2008 年 12 月 19 日),第 64 回特定胚及びヒト ES 細胞等研究専門委員会（2009 年 1 月 28 日）資料 64 - 1。

18) ドイツ基本法（憲法）が 1 条 1 項において「人間の尊厳は不可侵」と述べるのに対

(2) 「ヒト胚性幹細胞を中心としたヒト胚研究に関する基本的考え方」(旧科学技術会議　生命倫理委員会　ヒト胚研究小委員会報告書, 2000年3月)

1998年にES細胞樹立が発表されたのを受けて, 次に国は, ES細胞研究の枠組みの検討を1999年1月からヒト胚研究小委員会で行った。ここで初めて人の胚の位置づけに関する検討が始まった。本報告書で確認されたことはおもに次の点である。

（ⅰ）胚は「人の生命の萌芽」としての意味をもち, 倫理的に尊重されるべきであり, 慎重に取り扱わなければならない。

（ⅱ）研究材料として使用するために, 新たに受精によりヒト胚を作成しない。

（ⅲ）ヒトES細胞の樹立は, 生殖補助医療において生じる「余剰胚」からの樹立に限定する。

ヒト胚の位置づけに関して, 同報告書はこう述べている。「ヒト胚は, 一端子宮に着床すれば成長して人になりうるものであり, ヒトの発生のプロセスは受精以降一連のプログラムとして進行し, 受精に始まるヒトの発生を生物学的に明確に区別する特別の時期はない。したがって, ヒト胚はヒトの生命の萌芽としての意味を持ち, ヒトの他の細胞とは異なり, 倫理的に尊重されるべきであり, 慎重に取り扱わなければならない」（第二章二　ヒト胚の位置づけ）。秋葉悦子氏（富山大学）が指摘したように, これは,「人の生命が受精に始まることを一方で認めながら, 他方で初期胚を「人の生命の萌芽」と名付けることによって――すなわち人の生命の意味を相対化することによって――初期胚から人としての道徳的地位を剥奪」する, という見解である[19]。

後に生命倫理専門調査会での議論の中で, 勝木元也委員は, 少なくともヒト胚研究小委員会の議論においては, 一般的に胚を「生命の萌芽」ということで議論したのではなく, ES細胞研究のために用いる余剰胚に限定してそのように考えることにした, という趣旨のことを述べてい

して, 日本国憲法に「人間の尊厳」についての記述はない。

19) 秋葉悦子「「ヒト胚」の法的地位と尊厳――生命科学技術に関するわが国の規制をめぐって」, 長島隆・盛永審一郎編『生殖医学と生命倫理』太陽出版, 2001年, 136頁。

るが，勝木委員自身が認めているように，余剰胚とその他のヒトの胚一般を区別する根拠は乏しい[20]。そして，その後の議論で，すべてのヒトの胚もまた，「人の生命の萌芽」と呼ばれるようになった。

なお，この「基本的考え方」に基づいて，ES 細胞研究のガイドラインとして，文部科学省は「ヒト ES 細胞の樹立及び使用に関する指針（ES 指針）」を 2001 年 9 月に策定した。

(3) 「特定胚の取扱いに関する指針」（特定胚指針。文部科学省が 2001 年 12 月策定）

クローン技術規制法が検討対象とした，クローン胚を含む 9 種類の「特定胚」のうち，「当分の間」，動物性集合胚（キメラ胚）のみ作成できることとした[21]。「特定胚の取扱いに関する指針」の案は，2001 年 8 月に総合科学技術会議生命倫理専門調査会に諮問された。本来，ここでおもに問題となったのは研究目的のクローン胚の作成・利用の是非であったが，総合科学技術会議は同年 11 月の答申で，人クローン胚の作成・利用の是非については，「新たにヒト胚を作成することに当たるため，今後のヒト受精胚の取扱いに関する議論を待って判断すべきである」として，検討を生命倫理専門調査会に委ねた。

(4) 生命倫理専門調査会「ヒト胚の取扱いに関する基本的考え方」（最終報告書）（2004 年 7 月 23 日）

生命倫理専門調査会（2001 年 4 月設置）のおもな検討課題は，「ヒト受精胚の人の生命の萌芽としての取扱いの在り方」と，それに基づく，研究目的の人クローン胚作成の是非であった。同調査会は 2003 年 12 月末に「ヒト胚の取扱いに関する基本的考え方」（中間報告書）を発表し，パブリックコメントを行ったが，この中間報告書では，人クローン

---

20) 第 3 回生命倫理専門調査会（2001 年 5 月 22 日）議事概要 20 頁，第 9 回生命倫理専門調査会（2001 年 11 月 6 日）議事概要 34 頁参照。

21) 第 33 回人クローン胚研究利用作業部会（2008 年 5 月 20 日）における吉村泰典委員の質問に対する文部科学省の原専門職の回答によれば，特定胚指針に基づく動物性集合胚の研究を届け出た機関はなかった（議事録 35 頁）。その後，第 77 回特定胚及びヒト ES 細胞等研究専門委員会（2010 年 7 月 21 日）において，最初の動物性集合胚の作成の届け出がなされたことが報告された。

胚の作成について，それまでの議論で委員のあいだで意見がまとまらなかったことを反映して，容認・反対の両論が併記された。その後も，人クローン胚作成の是非については，最後まで意見が分かれたままであったため，2004年6月23日の第35回会議で，薬師寺泰蔵会長は採決をもって，必要な枠組みが整うまではモラトリアムとするという条件つきではあるが，研究目的の人クローン胚作成を容認する方針を決定した。

2004年7月に総合科学技術会議で決定された「ヒト胚の取扱いに関する基本的考え方」(最終報告書) の問題点は次のとおりである。

1)「人の生命の萌芽」の意味があいまいなままである。

最終報告書は，ヒト受精胚の位置づけについて，こう述べている。「これまでの社会実態を踏まえて定められた我々の社会規範の中核である現行法体系は，ヒト受精胚を「人」として扱っていない」。現在の社会実態を踏まえれば，「ヒト受精胚を「人」として扱う考え方を採用する」こと「について社会的合意を得る見通しもない」。しかし，「ヒト受精胚は，「人」そのものではないとしても，「人の尊厳」という社会の基本的価値の維持のために特に尊重されるべき存在であり，かかる意味で「人の生命の萌芽」として位置付けられるべきものと考えられる」(5頁)。最終報告書は，「現行法体系」や「社会実態」に基づいて，ヒト胚を「物」として扱うこともできないにせよ，「人」ともいいかねるため，「人の生命の萌芽」として尊重して取り扱うと述べる。しかし結果としてそれは，秋葉悦子氏が指摘するように，これまでの法体系にない，人と物のどちらでもない第三のカテゴリーを導入することになる。「グレーゾーンを設けることは，問題をいっそう複雑にするだけで，かえって多くの混乱を招く」おそれがある[22]。

2) 人の生命の始まりに関して，科学的データが参照されていない。

人の生命の始まりについて，「中間報告書」(16頁) の記述を受けて，「最終報告書素案」でも，最初 (2004年6月8日版) は「生物学的に見れば，ヒトの生命の始まりは受精の瞬間にあるとすることには一定の合

---

22) 秋葉悦子「イタリアの生殖補助医療に関する法律 (2004年2月19日の法律第40号) ＝ヒト胚の人格と法的主体性の承認——総合科学技術会議生命倫理専門調査会最終報告書「ヒト胚の取扱いに関する基本的考え方」への異議」『社会と倫理』第17号 (2004年), 85頁。

理性が認められるが……生物学的な「ヒトの生命の始まり」を直ちに「人」の始まりとして扱うべきとは考えられない」（3 頁）としていたが，6 月 23 日配布版ではこの部分が削除された。しかし，ヒト胚が受精の時点から人であることは，発生学・分子生物学の知見からも明らかである[23]。そのことが日本でも広く知られていることは，かつて旧科学技術庁が行った調査によっても示されている[24]。生命倫理専門調査会の中でも，藤本征一郎委員が，「少なくとも生殖補助医療に強く関わっている若い世代の方々ほど，受精した瞬間から人の命として大切に扱わなければならないという感覚になっています」と述べている[25]。

　このことと関連して，最終報告書は，研究目的のヒト受精胚の作成・利用に際して，その取扱いの期間を「原始線条を形成して臓器分化を開始する前まで」に限定するが（6 頁），なぜ原始線条ができる受精後 14 日を期限とするのかについての検討はされなかったし，その根拠も明ら

　23）　秋葉悦子「ヒト胚の尊厳」『生命倫理』Vol. 13 No. 1 通巻 14 号（2003 年），12-19 頁，同「ヒト胚の尊厳——人格主義の生命倫理学の立場から」『続・独仏生命倫理研究資料集（上）——独仏を中心としたヨーロッパ生命倫理の全体像の解明とその批判的考察（平成 15 年度科学研究費補助金・基盤研究 B（1））』千葉大学文学部哲学講座飯田研究室，2004 年，104-105 頁，秋葉悦子訳『ヴァチカン・アカデミーの生命倫理』知泉書館，2005 年，92-93 頁，教皇庁生命アカデミー『着床前の段階のヒト胚　科学的側面と生命倫理学的考察』秋葉悦子訳，カトリック中央協議会，2008 年参照。

　24）　科学技術庁「生命倫理に関するアンケート調査」（2000 年 3 月），第 14 回科学技術会議生命倫理委員会ヒト胚研究小委員会（2000 年 3 月 6 日）議事資料 14 − 6 参照。「ヒト胚に対する考え方の中では，人として絶対に侵してはならない存在がいつから始まるかということについて，「受精の瞬間」と答えた方が全体の 30％，「人間の形がつくられ始める時点」との答えが 17％，「母体外に出しても生存可能な時点」というものが 15％，「出産の瞬間」からというのが 7.6％といったような回答でございました」（議事録 13 頁）。このアンケート結果は，クローン技術規制法を審議していた，第 150 回国会科学技術委員会第 5 号（2000 年 11 月 15 日）における大島理森・科学技術庁長官の答弁でも引用されている。「○吉井（吉勝）委員　……クローン胚をつくるということは，これはそもそも生命の始まりなのか何なのか。これはどういうふうに見ていらっしゃいますか。
　○大島国務大臣　そのことに答えるためにも，実は生命はどこから始まるかということに一つの基準を持たないと答えられない御質問ではないかと思うのですが，御承知のように，アンケートをとりますと，受精の瞬間からというのが 30％ぐらいございますし，人間の形がつくられた時点というのが，16.9％ですから 17％，母体外に出してもまず生存可能な時点，これが 15％，出産の瞬間からが 7.6％，そういうふうなアンケートの形はあります。ですから，クローンの場合にも，一体どこからが人間であるかというふうなことに対して答えるには，そこのところにきちっとした答えを持っていないと，なかなか答えづらい問題だな，こう思っております」。

　25）　第 9 回生命倫理専門調査会（2001 年 11 月 6 日）議事概要 31 頁。

かではない。知られているように,「受精後14日」は,イギリス・ヒト受精と胚研究に関する調査委員会の「ウォーノック・レポート」(1984年)が,苦痛を感じる能力のもととなる「原始線条」が形成される14日目までのヒト胚の研究利用を合法化したことに由来する。最終報告書はこの基準を無批判に受け入れたにすぎない[26]。

3)「人の尊厳」が「ヒト胚」に適用されない。

「人の尊厳」は「社会の基本的価値」と述べられるが,「人の尊厳」の維持のために(その手段として)ヒト胚を原則として尊重しなければならない(5頁)という表現に,「ヒト胚」を「人の尊厳」から区別し,手段化して,「人々の健康と福祉に関する幸福追求の要請」にこたえようとする,功利主義的な視点が認められる。

4) 研究目的のヒト胚の作成を容認する根拠が不明である。

最終報告書は,ES細胞樹立は,従来どおり余剰胚の利用に限って認める一方で,生殖補助医療研究目的でのヒト受精胚の作成・利用を容認した(7頁)。しかし,これは「研究材料として使用するために,新たに受精によりヒト胚を作成しない」という,「ヒト胚性幹細胞を中心としたヒト胚研究に関する基本的考え方」の原則の大きな変更となる。けれども,この変更のための理由は,最終的に明確にならなかった。あえ

---

[26] もっとも,カトリックの倫理学者の中でも,人の生命の始期についてはトマス・アクィナス以来,見解の相違があることが指摘されている。宮川俊行・長崎純心大学教授(当時)はアリストテレス・トマス的人間論に基づいて,「受精卵の形成完了の瞬間に人間個体が成立する」といういうことをあらためて考察している。宮川俊行「ヒト初期胚の道徳的身分を巡って——トマス主義倫理学的考察」『社会と倫理』第17号(2004年),90-121頁。また,以下も参照。宮川俊行「「人間の尊厳」のトマス主義倫理学的考察」『純心女子短期大学紀要』第21集(1984年),1-16頁,「体外受精の倫理学的考察」,水波朗・稲垣良典・J．ヨンパルト編『自然法——反省と展望(自然法研究第1号)』創文社,1987年,399-453頁,「人間個体の成立時期を巡って」『純心女子短期大学紀要』第26集(1990年),1-14頁,「福祉倫理学ノートⅠ(カトリック生命倫理学1) ヒト胚性幹細胞を巡って」『カトリック社会福祉研究』創刊号(2001年),79-103頁,「福祉倫理学ノートⅤ(カトリック生命倫理学2) 子宮外妊娠を巡って」『カトリック社会福祉研究』第5号(2005年),89-145頁,「着床前診断のトマス主義倫理学的考察」『社会と倫理』第19号(2006年),73-102頁,「ペルソナについて——トマス人間論哲学的考察」『カトリック社会福祉研究』第6号(2006年),1-48頁,「福祉倫理学ノートⅥ(カトリック生命倫理学3) 余剰凍結胚養子を巡って」『カトリック社会福祉研究』第7号(2007年),97-146頁。いずれにせよ,「霊魂の注入が受精より遅れて行われることを裏づける,いかなる科学的理由もない」(教皇庁国際神学委員会『人間の尊厳と科学技術』93節,岩本潤一訳,カトリック中央協議会,2006年,77頁)。

ていえば，人クローン胚の研究目的の作成・利用を正当化するために，ヒト受精胚の研究目的の作成も認められなければならなかった，というのが，その理由である。この決定は，日本産科婦人科学会内ですでに事実上行われていた，研究目的のヒト胚の作成を追認するものでもあったが，実態が理由とならないことはいうまでもない。

5）人クローン胚作成容認の根拠が「社会選択」のみで，科学性に乏しい。

最終報告書での人クローン胚の研究目的の作成容認の根拠は，第 35 回生命倫理専門調査会（2004 年 6 月 23 日）の「人クローン胚の作成・利用に関する暫定的結論の提案」の表現を用いれば，「医学による福利を求める人々の希望に応えるため」の「社会選択」である。その社会選択の条件として，最終報告書は，①科学的合理性，②社会的妥当性，③未受精卵の入手の制限と提供女性の保護を挙げ，これらを確認するため必要な枠組みをあらかじめ整備することを求める。たとえば，科学的検証について，体性幹細胞研究の進展で，SCNT－ヒト ES 細胞でなくても治療が可能になれば，人クローン胚の作成・利用を中止することもありうるとする。すなわち，科学的検証は今後の課題とされたのである。しかし，専門委員会の議論の中では，SCNT－ヒト ES 細胞を再生医療に利用しうるかについて科学的検証がなされておらず，クローン胚の作成を容認した根拠が説得的に提示されているとはいいがたい[27]。その後，2012 年現在も人クローン胚由来の ES 細胞を誰も作成できていないことは，人クローン胚作成の科学的合理性を疑わせるのに十分である。

(5) 人クローン胚研究利用作業部会「人クローン胚の研究目的の作成・利用のあり方について（第一次報告）」（2008 年 2 月 1 日）と「特定胚の取扱いに関する指針」等の改正

2004 年の総合科学技術会議の決定後，人クローン胚研究の指針を作成する作業を行うために，文部科学省　科学技術・学術審議会　生命倫

27）石井美智子・位田隆一・勝木元也・島薗進・鷲田清一「ヒト胚の取扱いに関する基本的考え方最終報告書に対する共同意見書」，「ヒト胚の取扱いに関する基本的考え方」（最終報告書）添付資料④頁，位田隆一「「ヒト胚の取扱いに関する基本的考え方」について」『生命倫理』Vol. 14 No. 1 通巻 15 号（2004 年），33-34 頁参照。

理・安全部会 特定胚及びヒト ES 細胞等研究専門委員会の下に,「人クローン胚研究利用作業部会」が設置され（2004 年 10 月 7 日），2004 年 12 月から 2008 年 10 月まで，35 回の会議が開催された。2006 年 7 月〜8 月には「人クローン胚の研究目的の作成・利用のあり方について──人クローン胚研究利用作業部会中間とりまとめ」（以下「中間とりまとめ」）についてのパブリックコメントが行われ，7 月と 8 月に大阪と東京で「ご意見を聞く会」が開催された。上述のように，同部会のまとめた「人クローン胚の研究目的の作成・利用のあり方について（第一次報告）」が 2008 年 2 月，生命倫理・安全部会で承認された。また，この報告で示された方針に基づく「特定胚の取扱いに関する指針」等の改正案が，パブリックコメントを経て，総合科学技術会議に諮問された。

人クローン胚研究利用作業部会のミッションは，2004 年の総合科学技術会議意見「ヒト胚の取扱いに関する基本的考え方」を具体化するための制度的枠組の検討であるので，基本的に同意見の枠を外れることはありえない。とはいえ，その後の研究の進展ないし状況の変化に伴って，この部会はいくつか新たな要素を導入している。以下，3 点の新たな要素について簡単に検討してみたい。

1) 疾患モデルの作成

「第一次報告」第一編第三章「人クローン胚の作成・利用が認められる研究の目的の範囲」3「研究の目的の範囲」の（1）「人クローン胚の作成・利用を行う研究の目的の範囲」は,「難病等の治療のための再生医療技術の研究，すなわち拒絶反応の回避を目的とした細胞移植治療の研究に関して，臨床応用を含まない基礎的な研究に限定して，人クローン胚の作成・利用が認められる」（1 - 23 頁）と述べる。これは総合科学技術会議意見に沿ったものである。しかし，報告は続いて次のように述べる。「一方，難病等のうち遺伝性疾患については，器質的な組織修復及び機能の回復を促す治療のための研究として，人クローン胚から樹立した ES 細胞から疾患モデルを作成してその原因の解明，成立機序の探求，病態の理解等を行うことや，創薬研究のために利用することが考えられ，これらには大きな有用性と合理性が認められる。このため，これらは人クローン胚から樹立した ES 細胞を直接的に細胞移植治療の研究に用いるものではないが，当該疾患の治療のための再生医療

の研究の一環として行われる限りは，研究の対象範囲として認める」(1-24頁，強調引用者)。

　この「疾患モデルの作成」は，新たに導入された要素である。人クローン胚を用いた研究に疾患モデルの作成を含めるべきだという提案は，第8回会議（2005年10月18日）で事務局から示された。事務局は，第13回生命倫理・安全部会（2005年10月11日）で人クローン胚研究利用作業部会の審議を説明した際に西川伸一委員（独立行政法人理化学研究所発生・再生科学総合研究センター副センター長〔当時〕）の次の意見を紹介した。

　　「○ヒトES細胞を多くの人が利用できる治療に使うためには，バンキングがもっとも現実的な方法である。一人一人の治療のためにSCNT－ES細胞を作成することは金銭的に考えると現実的な治療法となりにくい。
　　○現在想像できる人クローン胚を用いることの最大の意義は，疾患のモデルを作成し，疾患の要因，成立機序の探求，病態の理解を行うことができるところにあり，それが治療につながる。世界的にも主流の考え方であり，そのような研究を認める方向で議論していただきたい」（資料8－2，別添2。議事録2頁)[28]。

　「疾患モデルの作成」が総合科学技術会議意見の枠内に入るかどうかという議論はなされたが，結局この文言は「中間とりまとめ」に盛り込まれ（29頁），「第一次報告」で確定された。
　皮肉なことに，疾患モデルの作成を人クローン胚研究の目的としたがために，かえって，その後のヒトiPS細胞の作成成功により，人クローン胚を作成する必然性が薄れる結果となった。iPS細胞によるなら，クローン胚由来ES細胞を作成する手続きを経ずに，直接，患者本人の疾

　28）　第13回生命倫理・安全部会（2005年10月11日）議事録14，17-18頁参照。なお，西川委員の発言に対しては，すでに同じ第13回生命倫理・安全部会の中で位田隆一委員から総合科学技術会議意見の枠の中に入るのかという疑念が表明されている（議事録18頁）。位田委員は第8回人クローン胚研究利用作業部会（2005年10月18日）でも同じ疑念を表明した（議事録13頁）。

患モデルを作成することが可能だからである。すでに国内でも患者のiPS細胞を作成して病因解明を行う研究が開始されている[29]。したがって、西川委員がすでに2005年に指摘したとおり、「一人一人の治療のためにSCNT－ES細胞を作成することは金銭的に考えると現実的な治療法となりにくい」上、「疾患モデルの作成」もすでにiPS細胞を用いて始められているのであれば、人クローン胚を作成する科学的意義はきわめて乏しくなったといわざるをえない[30]。

ちなみに、免疫抑制の研究の進展により、現在、細胞移植による再生医療のためにもっとも早く使用できると考えられているのは、倫理性の問題は依然として残るものの、クローン胚作成によらない、受精卵由来のヒトES細胞である[31]。

---

[29] 大阪大学の大薗恵一教授のグループによるダウン症研究（2008年10月16日日本経済新聞報道）、国立精神・神経センター・神経研究所の武田伸一部長らの研究グループによる筋ジストロフィー患者の研究（2008年11月3日日本経済新聞報道）。同種の研究は米国ハーバード大学ですでに開始されている（2008年8月1日、8月11日毎日新聞報道）。

[30] 第32回人クローン胚研究利用作業部会（2007年12月4日）における笹井芳樹委員の発言「ただ、当然、申請をする際の必然性というのが、ほかのオプションが増えれば増えるほど、当然、より厳密な理論武装をして申請してもらわなければやる必要はないのではないかという話になってしまうと思います。例えば、一番あり得るのは、難病のモデル細胞というのをつくるときに、明らかにiPSでつくるほうがたくさんの人に対して、より負担を小さく、倫理的にどうこうというのは別にしても、できるわけですね。それでもなおかつクローン胚を使って難病のモデル細胞をつくりたいという必然性が何なのかということというのが、やはり例えば、より厳しくなるわけで」（議事録18頁）参照。

[31] 第21回人クローン胚研究利用作業部会（2006年8月26日）における中辻憲夫・京都大学再生医科学研究所所長（当時）のコメント（意見陳述説明資料⑥の8「参考：ヒトES細胞をもちいた再生医療の将来展望私見」、議事録46-47頁）、および、前注11に挙げた笹井芳樹・理化学研究所発生・再生科学総合センターグループ・ディレクター「ヒトES細胞の医学利用の実現性　克服すべき問題点と研究指針」参照。実際に米国ではまずGeron社が2010年10月6日に研究を承認された脊髄損傷の患者へのES由来細胞移植を研究したが、2011年11月に資金上の理由で研究から撤退した。次いでAdvanced Cell Technology, Inc.社のヒトES細胞臨床研究計画が2011年4月28日に承認され、眼科の若年性遺伝性黄斑ジストロフィー症（シュタルガルト病）と委縮型加齢黄斑変性症の患者にES由来細胞が移植された。2012年1月24日にLancetに経過報告が掲載され、視力の回復が見られたとのことである（Steven D. Schwartz et al., Embryonic stem cell trials for macular degeneration: a preliminary report, Lancet published on line January 23, 2012）。厚生科学審議会科学技術部会第15回ヒト幹細胞を用いる臨床研究に関する指針の見直しに関する専門委員会（2012年1月25日）における阿久津英憲・独立行政法人国立成育医療研究センター研究所再生医療センター　生殖・細胞医療研究部幹細胞・生殖学研究室室長の発表「臨床応用を目指すヒトES細胞研究の現状」参照。

2) 3前核胚の利用

　人クローン胚研究利用作業部会の最大の課題は，人クローン胚作成のために必要な未受精卵をどのように入手するかということであった。部会では2005年7月25日の第5回会議でファン・ウソク（黄禹錫）教授の人クローン胚作成研究に協力したShing Yong Moon韓国ソウル大学医学部産婦人科教室教授のヒアリングを行った。しかし，その後，ソウル大学調査委員会による調査（2006年1月10日）と韓国国家生命倫理審議委員会の報告（2006年11月23日）は，核移植に使用された卵子数が縮小されて報告され，卵子提供に際してもさまざまな問題があったことを明らかにした（「人クローン胚の研究目的の作成・利用のあり方について（第一次報告）」添付資料2, 3参照）。米国・英国のクローン胚研究においても，未受精卵の入手がきわめて困難であることが知られている。

　人クローン胚研究利用・作業部会は，未受精卵の入手について，総合科学技術会議意見に従って厳密な手続きを定めた（「第一次報告」第二編第一章第一節）。一方で，部会は，現実に入手困難な卵子に代わり，より入手が容易な，生殖補助医療の中で廃棄される3前核胚（3個の前核を有する一細胞の受精胚）を用いることを新たに認め，「第一次報告」に盛り込んだ（第二編第一章第二節）[32]。人クローン胚作成方法として，未受精卵でなく受精卵を用いることは総合科学技術会議意見が出された当時は想定されていなかったことである。しかし作業部会は，ヒトES細胞作成に伴う受精卵の減失に「社会的妥当性」が認められるなら，同じ難病治療研究のために3前核胚を用いることも正当化されると考えたのである（2-46頁）。総合科学技術会議の考える「社会的妥当性」をこまで拡大可能であるかについては，その後行われた，総合科学技術会議生命倫理専門調査会の検討においても特に問題とはされなかった。いずれにせよ，ここに，ヒトES細胞の樹立のためだけでなく，新たに人クローン胚作成のためにもヒト受精卵を減失する可能性が生じた。この

　32）　3前核胚の使用についての議論は第28回会議（2007年6月26日）から第31回会議（同年11月6日）にかけて行われた。3前核胚を使用するという提案は，2007年6月7日付Nature（447, 2007）にハーバード大学のKevin Egganらの研究グループが発表した研究Dieter Egli, Jacqueline Rosains, Garrett Birkhoff & Kevin Eggan, Developmental reprogramming after chromosome transfer into mitotic mouse zygotesに基づく。

場合，人クローン胚由来 ES 細胞の作成過程で，ヒト受精卵（3 前核胚）を除核して破壊し，作成した人クローン胚を，ES 細胞作成のために破壊するという，二度のヒト胚の破壊が行われることになるので，倫理的問題はいっそう大きい。

3) ヒト iPS 細胞研究の位置づけ

ヒト iPS 細胞作成の成功（2007 年 11 月）が行われたのは，人クローン胚研究利用作業部会の議論の最後の段階においてであった。iPS 細胞研究については，人クローン胚研究利用作業部会が属している特定胚及びヒト ES 細胞等研究専門委員会で山中伸弥教授自身のヒアリングが行われているが（第 46 回〔2007 年 6 月 26 日〕，第 51 回〔2007 年 12 月 7 日〕），人クローン胚研究利用作業部会そのものではヒアリングを行っていない。すでにマウスの iPS 細胞が作成された後に行われた同作業部会第 29 回会議（2007 年 7 月 31 日）では，豊島久真男主査が「iPS 細胞は当面利用できないので，クローン胚の研究を進めるべきだ」という見解を繰り返し表明した[33]。

---

33)「それから間接的な問題としましては，体細胞の ES 化というのが最近話題としてうんとたくさん出ております。でも，これは専門家の間の議論でも，まだ当分は使えないので，クローン胚のほうの研究は足をとめてはいけないということが，そちらのほうの専門家の意見です。あれは追試されてオーケーにはなっているんですが，現在のところ，一番大きな問題というのは，直接の問題は，できた中から，あるパーセンテージは必ず腫瘍化していくと。それは遺伝子の発現を変えるために用いたベクターのプロモーターの持つ必然性があって，そこのところを完全に改良しない限りは実際の使用にはできないということは，これは一番合意されているところですけれども，そのことも含めて，全体をもう少し研究を進めなければいけないというのが現在の了解事項だと私は思っております」（議事録 9 頁）。「先ほど体細胞からの問題のところで申しましたように，体細胞からつくったものはまだまだこれと比べながら，使えるか使えないかということをこれからいろいろ検証していかなきゃいけないというときでありまして，実際にそれで使えると，部分的には使えるところがあるかもしれませんけれども，基本的には使えるということにはまだなっていない。当分まだしばらくは，何年間はならないだろうというふうな見通しされているわけです」（議事録 11 頁）。「ここで考えなきゃいけないことは，一つは，将来治療に用いるとしたら，どういう手段が考えられるかということを，もう一遍考え直してみたほうがいいかと思います。一つは，今まで研究されてきたヒト ES 細胞から分化していった細胞を使うという道がある。その場合には，普通は必ずといってもいいぐらい抗原性の違いがあって，免疫も拒否の問題が出てくる。これをどうクリアするかという問題が，幾つかあると思いますが，一つは，非常に大きいヒト ES 細胞のライブラリーをつくって，その中で一番近いものを持っていって，今の移植と同じような考え方でやっていく。これが一つです。それから二つ目は，クローン胚でその人にぴったりと適合したものをつくっていくということを考えるという，二つ目がそうです。それから三つ目が，最近話題になってきた体細胞からこういう ES 細胞をつくって，それを用いて

しかし，2007年11月のヒトiPS細胞作成という新たな研究の展開に直面して，作業部会は初めてヒトiPS細胞研究の位置づけを行わざるをえなくなった。議論は第32回会議（2007年12月4日）で行われ，12月7日に開催された第51回特定胚及びヒトES細胞等研究専門委員会に「「人クローン胚の研究目的の作成・利用のあり方について」（第一次報告）の取りまとめにあたって（見解）」[34]が提出された。この見解はほぼそのまま「第一次報告」本文に採用されている（1–11頁）。しかし，報告書が述べるとおり，人クローン胚研究が「現時点においても十分な科学的合理性」，「社会的妥当性」をもつかどうかは，iPS細胞研究を加速させている国の決定がすでに事実上，示している[35]。

やっていくという，そういう三つの方法が現時点では考えられると思いますけれども，その体細胞からやっていく方法というのが，今，緒についたばかりで，これは当分望めそうもないし，もう一つの問題としては，現在のES細胞の研究の上に乗って発展していくほうがスムーズにいくだろうから，今のES細胞の研究は続けてくださいというのが，体細胞からやっている方々の今の学会に対する言葉なんですね。だから，それを踏まえながらやっていくとしたら，やはりクローンは今のところ一つの手段として考えたらいいんじゃないかというふうに私は思いますけれども，総合科学技術会議もそういう判断で最終的には許可されたんだというふうに思います」（議事録19–20頁。傍点はすべて引用者）。「体細胞から」というのがiPS細胞のことである。

34) 見解はヒトiPS細胞研究について次のように述べる。「この取りまとめの中では言及できなかったが，先般，ヒトiPS細胞の樹立が成功したとの発表があった。これは，未受精卵や受精胚を用いずに拒絶反応のない再生医療を実現する可能性が期待される画期的な成果であると考えられるが，現時点では，遺伝子導入の方法等安全上の課題があるなど，基礎的研究の段階のものである。／一方，クローン胚に由来するES細胞は，基本的には受精胚に由来するES細胞と同等の機能を有すると考えられているため，すでにこれらの研究により蓄積されている多くの科学的知見が活用されるものと考えられる。／従って，他に治療法がない難病等に対する再生医療の研究の選択肢の一つとして人クローン胚を作成・利用することは，現時点においても十分な科学的合理性があるとともに，総合科学技術会議の意見で指摘されているように，より早期に患者に治療法を提供する可能性を考慮すると，現段階でも十分な社会的妥当性があるものと考えられる。／iPS細胞は，ES細胞と同様に，自己複製能力と多能性を併せ持つ細胞と考えられており，また，患者本人の細胞から樹立できる可能性があるため，今後，拒絶反応のない再生医療を目的として，さまざまな臓器・組織の細胞への分化誘導研究等が行われる可能性がある。しかしながら，現時点では，安全性の観点から遺伝子の導入の方法の改良等が必要と考えられており，再生医療の実現には更なる検討が必要である」（第51回特定胚及びヒトES細胞等研究専門委員会資料51－3－2）。

35) その後，豊島久真男氏自身も，研究の重点がヒトES細胞からiPS細胞に移っていることをはっきりと認めている。第62回特定胚及びヒトES細胞等研究専門委員会（2008年11月27日）における以下の発言参照。「【豊島主査】……多分，これから後はレトロを使わないiPS細胞がメーンになってくるんじゃないかなという気がします。ただ，現在ある細胞株でもかなり研究は進んでいて，iPS細胞で進んできた研究というのは，今までのESをど

結　び

　2008年7月の文部科学省のパブリックコメントで，日本カトリック司教協議会常任司教委員会は独自で意見表明を行ったが，これは2003年12月に内閣府が「ヒト胚の取扱いに関する基本的考え方」（中間報告書）について行ったパブリックコメントに司教協議会として意見（2004年2月〔参考資料1〕）を送付したのに続く，二度目のパブリックコメントに対する応答である。司教協議会は2004年6月に生命倫理専門調査会が人クローン胚の研究目的の作成・利用を容認する決定を行った際にも，7月に反対表明（参考資料2）を行った。
　ヒトES細胞研究をめぐる国の議論は上述のとおり1999年から開始され，その間，2001年にはES指針に関するパブリックコメントも行われている。しかし，2004年まで司教協議会がヒトES細胞，ヒト胚の取扱いについて明確な意見表明を行っていなかったことを考えると，一連の発言は意義深いものといえる[36]。
　国の議論の中でも，カトリック教会がとっている科学的知見に基づいた明確な倫理的立場は無視できない存在として（かならずしも同意するわけではないにせよ）常に参照されている。2008年末，教皇庁教理省は1987年の教書『人間の生命の始まりに対する尊重と生殖過程の尊厳について』（Donum vitae）[37]に基づき，その後の生命科学の進展を踏まえ

うやって踏まえて流していくかということで，今までのES細胞というのが役に立つところまでレベルがかなり上がっているような気がするんです，あちこちのを見ていると。だから，そういう意味から言うと，今までのES細胞の研究というのはむだではなかったんじゃないかなと」（議事録53頁）。引用文中の「レトロ」とは，レトロウイルス（retrovirus）のこと。「RNA（リボ核酸）からDNA（デオキシリボ核酸）を作る酵素（逆転写酵素）をもつウイルス。遺伝子治療のベクターとして利用され，また逆転写酵素は，RNAからDNAを作るのに応用されている」（畑中正一・山中伸弥『iPS細胞ができた！』集英社，2008年，35頁）。体細胞に遺伝子を導入してiPS細胞を作成する際，レトロウイルスをベクター（vector）として用いると遺伝子異常を起こしてがん化しやすいと指摘されている。2009年3月1日，英国とカナダの研究チームは，レトロウイルスを使わずにヒトiPSを作成したことを発表した。

36）　2001年のES指針に関するパブリックコメントに対して，カトリックの立場から意見を出したのは宮川俊行教授だけであった。

37）　邦訳『生命のはじまりに関する教書』カトリック中央協議会，1987年。

た教書『人格の尊厳——生命倫理のいくつかの問題について』(*Dignitas personae*) を発表した[38]。新しい文書では，人クローン胚の作成，ヒトES細胞研究等の倫理的問題があらためて取り上げられている。本章では別の機会にすでに扱った海外の状況に触れることができなかったが，ヒトES細胞研究，クローン胚研究等に関しては，海外の動向とともに，国レベルでの議論の行方を注視していくことが今後も重要だと思われる。

---

38) Congregatio pro Doctrina Fidei, *Instructio Dignitas Personae de Quibusdam Scientiae Bioëticae Quaestionibus* (8 Sept. 2008): AAS 100 (2008), 858-887.

(参考資料1)

2004年2月20日

「ヒト胚の取扱いに関する基本的考え方」(中間報告書)
についての意見

内閣府政策統括官(科学技術政策担当)付
ライフサイエンスグループ
「ヒト胚の取扱いに関する基本的考え方」(中間報告書)に関する御意見募集担当 殿

　今回の中間報告書で扱われている問題の中心は，ヒトES細胞の再生医療への利用のための研究に必要とされる，
　(1) ヒト受精卵(ヒト胚)の研究目的の作成と利用の是非
　(2) 人クローン胚の研究目的の作成の是非
であると考えます。
　カトリック教会は一貫して，人はその受精の瞬間から個体としての人間であると考えています(教理省「生命のはじまりに関する教書」1・1)。また，最近のヒトES細胞の研究の進展に対して，カトリック教会では，教皇庁立生命アカデミーを中心に，専門的な検討を加えた結果，上記二点に関して，いずれも認めることができないことを明らかにしました(教皇庁立生命アカデミー「ヒト胚性幹細胞の作製及び科学的・治療的用途に対する宣言」2000年8月25日)。なお同生命アカデミーの議論には，日本の青木清上智大学教授(当時)も会員として加わっています。「生殖を目的とする胚細胞クローン」と，「生殖以外の目的(たとえば，クローン技術を用いてヒトの組織や器官を作成する)で行われる体細胞クローン」の両方について，これを研究のために利用することが許されないことを，日本のカトリック司教団も表明しました(「いのちへのまなざし」83)。
　さらにカトリック教会では，昨年7月，第57回国際連合総会での「人クローン個体産生禁止条約」の審議に向けて，治療目的クローンと

生殖目的クローンの双方を禁止するコスタリカ案を支持するポジションペーパーを発表しています（教皇庁国務省「ヒト胚クローンについての教皇庁見解」2003 年 7 月 17 日）。カトリック教会では，人クローンの研究がそれ自体としてもつ倫理的問題だけでなく，こうした研究が女性の身体や貧しい世界に及ぼす影響，ヒト胚の売買への進展についても憂慮しています。同時にカトリック教会では，ヒト ES 細胞の研究・利用の代案として，ヒト体性幹細胞の研究・利用を支持しています。

なお，「中間報告書」13 頁 22–30 行[39]では，カトリック教会の立場として，教書の引用に加えて，ヒアリングの結果に基づく意見が紹介されていますが，このコメントはカトリックの立場を代表するものではありません。そこで，26–30 行目を，以下のように正式なカトリック教会の見解と差し替え，合わせて 22–25 行の引用も補足・補正してくださるよう要望致します（下線部が補足・訂正箇所）。

「○カトリックでは，「人間の生命は，その存在の最初の瞬間から，すなわち接合子が形成された瞬間から，肉体と精神とからなる全体性を備えた一人の人間として，倫理的に無条件の尊重を要求する。人間は，受精の瞬間から人間として尊重され，扱われるべきである。そして，その同じ瞬間から人間としての権利，とりわけ無害な人間誰にでも備わっている不可侵の権利が認められなければならない（「生命のはじまりに関する教書」1987 年）」としている。

また，ヒト胚の研究に関連して，2003 年 7 月にあらためて次のような声明が公表されている。「初期のヒト胚は，子宮着床前であっても，人間のいのちをもつ，個体としての人間であることに変わりはなく，またそれは，自立的有機体として，十分に発達して人間の胎児になることに向けて成長していくものである。したがって，この胚を破壊することは重大な道徳違反である。なぜなら，それは罪のない人間存在を意図的に抹殺することだからである（教皇庁国務省「ヒト胚クローンについての

---

[39] 「中間報告書」13 頁 26–30 行とは，以下の一文である。「○これに関連して，ヒアリングでは「ヒト受精胚についてローマ・カトリック教会の考え方はよく誤解されているが，教会は命の始まりについて科学的な定義も哲学的な定義もしていない。ただ，生命に対する慎重な立場から「受精の時から守る」という安全第一の態度を勧めているということ。」との意見もあった。」本書第 1 章注 1 参照。

(参考資料1)

教皇庁見解」2003年）」。」

　中間報告書32–35頁では，人クローン胚の作成・利用に関して，専門委員のあいだでも反対・賛成の意見が二つに分かれていることが明記されています。貴専門調査会におかれましては，ヒト胚の取扱いという重大な問題に関して，決して最終的な結論を急がず，人の生命の尊厳に基づく，より慎重な検討を継続してくださることを，日本カトリック司教協議会として強く要望致します。

日本カトリック司教協議会

(参考資料2)

2004年7月1日

人クローン胚の作成・利用を容認する
総合科学技術会議 生命倫理専門調査会の方針決定に対する見解

　2004年6月23日に開催された総合科学技術会議の第35回生命倫理専門調査会において、薬師寺泰蔵会長が提案した「人クローン胚の作成・利用に関する暫定的結論の提案」および「報告書作成に向けた人クローン胚の作成・利用に関する暫定方針（案）」に沿って、研究目的の人クローン胚の作成・利用を容認する方針が決定されました。私たちは、これに関して憂慮の念を禁じえません。

　すでに、2003年末に発表された総合科学技術会議の生命倫理専門調査会「ヒト胚の取扱いに関する基本的考え方」（中間報告書）について、日本カトリック司教協議会は2004年2月20日付で、受精卵の研究目的の作成と、ヒト胚性幹細胞研究をめざす人クローン胚作成に反対するパブリックコメントを発表しました。

　人クローン胚の作成・利用は、たとえ人クローン個体産生が禁止され、その目的が研究・治療に限定されていても、大きな倫理的問題を含みます。なぜなら、人クローン胚の作成は、ヒト胚性幹細胞（ES細胞）の作成に伴うヒト胚の滅失・破壊をめざし、人の道具化へと道を開くものだからです。

　ヒト胚は受精（クローン胚の場合は、核移植）の瞬間から人間としての生命をそなえた個体であり、これを損なうことをめざす研究は、基礎研究であっても容認することはできません。

　今回、ヒト胚の尊厳にかかわる重大な倫理的問題が、議論を尽くさない性急なしかたで決定されたことにも、私たちは深い憂慮を感じています。この決定は、将来のクローン研究への「扉を開く」だけでなく、日本における倫理的議論の相対主義化へと「道を開く」、きわめて危険な一歩と言わざるをえません。

　また、第35回生命倫理専門調査会の席上で表明された、今回の採決

（参考資料2）

で容認に反対した諸委員の意見は，採決の結果よりも重要な意味をもつと私たちは考えます。すなわち，「人クローン胚の研究が再生医療で使えることが十分明らかにされていない」（位田隆一委員）。「人間と動物が違うから，はじめから人で実験するというのはきわめて危険な思想であり，すでに動物実験で明らかにされたクローンのデフェクトは人間の場合にも予想できる」（勝木元也委員）。「ヒト胚が道具化される危険について倫理的議論が十分なされていない」（島薗進委員）。「基礎研究は臨床研究を内包しているので，基礎的研究に限るという限定が一人歩きする危険がある」（鷲田清一委員）。

　今後，最終報告書のとりまとめに際しては，今回の採決にとらわれることなく，「生命倫理専門調査会」の本来の使命である，ヒト胚に関する倫理的議論が，あらためて深められることを切に要望します。

　　　　　　　　　　　　　　　　　カトリック中央協議会　広報部

(参考資料3)

2008年7月10日

「特定胚の取扱いに関する指針等の改正案」への意見

文部科学省研究振興局ライフサイエンス課生命倫理・安全対策室　殿

　わたしたちは，「特定胚の取扱いに関する指針」，「ヒトに関するクローン技術等の規制に関する法律施行規則」，「ヒトES細胞の樹立及び使用に関する指針」に関する今回の改正そのものを承認できないと考えます。理由は以下の通りです。
　①　国はすでに2004年に総合科学技術会議において，研究目的の人クローン胚作成を容認する決定を行いましたが，今回の上記指針等の改正により，人クローン胚の作成に関する手続きが法律によって定められることになります。「人クローン胚の研究目的の作成・利用のあり方について（第一次報告）」が述べているように，人クローン胚研究について，「法律によりその実施を認めている国は少な」く（1－11～1－12），韓国と英国にとどまります。したがって，今回の指針改正がもつ意味は小さくありません。わたしたちはすでに総合科学技術会議の2004年の決定が行われた際に，ヒト胚の破壊を伴う人クローン胚研究は，倫理的に認められないことを理由に，反対を表明しました。今回，この決定が法的規制を伴って実施されることにあらためて強い反対を表明します。
　②　総合科学技術会議は，人クローン胚を作成するために，ヒトの未受精卵を除核したものを用いることを提言しました。しかし，現実にこのような未受精卵を入手することが困難であることを背景として，科学技術・学術審議会生命倫理・安全部会特定胚及びヒトES細胞等研究専門委員会「人クローン胚研究利用作業部会」は，その後の研究に基づき，総合科学技術会議が想定していなかった，受精卵由来の除核卵を用いた人クローン胚の作成を認め，そのための手続きを今回の改正案に示しました（「特定胚の取扱いに関する指針（案）」第二章第一節第九条5三。

（参考資料3） 47

「人クローン胚の研究目的の作成・利用のあり方について（第一次報告）」第二編第一章第二節参照）。この場合に用いる受精卵は，生殖補助医療において廃棄される3前核胚（3個の前核を有する一細胞の受精胚）ですが，受精胚由来の人クローン胚の作成では，(1) ヒト受精胚を除核して破壊し，(2) 作成した人クローン胚を，ES細胞作成のために破壊するという，二度のヒト胚の破壊が行われます。このようなヒト胚の二重の破壊は，けっして容認できるものではありません。国も総合科学技術会議意見「ヒト胚の取扱いに関する基本的考え方」(2004年7月)において「人の生命の萌芽」であるヒト胚は尊重すべきものだということを認めました。この「人の生命の萌芽」が人であることは科学的な事実であり，この萌芽の状態にある人も，人である限り，例外なく尊重すべき尊厳を有します。この考え方は，宗教や国家の違いを超えて，人類が普遍的に共有することのできる原則です。このことは，国連が2005年に研究目的の人クローン胚作成を含め人クローン胚作成の全面的な禁止を宣言したことにも示されています。

③ 2004年に総合科学技術会議が意見具申「ヒト胚の取扱いに関する基本的考え方」をまとめた後，2007年11月に京都大学の山中伸弥教授らはヒト人工多能性幹細胞（iPS細胞）の樹立に成功し，患者自身の体細胞を用いた再生医療や疾患モデルの作成の可能性を示しました。iPS細胞は，クローン胚由来のES細胞と異なり，ヒト胚の破壊という倫理的問題を伴いません。2007年末から国もiPS細胞研究への支援を積極的に進めており，今や人クローン胚作成の必要性に関する社会的妥当性・科学的合理性は認められないと思われます。

日本カトリック司教協議会常任司教委員会

（参考資料1,2,3はカトリック中央協議会ウェブサイトより許可を得て転載した。）

第 3 章
植物状態の患者に対する水分・栄養補給をめぐって

―――――――――

はじめに

　2007 年 9 月 14 日，教皇庁教理省は「全米司教協議会から提出された人工的栄養補給と水分補給に関する問いに対する回答」とその「解説」を発表した（文書の日付は 2007 年 8 月 1 日）。この文書は，植物状態（vegetative state）にある患者に対して人工的栄養・水分補給（artificial nutrition and hydration）を行うことが道徳的義務であるかどうかという問題を扱う，特殊な内容の文書であるが，この問題をめぐって近年行われてきた倫理学的・神学的論争に対して教会教導職が正式な回答を示した点で，注目すべきものである。以下に，この文書が出されるきっかけとなった教皇ヨハネ・パウロ 2 世の 2004 年の文書を含めて，4 篇の関連文書を全訳・掲出する。

　　参考資料 1　教皇ヨハネ・パウロ 2 世「『生命維持措置と植物状態に関する国際会議』参加者への挨拶」(2004 年 3 月 20 日)
　　参考資料 2　世界カトリック医師会／教皇庁生命アカデミー　共同声明「植物状態をめぐる科学的・倫理的問題の考察」(2004 年 4 月 18 日)
　　参考資料 3　教皇庁教理省「全米司教協議会から提出された人工的栄養補給と水分補給に関する問いに対する回答」(2007 年 8 月 1 日)
　　参考資料 4　教皇庁教理省「『全米司教協議会から提出された人工的栄養補給と水分補給に関する問いに対する回答』の解説」(2007

年8月1日)

　ここでは，これらの文書の背景と内容を簡単に解説したい。植物状態の患者の介護の問題は，後述するようにおもにアメリカ合衆国において近年大きな社会問題となったが，日本国内でも議論されているテーマである。訳出した文書はわが国での今後の医療・倫理・法・経済・社会福祉をめぐる議論のためにも参考になると思われる[1]。

1　2007年の教理省文書の歴史的背景

　植物状態の患者に対する生命維持措置，とりわけ人工的栄養・水分補給の使用と中止が近年社会問題にまでなったのは，いうまでもなくアメリカ合衆国におけるテリー・シャイボ（Terri [Theresa Marrie] Schiavo 1963 - 2005年）事件の影響によるものである。テリー・シャイボ夫人は1990年に事故により脳に深刻な損傷を受けて植物状態となり，栄養補給管により生命を維持していた。夫が生命維持装置をはずすことを求めたのに対し，両親と家族が反対し，5年以上に及ぶ訴訟が行われた末，最終的に2005年3月18日に胃瘻チューブが除去され，シャイボ夫人は14日後の3月31日に死亡した[2]。

　テリー・シャイボをめぐる裁判が行われていた2004年3月17日-20日，ローマで，教皇庁生命アカデミーと世界カトリック医師会の共催により国際会議「生命維持措置と植物状態――科学の発展と倫理的ジレンマ」が開催された。会議の最終日の3月20日に当時の教皇ヨハネ・パウロ2世（在位1978 - 2005年）による会議参加者への挨拶（参考資料1）が行われ，1か月後の4月18日に世界カトリック医師会と教

---

　1)　植物状態の患者に対する水分・栄養補給の中止の問題に関する最近のカトリック教会の見解については，すでに以下の考察において論及されている。秋葉悦子「治療行為をめぐる問題――患者の意思の尊重，先端医療技術の適正な使用，医療の客観的限界」，ホセ・ヨンパルト，秋葉悦子『人間の尊厳と生命倫理・生命法』成文堂，2006年，87-88頁。
　2)　テリー・シャイボ事件の裁判経過については，佐藤雄一郎「PVS患者の治療中止と政治介入との関係をめぐって――アメリカ合衆国・フロリダ州の一事件から」『生命倫理』Vol. 15 No. 1　通巻16号（2005年），135-143頁参照。

皇庁生命アカデミーは共同声明「植物状態をめぐる科学的・倫理的問題の考察」（参考資料2）を『オッセルバトーレ・ロマーノ』紙上に発表した。なお，同会議には日本から石島武一氏（現・日本カトリック医師会名誉会長）と慈生会病院名誉院長の浅野浩氏が参加している[3]。

ヨハネ・パウロ2世の挨拶と，世界カトリック医師会・教皇庁生命アカデミーの共同声明（以下，「共同声明」）は，植物状態にある患者への栄養・水分補給を道徳的義務とする主張において共通した内容となっている。後者は教皇の発言を踏まえながら，植物状態をめぐる現在の科学的データをより詳しく説明する。ところで，この教皇の発言は，植物状態の患者に対する栄養・水分補給を「原則として，通常の（ordinary），釣り合いのとれたもの（proportionate）で，それ自体として道徳的な義務である」（同4）と述べた点で，カトリック倫理学者の中からも，伝統的なカトリックの倫理教説を変更したものでないかとの疑念が示された。カトリックの倫理教説は，治療を含む患者に対する措置を，患者の容態との関係において理解してきた（それゆえ「執拗な治療」[therapeutic obstinacy]は回避される）。栄養・水分補給が常になされなければならないとすれば——実際には教皇は「原則として」と述べており，続く部分で適用条件を示しているが——，この伝統から逸脱することになるのではないかというのである[4]。2004年の教皇の発言はシャイボをめぐる裁判においてシャイボの両親によっても引用されたので，これが教導職の教えとしてどの程度の重みをもつかが，その後も議論された。

そこで，シャイボの死から間もない2005年7月11日，ウィリアム・S・スカイルスタッド（William S. Skylstad）全米司教協議会会長は教皇庁教理省にこの問題についてあらためて質問を送り，2004年の教皇発言に関する教導職としての正式な説明を求めた。スカイルスタッド会長の問いは次のものであった。「『植物状態』にある患者への栄養補給と水分補給は，特に人工的手段によって行われる場合，患者，親族，健康

---

3) 石島武一「延命治療と植物状態——科学の進歩と倫理上のジレンマ」『日本カトリック医師会々誌』第43号（2004年11月），3-10頁参照。

4) たとえば，マイケル・パニコラ／ロナルド・ハメル（岩本潤一訳）「生命維持は義務か——伝統的教説とその修正について」『神学ダイジェスト』第98号（2005年夏），122-131頁（Ronald Hamel and Michael Panicola, "Must We Preserve Life? The narrowing of traditional Catholic teaching", America 190:14 [April 19-26, 2004], pp. 6-13）参照。

管理体系にとって極度に重い負担となるため、教会の道徳的な教えに照らしても、特別な、または釣り合いのとれない手段であり、したがって道徳的な義務ではないといえるか」(参考資料 4、教理省「解説」)。教理省は、この質問に対する 2007 年 8 月 1 日付の「回答」(参考資料 3) で、2004 年のヨハネ・パウロ 2 世の発言はこの問題に明快に答えており、それは従来の教導職の見解の方針に沿ったものであることを確認したのである。

以下、訳出した 4 文書に従い、植物状態と、植物状態の患者への栄養・水分補給の義務をどう考えるかについて、教導職の見解を要約する。

2　植物状態をどう考えるか

(1)　「植物状態」の定義

教皇発言は、植物状態について「植物状態にある人は、自己意識や自分の周囲のものに対する意識を示す何らかの明確な徴候がなく、他者に働きかけたり、特定の刺激に反応したりすることができないように思われます」(参考資料 1・2) と簡潔に述べるが、「共同声明」はより厳密な定義を行う。「植物状態 (Vegetative State=VS) は反応のない状態である。この状態は現在、次の特徴から成る状態として定義される。すなわち、覚醒状態、睡眠・覚醒のサイクルの交代、自己と外界についての意識が欠如していると見えること、周囲からの刺激に対する行動を伴う反応の欠如、自律神経機能および他の脳神経機能の維持である」(参考資料 2・1)。ちなみにこの国際的な定義はわが国における 1972 年の日本脳神経外科学会の定義よりも厳密なものである[5]。

---

5)　日本脳神経外科学会の「植物状態」の定義 (1972 年) は以下のとおりである。「いわゆる「植物状態」は、脳幹の一部が生きており、人工呼吸器をつけなくても自力で呼吸ができる状態であり、脳死とは異なる状態である。以下の 6 項目が治療にもかかわらず 3 ヶ月以上続いた場合を臨床の現場では植物状態と考えている。①自力移動が不可能である。②自力摂食が不可能である。③糞・尿が失禁状態にある。④声を出しても意味のある発言が全く不可能である。⑤「目を開けろ」「手を握れ」というような簡単な命令には辛うじて応ずることがあるが、それ以上の意思疎通が不可能である。⑥眼球は辛うじて物を追っても、認識で

さらに「植物状態は次のものから明確に区別される。すなわち，脳死，昏睡，閉込め症候群，最低意識状態。植物状態は（大脳）皮質死とも単純に同一視されてはならない。植物状態の患者においては大脳皮質細胞の島が大部分機能し続けることが可能だからである」（参考資料2・2）。

　重要なことは，「一般的に，植物状態の患者は，生命機能を維持するためにいかなる技術的な助けも必要としない」（同2・3）ことである。そして，「植物状態の患者をいかなる意味でも終末期患者と考えてはならない。植物状態の患者の状態は安定し，長期的に持続するからである」（同2・4）。したがって，植物状態の患者の扱いは，厳密な意味での終末期医療の問題とは区別しなければならないのである[6]。

(2) 「恒久的植物状態」について

　訳出した資料のいずれにおいても「恒久的植物状態」（permanent vegetative state）という用語が用いられる。米国や日本では「遷延性植物状態」（persistent vegetative state）という用語が使われることが多い（Jannett 1972）。いずれにせよ，「『植物状態』が数年間続く患者の状態を示すために，『恒久的植物状態』という用語が造られました。現実には，さまざまな診断はこのような定義に合致しません。この用語は，統計的にいえば，植物状態が長期化するほど患者の回復は困難になることに基づく，慣習的な予後の判断を述べるにすぎません」（参考資料1・2）。それゆえ「植物状態について『恒久的』（permanent）のような誤解を招く用語を用いることを避けることが望ましい。この用語は植物状態の原因と期間を示すにすぎないからである」（参考資料2・8）。

きない。植物状態でみられるものは①睡眠と覚醒のリズム，②対光反応（中脳の機能は保持されているため）」（日本尊厳死協会東海支部編著『私が決める尊厳死 「不治かつ末期」の具体的提案』日本尊厳死協会，2007年，33頁）。石島氏によれば，このうち⑤と⑥は植物状態とは区別される「最低意識状態」（Minimal Conscious State=MCS）の属性であって，植物状態ではありえない反応である（石島武一，前掲論文，8頁参照）。

　6) その意味で，「持続的植物状態（遷延性意識障害）」の患者の延命中止措置を「不治かつ末期」の症状の枠内で取り上げ，水分・栄養補給の取り止めを含む延命中止措置の条件を提案する日本尊厳死協会の考え方には異議を唱えざるをえない（前掲『私が決める尊厳死 「不治かつ末期」の具体的提案』29-39頁参照）。

（3） 植物状態の診断

「研究者は，まず何よりも必要なのは正確な診断を行うことであることを知っています。正確な診断は，通常，専門施設での長期にわたる注意深い観察を必要とします。文献において多くの誤診があることも知られているからです。さらに，少なからぬ植物状態の患者が，適切な治療と特定のリハビリテーションの実施によって昏睡から意識を回復できるようになりました」（参考資料1・2。参考資料2・5参照）。しかし，「多くの年数が経過しても，少なくとも部分的な回復が見られた症例が確かに報告されていることを忘れてはなりませんし，過小評価してもいけません。それゆえ現代の医学は依然として，植物状態にある患者の誰が回復し，誰が回復しないかを確実に予測できないということができます」（参考資料1・2。参考資料2・7参照）。

（4） 植物状態の患者にとっての水分・栄養補給の実際

「『植物状態』にある患者は，自発呼吸を行い，自然に食物を消化し，他の代謝機能を遂行し，安定した状態にあります。けれども自分で食物を摂ることができません。人工的なしかたで栄養と水分を供給されなければ，この患者は死にます。そしてその死因は，病気でも『植物状態』そのものでもなく，飢餓と脱水だけです。同時に，水分と栄養の人工的供給は，一般的に，患者にもその親族にも重い負担を与えません。それには過大な経費もかかりません。水分と栄養の人工的供給は，普通の健康管理体系の中で行いうるものであり，入院を必要とせず，目的を果たす上で釣り合いのとれたものです。この目的とは，患者を飢餓と脱水によって死ぬことから守るということです。水分と栄養の人工的供給は，患者を治療する措置ではなく，治療を目的とするものでもありません。それはむしろ生命の保持を目的とした通常の介護です」（参考資料4）。

3 植物状態の患者への栄養・水分補給の義務をどう考えるか

（1） 植物状態の患者の権利

まず前提となるのは，「植物状態」にある患者が尊厳を備えた人格と

しての人間であることである。「わたしは，具体的な生存の状況にかかわらず，すべての人間の本質的な価値と人格的な尊厳は変わることがないことを強く主張しなければならないと感じます。人間は，重病であったり，自らのもつ最高の機能を行使することができなくても，人間であり，また常に人間であり続けるのであり，けっして『植物的な存在』や『動物的な存在』となることはありません。『植物状態』という臨床状態にある兄弟姉妹も，完全な意味でその人間の尊厳を保ちます」（参考資料1・3）。

したがって，「植物状態にある病者は，回復を待っているにせよ，自然死を待っているにせよ，基本的な健康管理（栄養補給，水分補給，衛生，保温など）を受け，病臥に伴う合併症を予防してもらう権利を有します。このような病者は，特定のリハビリテーションを受け，起こりうる回復の臨床的な徴候をモニターで監視してもらう権利も有します」（同・4）。

なお，「共同声明」は植物状態の患者がもつ権利として，より詳細に5つを挙げている（参考資料2・10参照）。

教理省は「回答」の解説で，「植物状態」の患者が栄養・水分補給を受ける権利をもつのは，教皇ピウス12世（在位1939－1958年）の1957年の演説で示された原則に基づくことを指摘している。すなわち，「患者が重病の場合，患者と患者の介護を行う者には，健康と生命を保持するために必要な介護を行ってもらう権利と，行う義務があります」（参考資料4）。

(2) 栄養・水分補給の位置づけ

2004年の教皇発言は，栄養・水分補給が「自然的な手段」であって，「医療行為」でないことを確認した。「わたしは特に，人工的な手段によって与えられる場合でも，水分補給と栄養補給が常に生命維持のための自然的な手段（natural means）を意味するものであり，医療行為（medical act）ではないことを強調したいと思います。さらに，こうした手段の使用は，原則として，通常の，釣り合いのとれたもので，それ自体として道徳的な義務であると考えるべきです。ただしそれは，こうした手段の使用が，その固有の目的を達していると考えられる限り，ま

たそう考えられる間のことです。この目的とは、この場合には、患者に栄養を供給すること、また、患者の苦痛を緩和することです」（参考資料1・4）。ここで、栄養・水分補給がたとえ自然的な手段であり、道徳的に義務であるとしても、その目的を果たしえない場合には、それは義務でなくなるという適用条件が示されていることに注意しなければならない。植物状態の患者への栄養補給と苦痛の緩和という目的を果たす限りにおいて、それは「釣り合いのとれた」（proportionate）措置となり、そうでなければそれは、「釣り合いのとれた」ものでなくなる。これはむしろ伝統的なカトリックの教説に従った考え方である[7]。なお、教理省は2007年の「回答」への解説の中で、このような義務が免除される例外をさらに詳しく述べている（人工的栄養・水分補給が物理的に不可能である場合、合併症により患者が栄養・水分を吸収できない場合、人工的栄養・水分補給が患者の大きな負担となるような稀な場合）。

逆に、もし植物状態の患者に対する栄養・水分補給を中止するなら、それは直接に患者に死をもたらすため、不作為による安楽死（euthanasia by omission）となる。「『そのような状態にある病人一般に普通与えられることになっている程度の措置』（教皇庁教理省『安楽死についての声明』第4章）を与える義務は、実際、栄養補給と水分補給を含みます（教皇庁開発援助促進評議会『重病者と臨死者に関するいくつかの倫理的問題』2・4・4、教皇庁医療使徒職評議会『保健従事者憲章』120参照）。植物状態が1年間以上続き、回復の望みが少ないことに基づく可能性の判断は、栄養補給と水分補給を含む、患者に対する最低限の管理の中止ないし中断を倫理的に正当化できません。実際、飢餓や脱水による死は、こうした最低限の管理の差し控えがもたらす唯一可能な結果です。その意味で、最低限の管理の差し控えは、意識的かつ意図的に行う場合、真正かつ固有な意味での不作為による安楽死となります」（参考資料1・4。参考資料4参照）。

---

[7] 「釣り合いのとれた」措置という考え方は、教理省『安楽死についての声明（1980年5月5日）』（*Declaratio de euthanasia: Iura et bona*〔宮川俊行訳、『安楽死について——「バチカン声明」はこう考える』中央出版社、1983年〕）で明らかに示されている（特に邦訳143頁以下参照）。『カトリック教会のカテキズム（1997年）』2278も参照。

4 植物状態の患者に対する社会の義務

　教皇の 2004 年の発言の中で，見逃してならないことは，「植物状態」の患者を抱える家庭に対して社会が十分な支援を行わなければならないという呼びかけである。「人間の生命の価値は，他の人が表明するいかなる生活の質に関する判断にも従属させられてはならないという，一般原則を確認するだけでは不十分です。植物状態の患者の生命を絶つ手段として，水分補給と栄養補給を中止しようとする圧力に対抗するための，積極的な行動を推進することが必要です。何よりも，家族の一人がこの恐ろしい臨床状態に陥った家庭を支えることが必要です。人間的・心理的・経済的負担を抱えたこうした家庭を放置してはなりません。植物状態の患者の介護は，一般的には，特別に費用がかかるわけではありませんが，社会はこうした弱い立場に置かれた家庭に配慮するために十分な資源を投じるべきです。そのために，適切で具体的な措置を講じなければなりません。それはたとえば次のようなものです。専門的な治療とリハビリテーションを行う回復センターのネットワークを作る。集中的なリハビリテーションが終わり，患者が自宅に移ったときの，家族への経済支援と自宅介護。また，心理的・道徳的な燃え尽き状態に陥る危険がある家族のメンバーのために，問題を処理したり，『休み』を与えたりすることができる家族がいないケースに対応できる制度の創設です」（参考資料 1・6。参考資料 2・11 − 14 も参照）。教皇はボランティアや霊的・司牧的ケアの必要性も合わせて指摘した（参考資料 1・6）。

　近年の報道によると，2006 年 3 月 4 日に仙台市で行われた「遷延性意識障害」について考えるフォーラム「いま私たちにできること」で，患者を抱える家族から「医療機関や福祉施設からも見捨てられ，家族の負担は限界だ」という悲痛な声が上がったという。「植物状態」の患者への取り組みを，日本においてはまず医療・福祉の優先課題の一つとして受け止めなければならない[8]。

　8）「毎日新聞」2006 年 3 月 5 日朝刊「遷延性意識障害　家族の負担の限界／宮城」参照。

翻訳の底本

参考資料1——底本として，イタリア語原文 Ioannes Paulus Papa II, Ad catholicos medicos de curatione aegrotorum in statu 《vegetativo》 versantibus (die 20 martii 2004), AAS 96 (2004), pp. 485-489 を用い，英語訳 John Paul II, To members of the Congress on 'Life-sustaining treatments and vegetative state', *L'Osservatore Romano,* weekly edition, 31 March 2004, p. 5 を参照した。

参考資料2——底本として，*L'Osservatore Romano*, Domenica 18 aprile 2004, p. 9 に掲載されたイタリア語原文 Federazione Internazionale delle Associazioni dei Medici Cattolici/Pontificia Academia pro Vita, Documento Congiunto. *Riflessioni sui problemi scientifici ed etici relativi allo stato vegetativo* (18 aprile 2004) を用い，合わせて *L'Osservatore Romano,* weekly edition, 28 April 2004, p. 2 に掲載された英語版 World Federation of Catholic Medical Associations/Pontifical Academy for Life, Joint Statement. *Considerations on the scientific and ethical problems related to vegetative state* (18 April 2004) を参照した。イタリア語および英語版は教皇庁生命アカデミーのウェブサイト（http://www.academiavita.org）にも掲載されている。

参考資料3——底本として，教皇庁教理省ウェブサイト（http://www.vatican.va/roman_curia/congregations/cfaith/index.htm）に掲載されたラテン語原文 Congregatio pro doctrina fidei, *Responsa ad Quaestiones ab episcopali conferentia foederatorum Americae statuum propositas circa cibum et potum artificialiter praebenda* (1 Augusti 2007)(= AAS 99 [2007], pp. 820-821) を用い，同ウェブサイトに掲載された英語訳 Congregation for the doctrine of the faith, *Responses to certain questions of the United States Conference of Catholic Bishops concerning artificial nutrition and hydration* (August 1, 2007) およびイタリア語訳 Congregazione per la dottrina delle fede, *Risposte a quesiti della conferenza episcopale statunitense circa l'alimentazione e l'idratazione artificiali* (1 agosto 2007) を参照した。

参考資料4——底本として，教皇庁教理省ウェブサイト（http://www.

vatican.va/roman_curia/congregations/cfaith/index.htm）に掲載されたイタリア語テキスト *Nota di commento della Congregazione per la dottrina delle fede alle risposte a quesiti della conferenza episcopale statunitense circa l'alimentazione e l'idratazione artificiali* を用い，合わせて同ウェブサイトに掲載された英語テキストを参照した。資料3のラテン語原文ならびに参考資料4のイタリア語テキストは *L'Osservatore Romano*, 15 settembre 2007, pp. 1; 5 にも掲載されている。

　なお，解説を含めて，原語を示す場合は，原文がイタリア語であっても，英語テキストに従い，英語を用いた。

(参考資料1)

2004年3月20日

教皇ヨハネ・パウロ2世
「生命維持措置と植物状態に関する国際会議」参加者への挨拶

会議参加者の皆様。

1　国際会議「生命維持措置と植物状態——科学の発展と倫理的ジレンマ」参加者の皆様に心からのご挨拶を申し上げます。特に教皇庁生命アカデミー副会長のエリオ・スグレッチャ師と世界カトリック医師会会長のジャン・ルイジ・ジリ教授にご挨拶申し上げます。いのちという根本的な価値の寛大な擁護者であるジリ教授は、皆様の共通の思いをご丁寧に述べてくださいました。

　教皇庁生命アカデミーと世界カトリック医師会が共催したこの重要な会議は「植物状態」と呼ばれる臨床状態という、きわめて重要なテーマを扱います。この状態は複雑な科学的・倫理的・社会的・司牧的側面を有するため、深い考察と実り豊かな学際的対話を要求します。注意深く計画された皆様の会議の充実したプログラムが示しているとおりです。

　　正確な診断のための注意深い観察
2　教会は、深い尊敬と真実の希望をもって科学者の努力を励まします。科学者は、ときには多大の犠牲を払いながら、自分を世話し、支える科学者に全面的に信頼を置いている患者の診断・治療・予後・リハビリテーションの可能性の改善のための研究・探究に日々献身しておられるからです。実際、植物状態にある人は、自己意識や自分の周囲のものに対する意識を示す何らかの明確な徴候がなく、他者に働きかけたり、特定の刺激に反応したりすることができないように思われます。

　研究者は、まず何よりも必要なのは正確な診断を行うことであることを知っています。正確な診断は、通常、専門施設での長期にわたる注意深い観察を必要とします。文献において多くの誤診があることも知られ

ているからです。さらに，少なからぬ植物状態の患者が，適切な治療と特定のリハビリテーションの実施によって昏睡から意識を回復できるようになりました。反対に，残念ながら他の多くの人々は，長い時間が経つにもかかわらず，また技術的支援を必要とすることなしに，植物状態に捕らわれたままでいます。

特に「植物状態」が数年間続く患者の状態を示すために，「恒久的植物状態」（permanent vegetative state）という用語が造られました。現実には，さまざまな診断はこのような定義に合致しません。この用語は，統計的にいえば，植物状態が長期化するほど患者の回復は困難になることに基づく，慣習的な予後の判断を述べるにすぎません。

しかしながら，多くの年数が経過しても，少なくとも部分的な回復が見られた症例が確かに報告されていることを忘れてはなりませんし，過小評価してもいけません。それゆえ現代の医学は依然として，植物状態にある患者の誰が回復し，誰が回復しないかを確実に予測できないということができます。

人を「植物的な存在」や「動物的な存在」として扱ってはならない

3　植物状態と同様の臨床状態にある患者に対して，その患者の「人間としての質」そのものの存続を疑うまでに至る人がいます。すなわち，臨床状態を象徴的に述べた「植物的」という形容詞（この用語の使用は今や確立しています）は，あたかも病者そのものを指すことができるし，指さなければならないかのように考えられます。そして，実際に病者の価値と人格の尊厳はおとしめられます。この意味で，「植物状態」という用語は，たとえ臨床的な分野でのみ用いられたとしても，人間存在に関して用いるのが適切でないことは明らかだというべきです。

この種の思潮に反対して，わたしは，具体的な生存の状況にかかわらず，すべての人間の本質的な価値と人格的な尊厳は変わることがないことを強く主張しなければならないと感じます。人間は，重病であったり，自らのもつ最高の機能を行使することができなくても，人間であり，また常に人間であり続けるのであり，けっして「植物的な存在」や「動物的な存在」となることはありません。

「植物状態」という臨床状態にある兄弟姉妹も，完全な意味でその人

間の尊厳を保ちます。父である神の愛に満ちたまなざしはこの兄弟姉妹の上に注がれ続けます。神は，特に助けを必要とするこの兄弟姉妹をご自分の子と認めるからです。

病者は基本的な健康管理を受ける権利をもつ

4　医師や医療従事者，社会と教会は，こうした人々に対して道徳的義務を有します。誰もこの義務から免除されることはありません。また，誰も職業倫理と人間的・キリスト教的連帯の要求を軽減されることはありません。

植物状態にある病者は，回復を待っているにせよ，自然死を待っているにせよ，基本的な健康管理（栄養補給，水分補給，衛生，保温など）を受け，病臥に伴う合併症を予防してもらう権利を有します。このような病者は，特定のリハビリテーションを受け，起こりうる回復の臨床的な徴候をモニターで監視してもらう権利も有します。

わたしは特に，人工的な手段によって与えられる場合でも，水分補給と栄養補給が常に生命維持のための自然的な手段を意味するものであり，医療行為ではないことを強調したいと思います。さらに，こうした手段の使用は，原則として，通常の，釣り合いのとれたもので，それ自体として道徳的な義務であると考えるべきです。ただしそれは，こうした手段の使用が，その固有の目的を達していると考えられる限り，またそう考えられる間のことです。この目的とは，この場合には，患者に栄養を供給すること，また，患者の苦痛を緩和することです。

「そのような状態にある病人一般に普通与えられることになっている程度の措置」[9]を与える義務は，実際，栄養補給と水分補給を含みます[10]。植物状態が1年間以上続き，回復の望みが少ないことに基づく可能性の判断は，栄養補給と水分補給を含む，患者に対する最低限の管理

---

9)　教皇庁教理省『安楽死についての声明（1980年5月5日）』第4章（*Declaratio de euthanasia: Iura et bona*〔宮川俊行訳，『安楽死について――「バチカン声明」はこう考える』中央出版社，1983年，164頁〕）。

10)　教皇庁開発援助促進評議会『重病者と臨死者に関するいくつかの倫理的問題（1981年6月27日）』2・4・4（*Some Ethical Questions Relating to the Gravely Ill and the Dying: Dans le Cadre*），教皇庁医療使徒職評議会『保健従事者憲章（1995年）』120（*Charter of Health Care Workers*）参照。

の中止ないし中断を倫理的に正当化できません。実際，飢餓や脱水による死は，こうした最低限の管理の差し控えがもたらす唯一可能な結果です。その意味で，最低限の管理の差し控えは，意識的かつ意図的に行う場合，真正かつ固有な意味での不作為による安楽死となります。

　このことに関連して，わたしは回勅『いのちの福音』で述べたことを思い起こして，次のことを明確にします。「真正かつ固有な意味での安楽死は，あらゆる身体的苦痛から救う目的でなされる，その本性からして，またその行為者の意向によって，死を引き起こすような行為，あるいは不作為であると理解しなければなりません」。このような行為は常に「重大なしかたで神の掟を犯すものです。なぜならそれは，意図された，道徳的に許されることのない，人間の人格の殺害だからです」[11]。

　また，次の道徳原則はよく知られています。すなわち，生きている人格に対する単純な疑いも，完全な尊重と，その人の死を早めることを目的としたいかなる行為も控える義務を前もって課します。

社会的圧力が一般原則よりも優先されてはならない

5　しばしば心理的・社会的・経済的な性格の圧力によって現実に主張される「生活の質」への考慮が，一般原則よりも優先されてはなりません。

　何よりもまず，いかなる経費の評価も，人間の生命という，わたしたちが守ろうとしている基本的な善の価値よりも優先されてはなりません。さらに，人間の生命に関する決定を，その生活の質に関する外的な認識に基づいて行ってよいと認めるなら，それは，外的な水準によってすべての人の生活の質の，したがって人間の尊厳の高低をいえると認めることと変わりません。そこから，社会的関係に差別的・優生学的原則が導入されます。

　さらに，重要な研究が報告するように，栄養補給と水分補給の中止が病者に大きな苦痛をもたらすことをア・プリオリに否定することもできません。たとえ自律神経系ないし動作のレベルの反応しか認められないとしてもです。実際，現代の臨床的神経生理学と脳画像診断技術は，こ

　11）　教皇ヨハネ・パウロ2世回勅『いのちの福音（1995年3月25日）』65（*Evangelium vitae*）。

うした患者において，意思疎通と刺激の分析の基本的な形態が持続していることを示しているように思われます。

植物状態の患者とその家族に適切な配慮が必要であること
6　しかしながら，人間の生命の価値は，他の人が表明するいかなる生活の質に関する判断にも従属させられてはならないという，一般原則を確認するだけでは不十分です。植物状態の患者の生命を絶つ手段として，水分補給と栄養補給を中止しようとする圧力に対抗するための，積極的な行動を推進することが必要です。

　何よりも，家族の一人がこの恐ろしい臨床状態に陥った家庭を支えることが必要です。人間的・心理的・経済的な負担を抱えたこうした家庭を放置してはなりません。植物状態の患者の介護は，一般的には，特別に費用がかかるわけではありませんが，社会はこうした弱い立場に置かれた家庭に配慮するために十分な資源を投じるべきです。そのために，適切で具体的な措置を講じなければなりません。それはたとえば次のようなものです。専門的な治療とリハビリテーションを行う回復センターのネットワークを作る。集中的なリハビリテーションが終わり，患者が自宅に移ったときの，家族への経済支援と自宅介護。また，心理的・道徳的な燃え尽き状態に陥る危険がある家族のメンバーのために，問題を処理したり，「休み」を与えたりすることができる家族がいないケースに対応できる制度の創設です。

　さらに，こうした患者とその家族に対する適切な支援は，医師と支援チームの存在とあかしを含むものでなければなりません。医師と支援チームは，自分たちがいわば家族と同盟を組んでともに戦うのだということを家族に理解してもらうことが必要です。ボランティアの参加は，家族が孤立感から抜け出し，自分たちが社会の貴重な一員であって，見捨てられているのではないと感じられるように助けるための基本的な支えとなります。

　その上で，こうした状況において，霊的なカウンセリングと司牧的な援助が特に重要な意味をもちます。それらは，絶望的に思われる状況から深い意味を取り戻すための助けとなるからです。

可能ならば治療すること，そして常に介護すること

7　会議参加者の皆様。最後にわたしは皆様にお願いします。医術の尊厳に責任をもつ科学者として，医療の真の務めは「可能ならば治療すること，そして常に介護すること」(to cure if possible, always to care) であるという原則を大切に守ってください。

苦しむ兄弟姉妹を慰め，助けるという，皆様のこの真の人道的な使命の保証と支えとして，わたしは皆様にイエスのことばを思い起こしていただきたいと思います。「はっきりいっておく。わたしの兄弟であるこのもっとも小さい者の一人にしたのは，わたしにしてくれたことなのである」(マタイ 25・40)。

この光のもとに，わたしは皆様の上にイエスの助けがあるように祈り求めます。教父の意味深いことばは，このかたを「いやし主であるキリスト」(Christus medicus) と名づけました。そして，皆様の活動を，苦しむ人の慰め，死に瀕した人の力であるマリアのご保護に委ねながら，皆様すべてに心を込めて特別な使徒的祝福を与えます。

(参考資料2)

2004年4月18日

世界カトリック医師会／教皇庁生命アカデミー　共同声明
「植物状態をめぐる科学的・倫理的問題の考察」

　国際会議「生命維持措置と植物状態――科学の発展と倫理的ジレンマ」（ローマ，2004年3月17日‐20日）では，4日間にわたって集中した研究と討論が行われ，この分野におけるもっとも優れた学者・研究者の幾人かが発表を行った。これらの学者・研究者はこの問題を科学的・人間学的・倫理的観点から考察した。また，会議参加者に対して教皇ヨハネ・パウロ2世は深い励ましのことばを与えた。その上で，世界カトリック医師会（FIAMC）と教皇庁生命アカデミー（PAV）は医療従事者と一般社会の双方に向けて以下の声明を発表したい。

植物状態をめぐる科学的・倫理的問題の考察

1　植物状態（Vegetative State=VS）は反応のない状態である。この状態は現在，次の特徴から成る状態として定義される。すなわち，覚醒状態，睡眠・覚醒のサイクルの交代，自己と外界についての意識が欠如していると見えること，周囲からの刺激に対する行動を伴う反応の欠如，自律神経機能および他の脳神経機能の維持である。

2　植物状態は次のものから明確に区別される。すなわち，脳死，昏睡，閉込め症候群[12]，最低意識状態。植物状態は（大脳）皮質死とも単純に同一視されてはならない。植物状態の患者においては大脳皮質細胞の島が大部分機能し続けることが可能だからである。

---

　12)　「閉込め症候群」（locked-in syndrome）とは，意識や精神機能は保持されているが，眼以外の随意運動はすべて麻痺した状態で，Plumら（1966年）により命名された（『最新医学大辞典第2版』医歯薬出版株式会社，1996年，1228頁）。

3　一般的に，植物状態の患者は，生命機能を維持するためにいかなる技術的な助けも必要としない。

4　植物状態の患者をいかなる意味でも終末期患者と考えてはならない。植物状態の患者の状態は安定し，長期的に持続するからである。

5　植物状態の診断は依然としてきわめて臨床的であり，注意深く長期にわたる観察を必要とする。診断は，経験を積んだ専門家により，適切に管理された設備のもとで，植物状態の患者のための評価基準を用いて行われなければならない。実際，医学文献は，誤診の確率がきわめて高いことを示している。そのため，必要な場合には，診断の助けとなる，使用可能なあらゆる現代的技術を用いるべきである。

6　現代の脳画像診断技術は，植物状態の患者において，皮質活動の存続と，痛みの刺激を含むある種の刺激に対する反応が見られることを示している。こうした知覚の主観的な質を知ることはできないが，意味のある刺激と神経刺激の間の何らかの基本的な区別が行われているとみなすことが可能である。

7　現代のいかなる検査方法によっても，個々の症例において，植物状態の患者の誰が回復し，誰が回復しないかを予測することはできない。

8　現在までの植物状態に関する予後の判断の統計データは，扱われる症例数と観察期間に関してきわめて限られた研究から得られたものである。したがって，植物状態について「恒久的」(permanent)のような誤解を招く用語を用いることを避けることが望ましい。この用語は植物状態の原因と期間を示すにすぎないからである。

9　すべての人間は人格の尊厳を有し，人種，文化，宗教，健康状態，社会的・経済的状態に基づくいかなる差別もされてはならないことをわれわれは認める。人間本性そのものに基づくこの尊厳は，恒久的かつ不

可侵の価値であって，特定の生活環境に依存させることも，いかなる人の判断に従属させられることもあってはならない。すべての人のよりよい生活の質の追求が医学と社会の固有の責務であることをわれわれは認める。しかしながら，われわれは，人間の生命の価値を判断する決定的な基準として，生活の質を用いることはできないし，また用いるべきでもないと考える。われわれはすべての人間の尊厳が自律的選択の行使によっても表されうることを認める。しかしながら，個人の自律はけっして，自分の生命や他人の生命に反する決定や行動を正当化することができない。実際，生命がなければ自由の行使は不可能である。

10　以上の前提に基づいて，われわれは次のように述べなければならないと考える。植物状態の患者は人格としての人間であり，人格として，その基本的諸権利を完全に尊重される権利をもつ。基本的諸権利のうちの第一のものは，生存と，健康を守ることに対する権利である。
　特に植物状態の患者は以下の権利をもつ。
① 起こりうる誤診を避け，最善のリハビリテーションを受けることができるために，正確で徹底的な診断を受ける権利。
② 水分補給，栄養補給，保温，衛生を含む，基本的な介護を受ける権利。
③ 合併症を予防し，あらゆる回復の徴候を監視してもらう権利。
④ 回復を促し，達成したあらゆる進歩を保つために，長期にわたる適切なリハビリテーションを受ける権利。
⑤ すべての他の患者と同じように介助を受け，温かく扱ってもらう権利。
　そこから，可能性の判断に基づいて患者を遺棄するいかなる決定も控えることが求められる。現時点で用いうる予後の判断基準は不十分で信頼できないからである。
　植物状態の患者を補助するために与えることが必要な，栄養補給と水分補給を差し控える決定を行うなら，不可避的に，直接の結果として患者の死がもたらされる。それゆえ，こうした差し控えは真正かつ固有な意味での不作為による安楽死行為となる。この行為は道徳的に許されない。

同時にわれわれは，いかなる形態であれ，救急蘇生法の領域で行われる，執拗な治療も拒絶する。こうした治療は無酸素症に伴う植物状態の実質的な原因となりうるからである。

11　植物状態の患者の権利には，医療従事者，医療機関，さらには広く一般社会の義務が対応する。すなわち，植物状態の患者の保護に必要なものを保障し，十分な経済的資源を供給し，大脳生理病理学と中枢神経系の可塑性の基盤となる機序の理解をめざした科学的研究を推進するという義務である。

12　家族の一員が植物状態となった家庭に対して特別な注意を払わなければならない。われわれはこうした家庭の日々の労苦に心から思いを寄せる。また，こうした家庭がすべての医療従事者からの助けと適切な人間的・心理的・財政的支援を得る権利をもつことを再確認する。こうした支援によってこれらの家庭は孤立感から抜け出し，人間的連帯のネットワークの一員であることを感じることができるからである。

13　さらに，医療機関が，植物状態の患者の介護のための専門的な支援施設（回復センターや専門的リハビリテーション施設）を設置することが必要である。こうした施設は地域を十分カバーし，資格のある専門的職員の養成を推進すべきである。

14　植物状態の患者を社会の「重荷」と考えてはならない。むしろ彼らを，より新しく効果的な医療支援と社会の連帯を実現するための「呼びかけ」として再認識すべきである。

(参考資料3)

2007年8月1日

教皇庁教理省「全米司教協議会から提出された人工的栄養補給と水分補給に関する問いに対する回答」

第一の問い――（自然的手段によるか，人工的手段によるかに関わりなく）「植物状態」にある患者に栄養と水分を供給することは道徳的義務か。ただし，栄養と水分が患者の身体に吸収できない場合や，これを深刻な身体的苦痛を与えずに患者に供給できない場合を除く。

回答――道徳的義務である。人工的手段による場合であっても，栄養と水分の供給は，原則として，生命を維持するための通常の，釣り合いのとれた手段である。それゆえそれは道徳的義務である。ただしそれは，こうした手段が，その固有の目的を達していることが示される限り，またそのように示される間のことである。この目的とは，患者に水分と栄養を補給することである。こうして飢餓と脱水による苦しみと死を避けられる。

第二の問い――「恒久的植物状態」の患者に人工的な手段によって栄養補給と水分補給が行われる場合に，資格のある医師が道徳的確実性をもって患者の意識が回復しないと判断すれば，栄養補給と水分補給を中止してよいか。

回答――中止してはならない。「恒久的植物状態」にある患者は，基本的な人間の尊厳を備えた人格であり続ける。それゆえこのような患者は，通常の，釣り合いのとれた介護を受けなければならない。通常の，釣り合いのとれた介護には，原則として，人工的手段によるものであっても，水分と栄養の供給が含まれる。

　教皇ベネディクト16世は下記の教皇庁教理省長官との謁見において，

(参考資料3)

教理省通常総会が採択したこの回答を認可し、その公表を命じた。

　　　　　ローマ，教皇庁教理省事務局にて，
　　　　　2007年8月1日

　　　　　教皇庁教理省長官
　　　　　ウィリアム・レヴェイダ枢機卿
　　　　　局長
　　　　　アンジェロ・アマート　シラ名義大司教（サレジオ会）

(参考資料 4)

2007 年 8 月 1 日

教皇庁教理省「全米司教協議会から提出された人工的栄養補給と水分補給に関する問いに対する回答」の解説

　教皇庁教理省は，ウィリアム・S・スカイルスタッド全米司教協議会会長が 2005 年 7 月 11 日付書簡で提出した，普通「植物状態」と呼ばれる状態にある患者への栄養補給と水分補給に関する問いに対する回答を作成しました。この問いは，次のことを問うたものです。すなわち，「植物状態」にある患者への栄養補給と水分補給は，特に人工的手段によって行われる場合，患者，親族，健康管理体系にとって極度に重い負担となるため，教会の道徳的な教えに照らしても，特別な，または釣り合いのとれない手段であり，したがって道徳的な義務ではないといえるか。
　教皇ピウス 12 世が 1957 年 11 月 24 日に行った「国際麻酔学会に対する演説」は，こうした患者に対する栄養補給と水分補給の中止の可能性を支持するものとしてしばしば引き合いに出されます。この演説の中で，教皇は 2 つの一般倫理原則をあらためて述べました。(一) まず，自然理性とキリスト教的道徳はこう教えます。患者が重病の場合，患者と患者の介護を行う者には，健康と生命を保持するために必要な介護を行ってもらう権利と，行う義務があります。(二) 他方，この義務には，一般的に，あらゆる状況を考慮した上での通常の手段，すなわち患者や患者以外の人に特別な負担を課すことのない手段を使用することしか含まれません。さらに厳密な義務を課すなら，大多数の患者にとって過重な負担となり，より重要な善を達成することが困難になります。生命と健康とあらゆる地上の活動は，霊的な目的に従属します。もちろん，より重要な義務を無視しない限りにおいて，生命と健康を保持するために厳密に義務とされる以上のことを行うことが禁じられるわけではありません。
　まず注意しなければならないのは，ピウス 12 世が与えた回答は救急

蘇生法の使用および中止について述べたものだということです。しかしながら，ここで扱われている問題は救急蘇生法の技術とは関係がありません。「植物状態」にある患者は，自発呼吸を行い，自然に食物を消化し，他の代謝機能を遂行し，安定した状態にあります。けれども自分で食物を摂ることができません。人工的なしかたで栄養と水分を供給されなければ，この患者は死にます。そしてその死因は，病気でも「植物状態」そのものでもなく，飢餓と脱水だけです。同時に，水分と栄養の人工的供給は，一般的に，患者にもその親族にも重い負担を与えません。それには過大な経費もかかりません。水分と栄養の人工的供給は，普通の健康管理体系の中で行いうるものであり，入院を必要とせず，目的を果たす上で釣り合いのとれたものです。この目的とは，患者を飢餓と脱水によって死ぬことから守るということです。水分と栄養の人工的供給は，患者を治療する措置ではなく，治療を目的とするものでもありません。それはむしろ生命の保持を目的とした通常の介護です。

　家族の一員の「植物状態」が長期に及ぶ場合には，著しい負担となりえます。この負担は，四肢麻痺の患者や，重度の精神病の患者，増悪期のアルツハイマー病の患者などの介護の負担と同様のものです。こうした患者は，数か月，ないし，場合によって数年間の継続的な介助を必要とします。しかし，明らかな理由により，ピウス12世が述べた原則を，次のことをいおうとしたものだと解釈してはなりません。すなわち，こうした患者は，そのための通常の介護が家族に対して現実に負担となるがゆえに，世話をせずに，遺棄して死なせてもよいのだと。ピウス12世はこのような意味で特別な手段に関して述べたのではありません。

　あらゆる観点から見て，次の結論が導かれます。ピウス12世が述べた原則の前半は，「植物状態」にある患者に適用されなければなりません。すなわち，患者が重病の場合，健康と生命を保持するために必要な介護を行ってもらう権利と，行う義務があります。医学と医学が発する諸問題の進展を常に見守りながら発展してきた教会の教導職の教えは，この結論を完全な意味で確認します。

　教皇庁教理省が1980年5月5日に発表した『安楽死についての声明』は，釣り合いのとれた手段と釣り合いのとれない手段の違いと，治療的措置と病者に行うべき通常の介護の違いを説明しました。「死が近づき，

しかもどんな手段を用いても，もはやこれを阻止することができないような状態になった場合，ただ，かぼそいあるいは苦しみに満ちた生命の維持でしかないような延命のための処置はやめてしまう決定をしても，良心上何の問題もない。ただし，そのような状態にある病人一般に普通与えられることになっている程度の措置だけは行わねばならない」（同第4章〔宮川俊行訳『安楽死について──「バチカン声明」はこう考える』中央出版社，1983年，164頁〕）。まして，死が切迫していない患者のための通常の介護の手段を中止してはなりません。一般的に「植物状態」にある患者の場合がそれです。「植物状態」にある患者にとって，通常の介護の手段の中止こそが，彼らの死の原因となります。

　1981年6月27日，教皇庁開発援助促進評議会は『重病者と臨死者に関するいくつかの倫理的問題』という文書を発表しました。この文書は何よりも次のことを述べています。「『最低限の』措置と呼ばれる手段をいかなる場合にも施すことは，厳密な意味での義務であり続ける。『最低限の』措置とは，通常の，また普通の状態において生命を維持することを目的とした措置（栄養補給，輸血，注射など）である。こうした『最低限の』措置を中止することは，実際上，患者の生命を絶とうとすることを意味する」（2・4・4）。

　教皇ヨハネ・パウロ2世は，1985年11月15日に行った「人の前白血病の形態に関する国際セミナー参加者に対する演説」の中で，『安楽死についての声明』を思い起こしながら，はっきりと次のように述べました。「釣り合いのとれた介護の原則」によって「生命維持のために有効な治療を行うことや，生命維持のための通常の手段による介助を行うこと」を差し控えてはなりません。この「生命維持のための通常の手段」は当然，栄養と水分の供給を含みます。教皇はまた，こうした措置を行わないことは許されないと指摘しました。それは「患者やその家族から苦しみを取り去るために生命を短縮すること」をめざすからです。

　1995年，教皇庁医療使徒職評議会（現・教皇庁保健従事者評議会）は『保健従事者憲章』を発布しました。その第120項は明確にこう述べます。「人工的なしかたであっても，栄養と水分の供給は，それが患者にとって負担とならない場合に，常に患者に行うべき通常の措置である。こうした措置の不当な中止は，真正かつ固有な意味での安楽死を意味す

るものとなりうる」。

　教皇ヨハネ・パウロ２世が1998年10月２日に行った，「教皇庁定期訪問中の米国（カリフォルニア・ネバダ・ハワイ）司教団への演説」は，きわめて明快にこう述べます。栄養補給と水分補給は生命維持のための普通の介護であり，通常の手段と考えるべきものです。こうした措置を中止することや，行わないことは，この決定が患者の死をもたらす場合，許されません。それは不作為による安楽死です（同演説４参照）。

　2004年３月20日に行われた，国際会議「生命維持措置と植物状態——科学の発展と倫理的ジレンマ」参加者への挨拶の中で，ヨハネ・パウロ２世はきわめて明確なことばで，これまでに引用してきた文書が述べてきたことを確認するとともに，その適切な解釈を示しました。教皇は次の点を強調しました。

　（一）「『植物状態』が数年間続く患者の状態を示すために，『恒久的植物状態』（permanent vegetative state）という用語が造られました。現実には，さまざまな診断はこのような定義に合致しません。この用語は，統計的にいえば，植物状態が長期化するほど患者の回復は困難になることに基づく，慣習的な予後の判断を述べるにすぎません」(2)[13]。

　（二）「恒久的植物状態」にある患者の「人間としての質」を疑う人々に対して，次のことを再確認しなければなりません。「具体的な生存の状況にかかわらず，すべての人間の本質的な価値と人格的な尊厳は変わることがありません。人間は，重病であったり，自らのもつ最高の機能を行使することができなくても，人間であり，また常に人間であり続けるのであり，けっして『植物的な存在』や『動物的な存在』となることはありません」(3)。

　（三）「植物状態にある病者は，回復を待っているにせよ，自然死を待っているにせよ，基本的な健康管理（栄養補給，水分補給，衛生，保温など）を受け，病臥に伴う合併症を予防してもらう権利を有します。このような病者は，特定のリハビリテーションを受け，起こりうる回復の臨床的な徴候をモニターで監視してもらう権利も有します。わたしは特に，人工的な手段によって与えられる場合でも，水分補給と栄養補給が

　13）「植物状態」のさまざまな時期と形態に関する用語については議論が続いているが，その議論はここでの道徳的判断にとって重要ではない。（原注）

常に生命維持のための自然的な手段を意味するものであり，医療行為ではないことを強調したいと思います。さらに，こうした手段の使用は，原則として，通常の，釣り合いのとれたもので，それ自体として道徳的な義務であると考えるべきです。ただしそれは，こうした手段の使用が，その固有の目的を達していると考えられる限り，またそう考えられる間のことです。この目的とは，この場合には，患者に栄養を供給すること，また，患者の苦痛を緩和することです」(4)。

　(四) これまでの諸文書が取り上げられて，次のように解釈されます。「『そのような状態にある病人一般に普通与えられることになっている程度の措置』(教皇庁教理省『安楽死についての声明』第4章) を与える義務は，実際，栄養補給と水分補給を含みます (教皇庁開発援助促進評議会『重病者と臨死者に関するいくつかの倫理的問題』2・4・4，教皇庁医療使徒職評議会『保健従事者憲章』120 参照)。植物状態が1年間以上続き，回復の望みが少ないことに基づく可能性の判断は，栄養補給と水分補給を含む，患者に対する最低限の管理の中止ないし中断を倫理的に正当化できません。実際，飢餓や脱水による死は，こうした最低限の管理の差し控えがもたらす唯一可能な結果です。その意味で，最低限の管理の差し控えは，意識的かつ意図的に行う場合，真正かつ固有な意味での不作為による安楽死となります」(4)。

　それゆえ，今回，教皇庁教理省が示した回答は，以上で引用した聖座の諸文書，特に「2004年3月20日のヨハネ・パウロ2世の挨拶」の方針を引き継ぐものです。基本的な点は2つあります。第一に，今回の回答は，人工的手段による場合であっても，水分と栄養の供給は，原則として，「植物状態」にある患者の生命を維持するための通常の，釣り合いのとれた手段であることを述べます。「それゆえそれは道徳的義務である。ただしそれは，こうした手段が，その固有の目的を達していることが示される限り，またそのように示される間のことである。この目的とは，患者に水分と栄養を補給することである」。第二に，次のことを明らかにします。生命を維持するための通常の手段は「恒久的植物状態」にある患者にも与えられなければなりません。「恒久的植物状態」にある患者も基本的な人間の尊厳を備えた人格だからです。

　教理省は，栄養と水分の供給が「原則として」道徳的義務だと述べま

す。すなわち本省は，遠隔地や極度の貧困地域において，人工的な栄養・水分補給が物理的に不可能である可能性を排除するものではありません。その場合は，「何者も不可能なことを行う義務はありません」（ad impossibilia nemo tenetur）。しかしながら，使用可能な最低限の措置を与える義務や，可能であれば，適切なしかたで生命を維持するために必要な手段を獲得する義務は残ります。また，合併症を起こしたために，患者が栄養や水分を吸収できない可能性も排除しません。その場合，栄養・水分補給はまったく役に立たないからです。最後に，一部の稀な症例において，人工的栄養補給と水分補給が患者にとって極度に負担となったり，大きな身体的苦痛を招く可能性がある場合を絶対的に排除するものではありません。大きな身体的苦痛とは，たとえば，補助手段の使用による合併症がもたらす苦痛です。

　しかしながら，これらの例外は一般的倫理原則を少しも減じるものではありません。この一般的倫理原則によれば，人工的手段による場合であっても，水分と栄養の供給は常に生命を維持するための「自然的な手段」であり，「治療措置」ではありません。それゆえ，たとえ「植物状態」が長期化した場合においても，こうした手段の使用は，「通常の，釣り合いのとれた」ものだと考えなければなりません。

第4章

同性愛とカトリック教会
——同性結合と，同性愛の傾向をもつ人の神学校への受け入れをめぐって——

　以下に訳出したのは，2003年6月3日付で公布された（発表は同年7月31日），教皇庁教理省『同性愛者間の結合に法的承認を与えようとする提案に関する考察』(Congregation for the doctrine of the faith, *Considerations regarding proposals to give legal recognition to unions between homosexual persons*)——参考資料1——と，2005年11月4日付で公布された（発表は同年11月29日），教皇庁教育省教書『同性愛の傾向をもつ人の神学校への受け入れと叙階に関する召命の識別基準について』(Congregation for Catholic Education, *Instruction concerning the criteria for the discernment of vocations with regard to persons with homosexual tendencies in view of their admission to the seminary and to holy orders*)——参考資料2——の全文である。

1　同性愛とカトリック教会

　参考資料1の「序文」で述べられているように，カトリック教会は近年，同性愛（homosexuality）をめぐるさまざまな問題について，活発な発言を行ってきた。ここに紹介するのは，同性愛をめぐる2つの特殊な問題に関するもっとも新しい教皇庁の見解を示した文書である。すなわち，参考資料1は，同性結合（homosexual unions）の法的承認の問題，参考資料2は，同性愛の傾向をもつ男性の神学校への受け入れと司

祭叙階の問題を扱う。前者は現代の社会全般に関わり、ある意味できわめてアクチュアルな問題である。これに対して、後者は教会内の神学生養成問題に含まれる特殊問題であるが、文書の中でこれまでの同性愛に関する教会の教説が概観されており、また、同性愛の傾向に関して若干新たな観点も示されているので、ここに訳出・紹介することにした。いずれにせよ、両資料は教会の同性愛の問題に関する包括的な見解を示したものではなく、本章でも、多岐にわたる同性愛の問題一般を扱うことはできない[1]。

ここでは、両文書を読むための前提として、『カトリック教会のカテキズム』（ラテン語規範版、1997年）にまとめて示された、同性愛に関する教会の教えを確認するにとどめる。『カトリック教会のカテキズム』が同性愛を扱うのは 2357 - 2359 および 2396 の以下の記述である。

> 2357　同性愛とは、同性に対してのみ、もしくはおもに同性に対して性愛を抱く男同士、または女同士の関係を意味します。これは時代や文化の違いによって、きわめて多様な形をとっています。その心理学的原因はまだ十分には解明されていません。これを重大な堕落としている聖書に基づき（創世記 19・1 - 29、ローマ 1・24 - 27、一コリント 6・9 - 10、一テモテ 1・10 参照）、聖伝は常に、「同性愛の行為は本質的に秩序を乱すもの」（教皇庁教理省『性倫理の諸問題に関する宣言』8）であると宣言してきました。同性愛の行為は自然法に背くものです。これは生命を生み出すはずのない性行為です。真の感情的・性的補完性から生じるものではありません。どのような場合であっても、これを認めることはできません。
> 2358　無視できない数の男性や女性が、同性愛の根強い傾向を持っています。この傾向は、客観的には逸脱ですが、彼らの大部分には試練となっています。したがって、同性愛的な傾向を持つ人々を軽蔑することなく、同情と思いやりの心をもって迎え入れるべきで

---

1) 同性愛の問題全般に対する教会の立場を扱った記事として、J. Keefe, "Homosexuality"; B. Williams, "Homosexuals, Pastoral Care of", in: *New Catholic Encyclopedia, Second Edition*, 7, Washington, D.C. 2003, pp. 66-71; 71-73; Gerald D. Coleman, *Homosexuality. Catholic Teaching and Pastoral Practice*, Mahwah 1995 を挙げておく。

す。不当に差別してはなりません。これらの人々は，自分の生活の中で神のみ旨を果たすように，キリスト信者であれば，自分のこの傾向から生じる困難をキリストの十字架の犠牲と結び合わせるように，と呼びかけられているのです。

2359　同性愛的な傾向を持っている人々は貞潔を守るよう招かれています。内的自由を培う自制の徳によって，時には友人の献身的な助けのもとに，祈りや秘跡の恵みによって，少しずつではあっても確実にキリスト教的完全さに近づくことができるし，またそうしなければなりません。

2396　貞潔に甚だしく背く罪の代表的なものは，自淫（自慰），私通，ポルノ，および同性愛の行為です。

　ここに見られるように，「同性愛の行為は本質的に秩序を乱すもの」（2357）であることが聖書と聖伝に基づいてはっきりと宣言される。教会文書としては，同所で引用されている教皇庁教理省『性倫理の諸問題に関する宣言（1975 年 12 月 29 日）』（Persona humana）においてこのことがあらためて明確にされた。続けて述べられるように，「同性愛の行為は自然法に背く」という点も重要である。ここにおいて，同性愛の問題は，単なる教会内の問題ではなく，「社会の共通善を推進し擁護しようと努めるすべての人」（参考資料 1，序文）に関わる問題となる。さらに同性愛は「生命を生み出すはずのない性行為」で，「真の感情的・性的補完性から生じるものではない」がゆえに「どのような場合であっても，これを認めることはできない」。これを逆にいえば，同性愛の問題において問われているのは，本来の意味での「家庭」の尊厳である[2]。参考資料 1 の「同性結合」が結婚と並んで法的に承認されることの問題性は，ここにある。

　同時に教会は，上記の 2358 以下で述べられるように，同性愛の傾向

---

　2)　教皇ヨハネ・パウロ 2 世使徒的勧告『家庭――愛といのちのきずな（1981 年 11 月 22 日）』（Familiaris consortio〔邦訳，カトリック中央協議会，2006 年（文庫版）〕），教皇庁国際神学委員会『人間の尊厳と科学技術（2004 年 7 月 23 日）』32 － 39（Communion and Stewardship: Human Persons Created in the Image of God〔邦訳，カトリック中央協議会，2006 年〕）参照。

をもつ人に対する司牧的配慮の必要を強調する。すなわち,「同性愛的な傾向を持つ人々を軽蔑することなく,同情と思いやりの心をもって迎え入れるべきです。不当に差別してはなりません」ということである。なお,同性愛者への司牧の問題について,もっとも詳細に述べている最近の教導職文書は,1986 年に教理省から公布された『同性愛者への司牧的配慮に関するカトリック教会司教への書簡（1986 年 10 月 1 日）』(*Homosexualitatis problema*)[3] である。地方（地域）教会で出された同性愛者への司牧に関する指針としては,たとえば,全米司教協議会から出されたものがある。全米司教協議会は 1997 年の『常に変わることのないわたしたちの子ども——同性愛の子どもの両親への司牧的メッセージおよび司牧奉仕者への勧め』(*Always Our Children: A Pastoral Message to Parents of Homosexual Children and Suggestions for Pastoral Ministers*) に続いて,2006 年 11 月に新しい司牧ケアのためのガイドライン『同性愛の傾向をもつ人への奉仕』(*Ministry to Persons with a Homosexual Inclination*)[4] を発表した。

2　参考資料 1 について

参考資料 1 の,教皇庁教理省『同性愛者間の結合に法的承認を与えようとする提案に関する考察』は,言うまでもなく,近年,欧米を中心に,同性結合が法的に承認されつつあることに教会として応答したものである。同性結合のカップルへの結婚に準じた権利の付与（パートナーシップ法）はデンマーク（1989 年。以下,成立年）に始まり,ノルウェー（1993 年）,スウェーデン（1994 年）,アイスランド（1996 年）,フランス（1999 年）,ドイツ（2001 年）がこれに続いた。ドイツは 2004 年に同棲カップルによる養子を認める法律を制定した。オランダは 2000 年に,養子をとる可能性も含めて同性結合に完全に結婚と同じ権利を与

---

[3]　邦訳,森本あんり監訳『キリスト教は同性愛を受け入れられるか』日本キリスト教団出版局,2002 年,73 - 85 頁。

[4]　U.S. Bishops, *Ministry to Persons With a Homosexual Inclination*, in: Origins. CNS documentary service, Vol. 36, No. 24 (November 23, 2006), pp. 379-387.

え，ベルギー（2003年），スペインがこれに続いた（2005年6月）。カナダも2005年7月に同性結合を結婚として認めた。米国ではすでにハワイ，バーモント，カリフォルニア，ニュージャージー，メーン，コネチカットの各州がパートナーシップ法ないしシビル・ユニオン法により同性カップルの権利を認めており，これに対してブッシュ大統領（当時）は「結婚は男性と女性の間で行われる」という憲法修正を行うことを求めた。

教理省文書は，4つの部分に分かれる。

1「結婚の本性とその不可侵の性格」は，結婚が男女両性の間で行われることが，諸文化に共通の真理であり（2節），聖書に基づくことを指摘した後（3節），同性愛についての教会の教えを確認する（4節）。

2「同性結合の問題に関するさまざまな態度」は，現代の諸国家で，同性結合を「容認」する場合と，これを積極的に合法化する場合があることを指摘する。後者の場合，養子を行う可能性も含む。これに対してキリスト信者ははっきりと反対しなければならない。同性結合の法制化に有意的（formal）に協力することは許されないし，同性結合を認める法律の施行に無意的（material）に協力することも避けるべきである。「この問題に関して，すべての人は良心的拒否の権利を行使しうる」（5節）。

3「同性結合の法的承認に反対する，理性に基づく論拠」（6－9節）は，同性結合が法制化されるべきではない論拠を「正しい理性の観点」「生物学的・人間的な観点」「社会的な観点」「法的な観点」の4つの観点から論じる。

「正しい理性の観点」において，市民法が自然道徳法に従うべきことが指摘される。「もし国家が同性結合を合法化すれば，国家は，共通善にとって不可欠な制度である結婚を推進し擁護するという，その使命を失うことになるであろう」（6節）。同性結合の法制化は，社会の価値観全体に影響を与えるがゆえに許されない。

「生物学的・人間的な観点」においては，同性結合が生殖を伴わず，婚姻でない点が指摘される[5]。同性結合カップルによる養子は，子ども

---

5) これについては，ジェラルド・コールマン（岩本潤一訳）「同性結合と結婚」『神学ダイジェスト』97号（2004年），93-104頁を参照。

の成長を阻害するばかりか,「児童の権利に関する条約」にも反する[6]。

「社会的な観点」としては,同性結合の法制化が結婚制度を弱体化させること,同性結合の法制化は,同性愛者の権利の擁護のためにかならずしも必須ではないことを指摘する。

「法的な観点」としては,公的な利益にかなうことのない「同性結合は,法的な観点から特別な関心を向けられることを必要としない」(9節)ことを指摘する。

4「同性結合を支持する法律に関してカトリック信者の政治家のとるべき行動」は,すでに教理省が公布した『教理に関する覚え書き——カトリック信者の政治参加に関するいくつかの問題について(2002年11月24日)』(*Doctrinal Note on some questions regarding the participation of Catholics in political life*) の同性結合の問題への適用である。カトリック信者の政治家は,同性結合の承認を支持する法律に賛成してはならないし,こうした法律が施行されている場合は,反対を表明し,また「その否定的な結果を減らすことを目的とする提案を合法的に支持することができる」。最後の勧めは,人工妊娠中絶や安楽死に関してカトリック信者の政治家がとるべき態度に関して,ヨハネ・パウロ2世回勅『いのちの福音(1995年3月25日)』(*Evangelium vitae*) で述べられた指針に基づく。

3 参考資料2について

参考資料2の,教皇庁教育省教書『同性愛の傾向をもつ人の神学校への受け入れと叙階に関する召命の識別基準について』は,同性愛者と神学教育の関係を扱う文書である。文書は1節「情緒的成熟と霊的父性」,2節「同性愛と叙階された奉仕職」,3節「志願者の適性に関する教会の識別」の三部分に分かれる。

---

6) 同性カップルによる養子の否定的な影響に関する実証的な研究として,以下を参照。George A. Rekers, Ph.D., *Review Of Research On Homosexual Parenting, Adoption, And Foster Parenting,* 2005 (http:www.narth.com/docs/rekers.html). 著者は Professor of Neuropsychiatry & Behavioral Science, University of South Carolina School of Medicine, Columbia, South Carolina.

まず，問題が「根強い同性愛の傾向をもった志願者を神学校に受け入れるか，また叙階するか」という点にしぼられる（序文）。

前提として，「叙階を受けて奉仕者となる志願者は，情緒的な成熟に達していなければならない」（1節）。この場合の成熟は司祭としての「霊的な父性」と関わる。

ところで，「いかなる場合にも，同性愛の行為を認めることはできない」し，「根強い同性愛の『傾向』も，客観的に逸脱である」。したがって，「教会は，こうした根強い同性愛の傾向をもつ人々に深い同情を感じながら，同性愛の行為を行う者，根強い同性愛の傾向をもつ者，ないし，いわゆる『同性愛文化』を支持する者を，神学校に受け入れることや，叙階することを認めることはできない」（2節）。

ただし，「同性愛の傾向があっても，過渡的なしかたで現れたにすぎないような場合は，これと異なる。たとえば，まだ思春期を脱していないような場合である。にもかかわらず，こうした同性愛の傾向は，遅くとも助祭叙階の3年前までには，はっきりとなくなっていなければならない」（同）。すなわち，「根強い同性愛の傾向」と「（同性愛の傾向が）過渡的なしかたで現れたにすぎないような場合」とが区別される。これは本文書の重要な指摘である。

3節は志願者としての適性を識別するための具体的な手段を指摘する。何よりも霊的指導者の役割の大切さが強調される。「叙階が適切であるかどうかを識別するに際して，霊的指導者の役割は重要である。霊的指導者は，守秘義務を負うとはいえ，内心の法廷において教会を代理する。霊的指導者は，司祭志願者と面談する際に，特に，司祭としての貞潔や，司祭の特徴をなす情緒的な成熟に関する教会の要求について指摘するとともに，志願者が必要な適性を有しているかどうか識別できるように，志願者を助けなければならない」。しかし，「司祭志願者自身が，自らの養成の第一の責任者であることは，いうまでもない」。「どんな問題があろうとも，叙階に進むために，志願者が自分の同性愛の傾向を隠すようなことがあれば，重大な不正となる」。

なお，本文書の「送付状」で注記されているように，この文書は「同性愛の傾向をもちながら叙階された司祭や，叙階後に同性愛の傾向をもつことが明らかになった司祭の叙階と身分の有効性を問題にするもので

はない」。ただし同じ送付状の中で,「同性愛の傾向をもつ司祭を,神学校の校長または養成担当者に任命すべきではない」ことは明確に指示されている。

翻訳の底本

参考資料1の,教皇庁教理省『同性愛者間の結合に法的承認を与えようとする提案に関する考察』は,翻訳の底本として,Congregatio pro doctrina fidei, *Nota de contubernalibus eiusdem sexus quoad iuridica consectaria contubernii. Considerazioni circa i procetti di riconoscimento legale delle uxioni tra persone omosessuali*, AAS 96 (2004), 41-49 のイタリア語テキストを用い,合わせて *L'Osservatore Romano,* 1 agosto 2003, p. 4 所載のイタリア語テキストと, *L'Osservatore Romano,* Weekly Edition, N. 32 (6 August 2003), pp. 2-3 所載の英語版テキスト(Congregation for the doctrine of the faith, *Considerations regarding proposals to give legal recognition to unions between homosexual persons*)を参照した。注番号,章・見出しは *L'Osservatore Romano* 版(イタリア語・英語)に従い,注に掲げられた文献表記は英語版に従った。邦訳のあるものは適宜,刊行年等を示した(以下の参考資料2においても同様)。本文書には次の解説がある。Angel Rodríguez Luño, "Il riconoscimento legale delle unioni omosessuali Profili etico-politici. Il Documento della Congregazione per la Dottrina della Fede", *L'Osservatore Romano,* 1 agosto 2003, p. 5(英訳 "The legal recognition of homosexual unions", *L'Osservatore Romano,* Weekly Edition, N. 37 [10 September 2003], p. 10).

参考資料2の,教皇庁教育省教書『同性愛の傾向をもつ人の神学校への受け入れと叙階に関する召命の識別基準について』は,翻訳の底本として,Congregation for Catholic Education, *Instruction concerning the criteria for the discernment of vocations with regard to persons with homosexual tendencies in view of their admission to the seminary and to holy orders*, Rome 2005 を用い,合わせて Congregatio de institutione catholica, *Instructio circa criteria ad vocationes discernendas eorum qui inclinantur ad homosexualitatem, intuitu eorundem admissionis ad Seminarium et ad Ordines Sacros*, AAS 97 (2005), 1007-1013(イタリア語

版）を参照した。英語版は *L'Osservatore Romano,* Weekly Edition, N. 49 (7 December 2005), pp. 3-4 にも掲載されている。

(参考資料1)

教皇庁教理省『同性愛者間の結合に法的承認を与えようとする提案に関する考察』

序　文

1　近年，教皇ヨハネ・パウロ2世と聖座の関連機関によって，同性愛に関するさまざまな問題がしばしば論じられてきた[7]。同性愛は，それが重要な法的問題となっていない諸国においても，困難な倫理的・社会的現象である。同性愛は，同性結合に法的承認を与えた——あるいは与えようと考えている——諸国において，大きな関心の的となっている。この場合の同性結合は，養子を受け入れる可能性を含むこともある。ここで行う考察は，新たな教理の要素を含むものではない。むしろこの考察は，同性愛の問題に関する本質的な点を指摘し，理性に基づく議論を提示することをめざしている。それは，司教たちが，世界のさまざまな状況に適合しながら，結婚の尊厳を擁護し，推進することを目的とした，より個別的な声明を準備するのに役立てるためである。結婚は家庭の基盤であるとともに，社会の安定要因である。結婚制度は社会を

---

[7]　教皇ヨハネ・パウロ2世「1994年2月20日と1994年6月19日の『お告げの祈り』のことば」，同「教皇庁家庭評議会総会への挨拶（1999年3月24日）」，『カトリック教会のカテキズム』2357－2359，2396，教皇庁教理省『性倫理の諸問題に関する宣言（1975年12月29日）』8（*Persona humana*〔邦訳，初見まり子訳，前川登校閲，中央出版社，1976年〕），同『同性愛者への司牧的配慮に関するカトリック教会司教への書簡（1986年10月1日）』（*Homosexualitatis problema*〔邦訳，森本あんり監訳『キリスト教は同性愛を受け入れられるか』日本キリスト教団出版局，2002年，73-85頁〕），同『同性愛者を差別しないことに関する法的提案に対する応答についての若干の考察（1992年7月24日）』（*Some considerations concerning the response to legislative proposals on the non-discrimination of homosexual persons*），教皇庁家庭評議会『ヨーロッパの司教協議会会長たちへの手紙——同性カップルに関する欧州議会の解決について（1994年3月25日）』（*Letter to the Presidents of the Bishops' Conferences of Europe on the resolution of the European Parliament regarding homosexual couples*），同『家庭，結婚，事実上の結合（2000年7月26日）』23（*Family, marriage and "de facto" unions*）参照．

（参考資料1） 89

構成する要素だからである。この考察はまた，カトリック信者の政治家に指針を与えることも意図している。そのために，この考察は，この分野における法的な提案に対する，キリスト信者の良心と合致した対応方法を示す[8]。この問題は自然道徳法に関連するものであるので，以下の議論はキリストを信じる人々に対してだけでなく，社会の共通善を推進し擁護しようと努めるすべての人に向けられている。

1　結婚の本性とその不可侵の性格

2　結婚と，男女の両性の補完性に関する教会の教えは，ある真理をあらためて提示する。この真理は，正しい理性にとって自明であり，また世界の主要な諸文化からも真理として認められているものである。結婚は，人間間のある種の結びつきにすぎないものではない。結婚は，その本性，本質的な性格と目的において，造り主によって制定されたものである[9]。結婚がただ男と女の間にのみ存在することの確実性を，いかなるイデオロギーも人間精神から消し去ることはできない。男と女は，彼らに固有の，また彼らにのみ備わる相互の人格的なたまものによって，人格どうしの交わりへと向かう。こうして男と女は互いを完成させる。それは，神と協力しながら新しい人間のいのちの出産と養育を行うためである。

3　結婚に関する本性的な真理は，創造についての聖書の記事に述べられる啓示によって裏づけられる。この記事は，原初の人間の知恵を表したものでもある。われわれはその中に本性の声を聞くことができる。創世記の記述によると，結婚に関する造り主の計画には3つの基本的な要素がある。

---
[8]　教皇庁教理省『教理に関する覚え書き――カトリック信者の政治参加に関するいくつかの問題について（2002年11月24日）』4（*Doctrinal Note on some questions regarding the participation of Catholics in political life*〔邦訳，カトリック中央協議会司教協議会秘書室研究企画室監訳，カトリック中央協議会ウェブサイト掲載：http://www.cbcj.catholic.jp/jpn/doc/pontifical/politics/index.htm〕）参照。
[9]　第二バチカン公会議『現代世界憲章』48（*Gaudium et spes*）参照。

まず，神の像である人間は「男と女に」（創世記 1・27）創造された。男と女は人格として平等であり，また男性と女性として補完し合う。性は身体的・生物学的な領域に属するものであるとともに，新しい次元——すなわち人格的な次元——へと上げられた。この新しい次元において，身体と精神が結びつけられる。

　結婚は造り主によって一つの生活形態として制定された。この生活形態の中で，人格の交わりが性的能力の行使を伴いながら実現される。「こういうわけで，男は父母を離れて女と結ばれ，二人は一体となる」（創世記 2・24）。

　第三に，神は男と女の結びつきを，ご自分の創造のわざへと特別なしかたであずからせた。だから神は，男と女を「産めよ，増えよ」（創世記 1・28）ということばによって祝福したのである。したがって，造り主の計画において，性の補完性と出産性は，結婚の本性そのものに属する。

　さらに，男と女の結婚による結びつきは，キリストによって秘跡にまで高められた。教会は，キリスト信者の結婚が，キリストと教会の契約の効果的なしるしであると教える（エフェソ 5・32 参照）。この結婚のキリスト教的な意味は，男と女の結婚による結びつきのもつ深い人間的な意味をけっして損なわないばかりか，むしろそれを確認し，強める（マタイ 19・3 – 12，マルコ 10・6 – 9 参照）。

4　同性結合が，神の計画に基づく結婚と家庭と同様のものであるとか，たとえ違いはあっても類似したものであると考えるための根拠は根本的に存在しない。結婚は聖なるものであるのに対して，同性愛の行為は自然道徳法に反する。同性愛の行為は「生命を生み出すはずのない性行為である。真の感情的・性的補完性から生じるものではない。どのような場合であっても，これを認めることはできない」[10]。

　聖書において同性愛関係は「重大な堕落として非難され……る（ローマ 1・24 – 27，一コリント 6・10，一テモテ 1・10 参照）。もちろん，聖書のこのような裁きは，このような異常で苦しむすべての人々が，それ

---

10)　『カトリック教会のカテキズム』2357。

(参考資料1)

に対して個人的に責任があると結論することをわれわれに許しているのではない。しかし，それは，同性愛の行為が本質的に秩序を乱すものである……ことを明らかに示している」[11]。これと同じ道徳的判断は最初の数世紀の多くのキリスト教著作家に見いだされ[12]，またカトリックの聖伝によって一致して受け入れられている。

にもかかわらず，教会の教えによれば，同性愛の傾向をもつ男性と女性を「軽蔑することなく，同情と思いやりの心をもって迎え入れるべきである。不当に差別してはならない」[13]。これらの人々は，他のキリスト信者と同じように，貞潔を守るよう招かれている[14]。しかし，同性愛の傾向は「客観的には逸脱」[15]であり，同性愛の行為は「貞潔に甚だしく背く罪」[16]である。

2 同性結合の問題に関するさまざまな態度

5 同性結合の現象に対して，国家機関はさまざまな態度をとっている。ある場合には，国家機関はこの現象を容認するにとどまる。他の場合には，国家機関はこうした結合の法的な承認を推進する。これは，ある種の権利に関して，同性の人間と同棲する個人を差別することを避けるという主張のもとに行われる。他の場合には，国家機関は，同性結合に本来の意味での結婚と同等の法的位置づけを与えることを支持する。また，養子を行う法的な資格の承認も排除しない。

---

11) 教皇庁教理省『性倫理の諸問題に関する宣言（1975年12月29日）』8（*Persona humana*）。

12) たとえば，聖ポリュカルポス『ポリュカルポスの手紙』(Polycarpus Smyrnensis, *Epistula ad Philippenses* V, 3〔邦訳，田川健三訳『使徒教父文書』講談社，1974年所収〕)，聖ユスティノス『第一弁明』(Justinus Martyr, *Apologia prima* 27, 1-4〔邦訳，柴田有訳『キリスト教教父著作集 第一巻』教文館，1992年所収〕)，アテナゴラス『キリスト教徒のための嘆願』(Athenagoras, *Supplicatio pro Christianos* 34) 参照。

13) 『カトリック教会のカテキズム』2358。教皇庁教理省『同性愛者への司牧的配慮に関するカトリック教会司教への書簡（1986年10月1日）』10参照。

14) 『カトリック教会のカテキズム』2359，教皇庁教理省『同性愛者への司牧的配慮に関するカトリック教会司教への書簡（1986年10月1日）』12参照。

15) 『カトリック教会のカテキズム』2358。

16) 同2396。

政府の政策が同性結合を事実上，容認するだけで，明白な形で法的に承認しない場合，問題のさまざまな側面を注意深く区別しなければならない。道徳的良心は，あらゆる場合において，キリスト信者が道徳的真理を完全にあかしすることを求める。同性愛の行為を承認することも，同性愛者を不当に差別することも，この道徳的真理に反する。それゆえ慎重かつ賢明な行動をとることが有用である。それはたとえば次のような行動である。同性結合の容認が，濫用されたり，イデオロギーのために利用される可能性があることを明らかにする。同性結合が不道徳な性格をもつことをはっきりと表明する。同性結合の現象を制限する必要性を政府に訴える。それは，公的な道徳の体系を危険から守るためであり，また何よりも，性と結婚についての誤った思想に青年をさらすことを避けるためである。こうした誤った思想は，青年から必要な保護をはぎとるばかりか，同性結合の現象の拡大を進めるからである。容認から，同性愛者が同棲する特別な権利の合法化へと進もうとする者には，悪を承認ないし合法化することは，悪を容認することと大きく異なることを思い起こさせる必要がある。

同性結合が法的に承認されたり，結婚と同等の地位と結婚に固有な権利が同性結合に付与された場合，明確かつ鮮明に反対しなければならない。このようなきわめて不正な法の公布や施行にけっして有意的に協力してはならないし，また，できる限り，その施行に無意的に協力してもならない。この問題に関して，すべての人は良心的拒否の権利を行使しうる。

3 同性結合の法的承認に反対する，理性に基づく論拠

6 同性結合の法的承認に反対しなければならない理由を理解するために，さまざまな観点から特別な倫理的考察を加えることが必要である。

正しい理性の観点から
市民法の範囲が道徳法の範囲より限定されたものであることはいうま

でもない[17]。しかし，市民法は正しい理性と矛盾してはならない。正しい理性が良心に対する拘束力を失うことはないからである[18]。あらゆる人定法は，正しい理性が認める自然道徳法と合致し，また，すべての人格の不可侵の権利を尊重する限りにおいて，合法的である[19]。同性結合を支持する法は，正しい理性に反する。このような法は，同性の個人どうしの結合に，結婚に付与されるのと類似した法的保障を与えるからである。この問題の重要性を考えると，もし国家が同性結合を合法化すれば，国家は，共通善にとって不可欠な制度である結婚を推進し擁護するという，その使命を失うことになるであろう。

次のように問う人がいるかもしれない。特定の行動を義務づけるのではなく，ただ，事実上の現実に法的承認を与えるにすぎない場合に，どうして法律が共通善に反することがありうるのだろうか。このような事実上の現実は，誰に不正を行うわけでもないように思われるからである。この疑問については，同性愛の行為が私的現象として行われる場合と，同じ行為が社会の中での関係として，法律によって予見・承認され，法体系の中で制度になった場合の違いを考えてみなければならない。後者の場合，現象はより重大であるばかりか，広範囲の深い影響を与える。そして，共通善に反する形で，社会の組織全体に変化をもたらすことになる。市民法は，善い方向にであれ，悪い方向にであれ，社会における人間生活を形づくる原理である。市民法は「考え方と行動のパターンに影響を与えて，きわめて重要で時には決定的な役割を果たす」[20]。生活様式と，そこに示された規範となる考え方は，社会生活を外的に形づくるだけでなく，若い世代の人々の行動に関するものの見方や価値観をも形づくる傾向がある。それゆえ，同性結合の法的承認は，ある種の基本的な道徳的価値観をあいまいにし，結婚制度の価値の低下をもたらす。

---

17) 教皇ヨハネ・パウロ2世回勅『いのちの福音（1995年3月25日）』71（*Evangelium vitae*〔邦訳，裏辻洋二訳，カトリック中央協議会，1996年〕）参照。

18) 同72参照。

19) 聖トマス・アクィナス『神学大全』（Thomas Aquinas, *Summa theologiae* I-II, q. 95, a. 2〔邦訳，稲垣良典訳『神学大全13』創文社，1977年〕）参照。

20) 教皇ヨハネ・パウロ2世回勅『いのちの福音（1995年3月25日）』90（*Evangelium vitae*）。

生物学的・人間的な観点から

7 　同性結合は，同性結合に法的承認を与える上での合理的な基盤となりうるような，結婚と家庭がもつ生物学的・人間的な要素を完全に欠いている。同性結合はふさわしいしかたで生殖と人類の存続に役立つことができない。最近開発された人工的生殖方法を用いることも，人間の尊厳に対する尊重を深刻に欠いている上に[21]，この同性結合の無能性を変えることはない。

　同性結合はまた，婚姻としての側面も欠いている。この婚姻としての側面が，性の人間的で秩序づけられた形態を示すからである。実際，性的な関係は，結婚において両性間の相互の助け合いを表現また推進し，新しいいのちの伝達へと開かれたものであるときに，またこのようなものである限りにおいて，人間的なものとなる。

　経験が示す通り，同性結合における性的補完性の欠如は，同性結合を行った者の保護下に置かれた子どもの正常な成長にとって障害となる。このような子どもは，父親または母親をもつ経験を奪われる。子どもを，同性結合を行っている人の養子とすることは，事実上，その子どもを虐待することを意味する。この子どもが人の庇護を必要とする状況が，子どもの完全な人間的成長のためにならない環境にその子どもを置くために利用されるからである。これはきわめて不道徳な行為であり，国連の「児童の権利に関する条約」でも認められた原則に明らかに反する。すなわち，弱く無防備な存在である，児童の最善の利益について最大の考慮が払われなければならないという原則である。

社会的な観点から

8 　社会の存続は，結婚に基づく家族に負っている。同性結合の法的承認がもたらす不可避的な帰結は，結婚の再定義である。こうして結婚は，その新たな法的位置づけにおいて，生殖や養育といった，異性愛と関わる要素を基本的な基盤とした制度でなくなる。もし法的な観点か

---

21)　教皇庁教理省『生命の始まりに関する教書——人間の生命の始まりに対する尊重と生殖過程の尊厳に関する現代のいくつかの疑問に答えて（1987年2月22日）』二・A・1 － 3（*Donum vitae*〔邦訳，カトリック中央協議会，1987年〕）参照。

ら，男と女の結婚を，結婚の可能な一つの形にすぎないものと考えなければならなくなれば，結婚の概念は徹底的な変化をこうむり，そこから共通善に深刻な損害が与えられることになる。同性結合を結婚や家族と類似した法的次元に置くことによって，国家は恣意的に，かつその責務に反する形で行為するのである。

　尊重と非差別の原則に基づいて，同性結合の法的承認を支持することはできない。個人の特別待遇や，社会的承認または利益の拒絶が認められないのは，それが正義に反する場合のみである[22]。結婚ではない，また結婚ではありえない同棲形態に，結婚としての社会的・法的地位を与えることを拒むことは，正義に反しない。反対に，正義はそれを拒むことを要求する。

　個人の正当な自律の原則を合理的な論拠とすることもできない。確かに，一人ひとりの市民は，自らの関心のある活動に自由に従事することができ，また，そのことは自由に関する普遍的な市民権に属する。しかし，そのことと，社会における人間の人格の発展に意味のあるしかたで，ないし積極的なしかたで役立たないことが明らかな活動が，国家から特別で絶対的な法的承認を受けることができると主張することとは，まったく別である。結婚と家族は，それによって特別かつ絶対的な承認を得るにふさわしい目的を有している。同性結合は，いかなる意味においてもこれと類似した目的を実現することができない。反対に，同性結合が，特にその社会への影響が増大した場合に，人間社会の適切な発展に有害であることを裏づける理由は十分にある。

法的な観点から

9　結婚した夫婦は，世代間の継承を保証し，優れた意味で公的な利益にかなう。それゆえに市民法は彼らに制度的な承認を与える。これに対して，同性結合は，法的な観点から特別な関心を向けられることを必要としない。それは共通善に対してこうした機能を果たさないからである。

　同棲する同性愛者たちは，ただ同棲しているからというだけの理由

22）　聖トマス・アクィナス『神学大全』（Thomas Aquinas, *Summa theologiae* II-II, q. 63, a. 1, c〔邦訳，稲垣良典訳『神学大全18』創文社，1985年〕）参照。

で，個人また市民としての権利が承認されることを事実上奪われる——このような事態を避けるために，同性結合の法的承認が必要だという議論も有効性をもたない。実際には，同棲する同性愛者たちは，常に——その私的な自律に基づいて，すべての市民と同様に——互いの利益に関する法的な状態を守るために，国法に訴えることができる。社会に害を与えないしかたで保障することができ，また保障しなければならない個人の善を守るために，家族に関する共通善と公正な法を犠牲にすることは，きわめて不当であると思われる[23]。

4　同性結合を支持する法律に関してカトリック信者の政治家のとるべき行動

10　カトリック信者は皆，同性結合の法的承認に反対する義務を負っている。もしそれが本当なら，政治家としての責務を果たす上で，カトリック信者の政治家は，特別な意味でこの義務を負っている。同性結合を支持する法的提案に対して，カトリック信者の政治家は以下の倫理的指針を考慮しなければならない。

同性結合の承認を支持する法案が議会で最初に提案された場合，カトリック信者の議員は自らの反対意見を明確かつ公に表明し，反対票を投じる倫理的責務を負う。共通善に対してきわめて有害な法に賛成票を投じることは，甚だしく不道徳である。

同性結合の承認を支持する法がすでに施行されている場合，カトリック信者の政治家は自らに可能なしかたでこの法律に反対し，自らの反対を公にしなければならない。真理をあかしすることは，カトリック信者の政治家の責務である。法律を完全に撤廃することができない場合，カトリック信者の政治家は，回勅『いのちの福音』に述べられた指針を思

---

[23]　「同性愛を権利付与の基盤とする法律は，法律の規定を活用するために，現実に同性愛の傾向をもつ人を促して，同性愛者であることを公言させたり，パートナーを探させたりする危険」（教皇庁教理省『同性愛者を差別しないことに関する法的提案に対する応答についての若干の考察（1992年7月24日）』14 [*Some considerations concerning the response to legislative proposals on the non-discrimination of homosexual persons*]）が常にあることを忘れてはならない。

い起こしながら,「このような法律がもたらす害を制限すること,そして一般世論と公共道徳のレベルで,その否定的な結果を減らすことを目的とする提案を合法的に支持することができる」。こうしたことができるのは,こうした法律に対してその人が「個人的には絶対に反対の立場にあることが広く知られて」おり,つまずきを与える危険を避けることができる場合である[24]。だからといって,この問題に関してより限定的な法律を,公正で,受け入れうるものだとさえ考えることができるというわけではない。むしろ,完全な撤廃がその時点で不可能な場合,少なくとも不正な法の部分的な撤廃を行うよう努めるのが,合法的な義務だということである。

結　び

11　教会は,同性愛者を尊重することが,同性愛の行為の容認や,同性結合の法的承認をもたらすことはけっしてありえないと教える。共通善は,法律が結婚を社会の基本単位である家庭の基盤として認め,推進し,擁護することを求める。同性結合を法的に承認すること,あるいは,同性結合を結婚と同列のものとみなすことは,同性結合を現代社会の一つの典型とすることによって,逸脱した行動を認めることになるだけでなく,人類の共通の遺産に属する基本的な諸価値をあいまいにすることになる。教会は人間の善のため,また社会自身の善のために,これらの価値を擁護せずにはいられない。

　教皇ヨハネ・パウロ2世は2003年3月28日の謁見において教理省通常総会で採択されたこの考察を認可し,その公表を命じた。

　ローマの教理省事務局にて,2003年6月3日,聖カロロ・ルワンガと同志殉教者の記念日に。

---

　24)　教皇ヨハネ・パウロ2世回勅『いのちの福音（1995年3月25日）』73（*Evangelium vitae*）。

教皇庁教理省長官
ヨゼフ・ラッツィンガー枢機卿
局長，シラ名義大司教
アンジェロ・アマート大司教

(参考資料2)

教皇庁教育省　教書『同性愛の傾向をもつ人の神学校への受け入れと叙階に関する召命の識別基準について』

教皇庁教育省の送付状

『同性愛の傾向をもつ人の神学校への受け入れと叙階に関する召命の識別基準についての教書』をお送りできることをうれしく存じます。

この新しい文書は，長い準備を経て作成されました。実際，すでに1996年に教皇庁教理省は，同性愛の傾向をもつ者についての召命の識別基準に関する指針を作成するよう，本省に提案しました。その後，本教育省はこの問題に関する多くの資料を作成してきました。

本文書の草案は，1998年と2002年と2005年に行われた総会において，本省委員の検討に付されました。さらに，草案は，教皇庁教理省，東方教会省，典礼秘跡省，福音宣教省，聖職者省，奉献・使徒的生活会省，法文評議会の各省に送付されて検討されました。2005年の本省総会において，本省委員は本教書を承認し，それが有用かつきわめて有益であると認めました。

教皇ベネディクト16世は2005年8月31日に，本省長官が提出した本文書を認可し，その発表を命じました。

本教書は，司祭職に関する第二バチカン公会議文書と第二バチカン公会議後の文書，また，同性愛の問題に関する諸文書——すなわち，『カトリック教会のカテキズム』や教皇庁教理省の諸文書などに基づいています。

本文書は，全養成期間中に注意深い識別を必要とする，情緒的成熟と性の分野におけるあらゆる問題を扱ったものではありません。本文書は，最近の状況によっていっそう必要とされるようになった，特殊な問題に関する諸規範を述べるものです。すなわち，同性愛の行為を行う者，根強い同性愛の傾向をもつ者，あるいは，いわゆる「同性愛文化」を支持するような者を，志願者として神学校に受け入れるか，また叙階するかという問題です。

本文書は，事実上，同性愛の傾向をもちながら叙階された司祭や，叙階後に同性愛の傾向をもつことが明らかになった司祭の叙階と身分の有効性を問題にするものではありません。他の司祭と同様，同性愛の傾向をもつ司祭も，独身生活における完全な貞潔を生きるという，叙階の際に行った約束を思い起こさなければなりません。同性愛の傾向をもつ司祭も，福音と教導職に忠実に従って，与えられた使命を完全に生きるように心がけながら，その奉仕職を果たし続けなければなりません。しかし，同性愛の傾向をもつ司祭を，神学校の校長または養成担当者に任命すべきではありません。神学校の校長または養成担当者は，将来の司祭の養成を行うという特別な責任を負うからです。

　教皇庁教育省は，文書を発表することによって，司教，上級上長，養成に関わるすべての上長に対して，神学校への受け入れから叙階に至るまで，叙階に向けて志願者の適性を注意深く賢明に識別するための有益な手段を提供しようと望むものです。したがって，本教書に述べられた規範は，各国で『司祭養成指針』を作成・改訂する際に考慮に入れていただかなければなりません。さらに，志願者自身の善益と，教会の善益の両方の観点から考えて，将来の司祭をふさわしく準備するために，すべての上長は本教書に述べられた規範を忠実に守らなければなりません。

　本文書は2005年11月29日に『オッセルバトーレ・ロマーノ』に発表されます。

　本文書が叙階のための養成過程のいっそうの改善に役立つことを願いつつ。

2005年11月4日，ローマ

　　　　　　　　教皇庁教育省長官
　　　　　　　　ゼノン・グロコルゥスキー枢機卿
　　　　　　　　局長，ヴェルタラ名義大司教
　　　　　　　　Ｊ・マイケル・ミラー

(参考資料2) 101

序　文

　第二バチカン公会議の教え，とりわけ『司祭の養成に関する教令』[25]に従って，教皇庁教育省は，将来司祭となる人の適切かつ完全な養成を促進することを目的として，さまざまな文書を発布し，司祭養成のさまざまな側面に関する指針や正確な規定を提示してきた[26]。また，1990年

---

25)　第二バチカン公会議『司祭の養成に関する教令（1965年10月28日）』(*Optatam totius*：AAS 58 [1966], 713-727)。

26)　教皇庁教育省『司祭養成に関する基本綱要（1970年1月6日，第2版1985年3月19日）』(*Ratio fundamentalis institutionis sacerdotalis*)，『神学校における哲学教育（1972年1月20日）』(*The study of philosophy in seminaries*)，『司祭の独身生活の養成指針（1974年4月11日）』(*A guide to formation in priestly celibacy*)，『司祭志願者の教会法教育（1975年4月2日）』(*On the teaching of canon law to those preparing to be priests*)，『司祭志願者の神学教育（1976年2月22日）』(*The theological formation of future priests*)，書簡『成人志願者の養成について（1976年7月14日）』(*Epistula circularis de formatione vocationum adultarum*)，『司祭養成における典礼教育指針（1979年6月3日）』(*Instruction on liturgical formation in seminaries*〔邦訳，カトリック中央協議会，1985年〕)，書簡『神学校における霊的養成のいくつかの緊急課題について（1980年1月6日）』(*Circular letter concerning some of the more urgent aspects of spiritual formation in seminaries*)，『人間愛についての指針──性教育のためのガイドライン（1983年11月1日）』(*Educational guidance in human love: outlines for sex education*〔邦訳，カトリック中央協議会，1988年〕)，『司祭養成における移住者司牧（1986年1月25日）』(*Pastoral care of people on the move in the formation of future priests*)，『社会的コミュニケーション・メディアに関する神学生養成のための指針（1986年3月19日）』(*Guide to the training of future priests concerning the instruments of social communication*〔邦訳，長谷川昌子訳，カトリック中央協議会，1987年〕)，書簡『東方教会に関する教育について（1987年1月6日）』(*Circular letter concerning studies of the oriental churches*)，『知的・霊的養成におけるおとめマリア（1988年3月25日）』(*The Virgin Mary in intellectual and spiritual formation*)，『司祭養成における教会の社会教説教育指針（1988年12月30日）』(*Guidelines for the study and teaching of the church's social doctrine in the formation of priests*)，『司祭養成における教父の研究に関する指針（1989年11月10日）』(*Instruction on the study of the fathers of the church in the formation of priests*)，『神学校教員養成指針（1993年11月4日）』(*Directives concerning the preparation of seminary educators*)，『結婚と家庭の問題に関する司祭養成指針（1995年3月19日）』(*Directives on the formation of seminarians concerning problems related to marriage and the family*)，『他の神学校ないし修道会の志願者の神学校への受け入れに関する司教協議会への指針（1986年10月9日，1996年3月8日）』(*Instruction to the episcopal conferences on the admission to seminary of candidates coming from other seminaries or religious families*)，『予備教育期間（1998年5月1日）』(*The propaedeutic period*)，書簡『叙階および職階の行使のための不適格性および障害について（1992年7月27日，1999年2月2日）』(*Circular letters concerning the canonical norms relating to irregularities and impediments both*

の世界代表司教会議（シノドス）も，現代の状況における司祭養成について考察した。このシノドスの目的は，司祭養成というテーマに関する第二バチカン公会議の教えを完全な形で実施し，現代世界においてこの教えをより明確かつ効果的なものとすることであった。シノドスの後，教皇ヨハネ・パウロ2世は，シノドス後の使徒的勧告『現代の司祭養成』[27]を発布した。

こうした数多くの教えに照らして，本教書は，養成の全期間を通じて注意深い識別を必要とする，情緒と性という分野における，あらゆる問題を取り上げることを意図するものではない。むしろ，本教書は，最近の状況によっていっそう必要とされるようになった，特殊な問題に関する諸規範を述べるものである。すなわち，根強い同性愛の傾向をもった志願者を神学校に受け入れるか，また叙階するかという問題である。

1　情緒的成熟と霊的父性

教会の変わることのない伝統に従い，洗礼を受けた男子のみが有効に叙階されることができる[28]。聖霊は，叙階の秘跡によって，司祭候補者を，新たな，また特別なしかたで，イエス・キリストと似たものに造り変える。実際，司祭は，秘跡的な形で，教会の頭，牧者，また花婿であるキリストを代理する[29]。このようにキリストに似たものとして造り変

"*ad Ordines recipiendos*" and "*ad Ordines exercendos*"）参照。

[27]　教皇ヨハネ・パウロ2世使徒的勧告『現代の司祭養成（1992年3月25日）』（*Pastores dabo vobis*: AAS 84 [1992], 657-864〔邦訳，カトリック中央協議会，1995年〕）。

[28]　教会法第1024条，東方教会法第754条，教皇ヨハネ・パウロ2世使徒的書簡『男性のみの司祭叙階を守るべきことについて（1994年5月22日）』（*Ordinatio sacerdotalis*: AAS 86 [1994], 545-548）参照。

[29]　第二バチカン公会議『司祭の役務と生活に関する教令（1965年12月7日）』2（*Presbyterorum ordinis*: AAS 58 [1966], 991-993），教皇ヨハネ・パウロ2世使徒的勧告『現代の司祭養成』16（*Pastores dabo vobis*: AAS 84 [1992], 681-682）参照。司祭が教会の花婿であるキリストと似たものに造り変えられることについて，『現代の司祭養成』はこう述べている。「司祭は教会の花婿であるイエス・キリストの生きた似姿であるように召されています。……したがって，司祭は霊的生活の中で，花嫁である教会に対して花婿であるキリストの愛を生きるように召されているのです。司祭の生活は，このような花婿の態度をも反映するものでなければなりません。それは司祭に，花婿としてのキリストの愛の証人であるように求めま

えられるので，聖なる奉仕者の全生涯は，自分の全人格をキリストにささげることによって，また真の意味での牧者としての愛によって，導かれなければならない[30]。

それゆえ，叙階を受けて奉仕者となる志願者は，情緒的な成熟に達していなければならない。こうした成熟によって，司祭志願者は，自分に委ねられた教会共同体に対する，真の意味での霊的な父性の感覚を自らのうちに育みながら，男性とも女性ともふさわしいしかたで関わることができるのである[31]。

2　同性愛と叙階された奉仕職

第二バチカン公会議の時代から現代に至るまで，さまざまな教導職の文書，とりわけ『カトリック教会のカテキズム』が，同性愛に関する教会の教えを確認してきた。『カトリック教会のカテキズム』は，同性愛の行為と同性愛の傾向を区別している。

同性愛の「行為」に関して，『カトリック教会のカテキズム』は，聖書がこれを重罪としていると教えている。伝統は常に，同性愛の行為を，本質的に不道徳で自然法に反するものと考えてきた。したがって，いかなる場合にも，同性愛の行為を認めることはできない。

多くの男性と女性に見いだされる，根強い同性愛の「傾向」も，客観的に逸脱であり，こうした傾向をもつ人々にとって，しばしば試練となっている。われわれは同性愛の根強い傾向をもつ人を，同情と思いやりの心をもって迎え入れるべきである。彼らに対するいかなる不当な差別も避けなければならない。同性愛の根強い傾向をもつ人は，その生活の中で神のみ旨を果たし，自分の傾向から生じる困難を主の十字架の犠

す」（『現代の司祭養成』22: AAS 84 [1992], 691）。

30）　第二バチカン公会議『司祭の役務と生活に関する教令』14（AAS 68 [1966], 1013-1014），教皇ヨハネ・パウロ2世使徒的勧告『現代の司祭養成』23（*Pastores dabo vobis*: AAS 84 [1992], 691-694）参照。

31）　教皇庁聖職者省『司祭の奉仕職と生活指針（1994年3月31日）』58（*Directory on the ministry and life of priests*）参照。

性と結び合わせるように、招かれている[32]。

　こうした教えに照らして、本教育省は、典礼秘跡省とともに、はっきりと次のように述べなければならないと考える。すなわち、教会は、こうした根強い同性愛の傾向をもつ人々に深い同情を感じながら[33]、同性愛の行為を行う者、根強い同性愛の傾向をもつ者、ないし、いわゆる「同性愛文化」を支持する者を、神学校に受け入れることや、叙階することを認めることはできないと[34]。

　実際、こうした人々は、男性や女性とふさわしいしかたで関わることに深刻な困難を感じることになる。根強い同性愛の傾向をもつ人を叙階することによって生じうる、好ましからざる結果を、けっして無視してはならない。

　しかしながら、同性愛の傾向があっても、過渡的なしかたで現れたにすぎないような場合は、これと異なる。たとえば、まだ思春期を脱していないような場合である。にもかかわらず、こうした同性愛の傾向は、遅くとも助祭叙階の3年前までには、はっきりとなくなっていなければならない。

---

　32)　『カトリック教会のカテキズム（ラテン語規範版、1997年）』2357 – 2358 参照。以下の教皇庁教理省の諸文書参照。『性倫理の諸問題に関する宣言（1975年12月29日）』(*Persona humana*〔邦訳、初見まり子訳、前川登校閲、中央出版社、1976年〕)、書簡『同性愛者への司牧的配慮に関するカトリック教会司教への書簡(1986年10月1日)』(*Homosexualitatis problema*〔邦訳、森本あんり監訳『キリスト教は同性愛を受け入れられるか』日本キリスト教団出版局、2002年、73-85頁〕)、『同性愛者を差別しないことに関する法的提案に対する応答についての若干の考察（1992年7月24日）』(*Some considerations concerning the response to legislative proposals on the non-discrimination of homosexual persons*)、『同性愛者間の結合に法的承認を与えようとする提案に関する考察（2003年6月3日）』(*Considerations regarding proposals to give legal recognition to unions between homosexual persons*〔邦訳、本章参考資料1〕)。同性愛の傾向に関して、『同性愛者への司牧的配慮に関するカトリック教会司教への書簡』はこう述べている。「同性愛者の特定の傾向は罪ではないが、多かれ少なかれ、この傾向は、本質的な道徳的悪を行うべく強く方向づけられている。それゆえこの傾向は、それ自体として客観的な逸脱と考えなければならない」（『同性愛者への司牧的配慮に関するカトリック教会司教への書簡』3）。

　33)　『カトリック教会のカテキズム（ラテン語規範版、1997年）』2358 参照。教会法第208条、東方教会法第11条も参照。

　34)　教皇庁教育省『同性愛と志願者の神学校への受け入れの問題に関する勧告を求める司教への覚え書き（1985年7月9日）』(*A memorandum to bishops seeking advice in matters concerning homosexuality and candidates for admission to seminary*)、教皇庁典礼秘跡省『書簡（2002年5月16日）』(*Letter: Notitiae* 38 [2002], 586) 参照。

3 志願者の適性に関する教会の識別

あらゆる司祭召命においては，2つの分かちがたい要素がある。すなわち，神から与えられる自由なたまものと，人間の責任ある自由である。召命は，教会を通して，教会の中で，また教会への奉仕のために，神から与えられる恵みである。神の呼びかけに答えて，人間は愛のうちに自らを自由に神にささげる[35]。司祭になりたいという望みだけでは十分ではないし，聖なる叙階を受ける権利も存在しない。キリストが定めた秘跡を受けるために必要な条件を定義する責任をもつのは教会である。それゆえ，神学校に入ることを希望する者の適性を識別し[36]，養成期間中に司祭志願者に同伴し，必要な資質を具えていると判断した場合に，その者を聖なる叙階へと招くことは，教会の務めである[37]。

将来司祭となる者の養成は，人間的次元，霊的次元，知的次元，司牧的次元という，養成の4つの次元を，根本的に補完させ合いながら，はっきりと統合しなければならない[38]。この関連で，人間的養成が特に重要であることを強調する必要がある。それはすべての養成に必要な基礎だからである[39]。志願者に助祭叙階を授けることを認めるために，教

---

35) 教皇ヨハネ・パウロ2世使徒的勧告『現代の司祭養成』35 - 36（*Pastores dabo vobis*: AAS 84 [1992], 714-718）参照。

36) 教会法第241条第1項「教区司教は，人間的・道徳的資質，霊的・知的資質，肉体的・心理的健康および正しい意向を有し，かつ聖なる奉仕職に永続的に献身することができると判断する者のみを大神学校に入学させなければならない」参照。東方教会法第342条第1項参照。

37) 第二バチカン公会議『司祭の養成に関する教令（1965年10月28日）』6（*Optatam totius*: AAS 58 [1966], 717）参照。教会法第1029条「すべての必要なことが熟考されて後，自己の司教または権限ある上級上長の賢明な判断によって，健全な信仰を有し，正しい意向によって動機づけられ，要求される知識を有し，良い評判を享受し，健全な生活態度，公認されている徳，受けるべき職階に適合するその他の身体的・心理的資質を有している者のみが叙階に推薦されなければならない」も参照。東方教会法第758条参照。必要な資質を有していない者を叙階しないことは不当な差別ではない。教皇庁教理省『同性愛者を差別しないことに関する法的提案に対する応答についての若干の考察』参照。

38) 教皇ヨハネ・パウロ2世使徒的勧告『現代の司祭養成』43 - 59（*Pastores dabo vobis*: AAS 84 [1992], 731-762）参照。

39) 同43「教会の頭であり牧者であるイエス・キリストの生きた像となるよう召され

会は何よりも志願者が情緒的成熟に達しているかどうかを確かめなければならない[40]。

司教[41]または上級上長は，叙階へと招くことについて，個人として責任を負う。養成の責任を委ねた人々の意見を参考にしながら，司教または上級上長は，志願者に叙階を許可する前に，志願者の資質に関して，誤りのない確かな判断を行わなければならない。この点に関して重大な疑義がある場合には，志願者に叙階を許可してはならない[42]。

司祭志願者の召命と成熟度の識別もまた，神学校長および，神学校の養成を委ねられたそれ以外の者の重大な責任である。叙階の前にはかならず，神学校長は志願者が教会の要求する適性を有しているかどうかについて，自らの判断を示さなければならない[43]。

叙階が適切であるかどうかを識別するに際して，霊的指導者の役割は重要である。霊的指導者は，守秘義務を負うとはいえ，内心の法廷において教会を代理する。霊的指導者は，司祭志願者と面談する際に，特に，司祭としての貞潔や，司祭の特徴をなす情緒的な成熟に関する教会の要求について指摘するとともに，志願者が必要な適性を有しているかどうか識別できるように，志願者を助けなければならない[44]。霊的指導

ている司祭は，人となった神の子のうちに輝き出ている人間的完成，また，……他の人々に対する態度の中に個々に生き生きと表れている人間的完成が可能な限り自分自身の中に映し出されるよう努めなければならない」（AAS 84 [1992], 732）参照。

40） 同44, 50（AAS 84 [1992], 733-736; 746-748）参照。教皇庁典礼秘跡省『教区司教と叙階を許可する教会法上の権限を有する他の裁治権者への書簡——叙階候補者の適格性の審査について（1997年11月10日）』(*Circular letter to the Most Reverend diocesan bishops and other ordinaries with canonical faculties to admit to sacred orders concerning: scrutinies regarding the suitability of candidates for orders*: Notitiae 33 [1997], 507-518)，特にEnclosure Vも参照。

41） 教皇庁司教省『司教司牧指針（2004年2月22日）』88（*Apostolorum successores*）参照。

42） 教会法第1052条第3項「……司教が確かな理由に基づいて候補者が叙階されるにふさわしい人物であるかどうかについて疑義を有する場合は，その者を叙階してはならない」参照。東方教会法第770条も参照。

43） 教会法第1051条「叙階される者に要求される適性の審査において，次の規定が順守されなければならない。……受階のために要求される適性に関する神学校または養成の家の長の証明書。すなわち叙階候補者の正しい教理，真正な信心，品行方正な生活および奉仕職の執行のための適性に関する証明書。かつ正確に行われた診察に基づく叙階候補者の肉体的・精神的健康状態に関する証明書が必要である」参照。

44） 教皇ヨハネ・パウロ2世使徒的勧告『現代の司祭養成』50, 66（*Pastores dabo*

者は，志願者の人格のあらゆる特性を評価し，また，志願者が司祭生活と相容れないような性的な問題を示すことがないかを確認する務めを有する。志願者が同性愛の行為を行ったり，根強い同性愛の傾向を示す場合には，志願者の霊的指導者と聴罪司祭は，志願者の良心に叙階を辞退するよう勧める義務を有する。

司祭志願者自身が，自らの養成の第一の責任者であることは，いうまでもない[45]。志願者は信頼をもって，教会と，自らを叙階へと招いた司教，神学校長，霊的指導者，また，司教または上級上長が将来の司祭の養成の任務を委ねた神学校の他の養成担当者に，自分を識別してもらわなければならない。どんな問題があろうとも，叙階に進むために，志願者が自分の同性愛の傾向を隠すようなことがあれば，重大な不正となる。こうした偽りは，司祭の奉仕職によってキリストとその教会に仕えるために自分が招かれたと考える人間の性格を特徴づけるべき，真理と忠実と無私の精神にそぐわないからである。

結　び

本教育省は，司教と上級上長と権限を有するすべての権威者が，神学校への受け入れから叙階に至るまで，叙階候補者の適性に関して注意深い識別を行わなければならないことを，あらためて確認する。この識別は，教会の教えに従った，役務としての司祭職の概念に照らして行われなければならない。

司教，司教協議会，上級上長は，志願者自身の善益のために，また，キリストの心に従う真の牧者となるにふさわしい司祭が教会に与えられることを保証するために，本教書の変わることのない規範が忠実に遵守されるよう努めていただきたい。

---

vobis: AAS 84 [1992], 746-748; 772-774）参照。教皇庁教育省『司祭養成に関する基本綱要』48（*Ratio fundamentalis institutionis sacerdotalis*）も参照。

　45）　教皇ヨハネ・パウロ2世使徒的勧告『現代の司祭養成』69（*Pastores dabo vobis*: AAS 84 [1992], 778）参照。

教皇ベネディクト16世は2005年8月31日に本指針を認可し，その発布を命じた。

　ローマにて，2005年11月4日，神学生の守護者カロロ・ボロメオの記念日に

　　　　　　　　　　　　教皇庁教育省長官
　　　　　　　　　　　　ゼノン・グロコルゥスキー枢機卿
　　　　　　　　　　　　局長，ヴェルタラ名義大司教
　　　　　　　　　　　　J・マイケル・ミラー

第5章
ニューエイジとカトリック教会

はじめに――『ニューエイジについてのキリスト教的考察』について

 2003年2月に教皇庁文化評議会・諸宗教対話評議会より『いのちの水をもたらすイエス・キリスト――ニューエイジについてのキリスト教的考察』(*Jesus Christ the Bearer of the Water of Life: A Christian reflection on the "New Age"* 以下『考察』と略)という文書が発表された[1]。本文書は教皇庁文化評議会, 諸宗教対話評議会(この2つが主導的役割を果たした), 福音宣教省, キリスト教一致推進評議会から成る「新宗教運動についてのワーキンググループ」によってまとめられたものである[2]。なお同ワーキンググループは1986年に『セクトや新宗教運動――司牧上の挑戦』(*Sects or New Religious Movements: Pastoral Challenge*)を発表している。
 本文書が出された目的は, 司牧に携わる人々に対して, ニューエイジ

---

 1) Pontifical Council for Culture/Pontifical Council for Interreligious Dialogue, *Jesus Christ the Bearer of the Water of Life: A Christian reflection on the "New Age"*, Libreria Editrice Vaticana, 2003; *L'Osservatore Romano,* Weekly Edition, n. 33/34, 13/20 August 2003, pp. I-XV. バチカンのホームページにも掲載されている (http://www.vatican.va/roman_curia/pontifical_councils/interelg/documents/rc_pc_interelg_doc_20030203_new-age_en.html)。原文は英文で, ほかにフランス語・イタリア語・スペイン語版が発表されている。同文書の一部は拙稿「ニューエイジとカトリック――最近の教皇庁文書の紹介」『福音宣教』2003年12月号(2003年12月), 27–35頁で翻訳した。全訳は『ニューエイジについてのキリスト教的考察』カトリック中央協議会司教協議会秘書室研究企画訳, カトリック中央協議会, 2007年。以下, 邦訳の頁数を示した。
 2) 教皇庁文書としては珍しく, 本文書の起草者は教皇庁文化評議会の Peter Fleetwood 神父と, 諸宗教対話評議会の Teresa Osório Gonçalves であることが明らかにされている。

とは何か，またニューエイジがキリスト教信仰といかなる意味で相容れないものであるかを明らかにし，教会内にニューエイジ運動が影響を及ぼすような状況の中で，対応の助けとなることである。文書は基本的にニューエイジへの警戒を呼びかけている。

同文書は，これまでの欧米の最新のニューエイジ研究を踏まえて，ニューエイジに関する豊富な情報を含んでいるが，各地域での状況への適用を必要とするという意味で「暫定的な報告」(provisional report)（『考察』序文，8頁）だと断っている。

教皇庁諸宗教対話評議会は，このような各地域への適用の方向性を探るために，同文書の発表と同時に，各国の司教協議会に対して，ニューエイジ運動に関する質問を送り，回答を求めた。諸宗教対話評議会の質問は次の5点であった。

問1．自分の地域におけるニューエイジ現象をどう評価するか
問2．ニューエイジの基本思想とは何か。ニューエイジは発展しつつある現象か
問3．「ニュー-エイジ」の諸形態はカトリックの宗教生活にいかなる影響を与えているか
問4．どのような研究がニューエイジに関するキリスト教的考察に役立つか
問5．どのような司牧的対応を提案できるか

実際に回答を寄せた司教協議会は30にとどまったようであるが，これらの回答を元に，諸宗教対話評議会は2004年6月14日から16日まで，バチカンで「ニューエイジに関する国際専門家会議」(International Consultation on the New Age) を開催した。会議の目的は，ニューエイジに対する司牧的考察を行うことである。日本からは筆者が参加した。同会議で検討された最終文書は，2008年8月に発表された。

「ニューエイジ」は従来の宗教の枠組みを超えた側面をもち，その意味で，ニューエイジの取り扱いは，教会が第二バチカン公会議以来取り組んでいる諸宗教対話の中では特異な位置を占める。上記文書もニューエイジとの対話を「批判的な対話」(critical dialogue)（『考察』二，25頁）と呼んでいる。

以下，「ニューエイジとは何か」(1)，「日本にもニューエイジ現象は

見られるか」(2),「カトリック教会の教導職はニューエイジをどのように見てきたか」(3),「『考察』はニューエイジのどこを問題視しているか」(4),「日本の教会にもニューエイジは影響を及ぼしているか」(5),「ニューエイジに直面する教会の司牧的課題はいかなるものか」(6) について考えてみたい[3]。

1　ニューエイジとは何か

「ニューエイジ」(New Age) は，1970年代に盛んになった「新新宗教」[4]以後の現代の新しい宗教運動として，1980年代以降，顕著な発展を示している宗教現象である。日本の宗教学者では，島薗進教授（東京大学）が1991年以降，この現象に注目して，ニューエイジよりやや広いニュアンスのある「新霊性運動／文化」(New Spirituality Movements [and Culture]) という用語で分析を行っている[5]。日本では最近,「スピリチュアリティ」の語のほうが好んで用いられる[6]。

---

3) 筆者は司教協議会秘書室研究企画として諸宗教対話評議会へのニューエイジに関する回答を作成し (2003年10月)，バチカンで開催された「ニューエイジに関する国際専門家会議」では "Elements of New Age ideology in Japanese new religiosity" のテーマで発表を行った。その後，日本カトリック神学会第17回学術大会 (2005年9月19日) で「ニューエイジとカトリック教会」と題する研究発表を行い，研究発表の内容を『日本カトリック神学会誌』第17号 (2006年)，55-82頁に掲載した。また，2007年10月1日に箱根で開催された第31回横浜教区「司祭の集い」でも『『ニューエイジについてのキリスト教的考察』──その司牧的意味」と題する講演を行った。この報告はこれらの研究・発表を基にしている。なお，関連記事として岩本潤一「この一冊　『ダ・ヴィンチ・コード (上・下)』」『福音宣教』2004年10月号，43頁,「この一冊　『ニューエイジについてのキリスト教的考察』」『福音宣教』2007年6月号，60頁，磯村健太郎「米国発の社会現象『ニューエイジ』　警戒強めるバチカン　報告書邦訳」『朝日新聞』2007年10月9日18面を参照。
4)「新新宗教」という用語については，西山茂「現代の宗教運動」，大村英昭・西山茂編『現代人の宗教』有斐閣，1988年，169-210頁参照。
5) 島薗進『精神世界のゆくえ　現代世界と新霊性運動』東京堂出版，1996年，第三章参照。島薗進氏の最新の研究は『スピリチュアリティの興隆　新霊性文化とその周辺』岩波書店，2007年。後者には前著以降，欧文や和文で発表された研究論文を収めている。
6)「スピリチュアリティ」については，その後多くの研究が行われるようになった。たとえば，湯浅泰雄監修『スピリチュアリティの現在　宗教・倫理・心理の観点』人文書院，2003年，伊藤雅之『現代社会とスピリチュアリティ　現代人の宗教意識の社会学的研究』溪水社，2003年，伊藤雅之・樫尾直樹・弓山達也編『スピリチュアリティの社会学　現代世界の宗教性の探求』世界思想社，2004年，井上順孝『現代宗教事典』弘文堂，2005年，磯村

そもそも「ニューエイジ」（新しい時代）ということばは，二千年間続いた魚座の時代の後に，新しい水瓶座（アクエリアス）の時代が到来しようとしているという，占星学の思想に由来する。魚座の時代はキリスト教を初めとする宗教の時代であり，水瓶座の時代は，宗教に代わる，新しい霊性（スピリチュアリティ）の時代だとされる。この新しいスピリチュアリティを志向する点において，現在行われているさまざまな実践が「ニューエイジ」と総称されるのである。

　ニューエイジにはさまざまな実践が含まれるが，その共通の特徴は，伝統的宗教や，新宗教また新新宗教のようにはっきりとした教団の形をとらず，参加形態が個人主義的であるところにある。ニューエイジ運動の中のあるものは共同体的性格をもち，場合によって「セクト」「カルト」と呼びうる場合もある（たとえばオウム真理教）。とはいえ，ほとんどのニューエイジはゆるやかな共同体を形成しているにすぎない（『考察』二・五，63頁。二・三・三，46頁も参照）。こうした個人主義的性格が，現代に生きる人々，特に若い世代の心情によく適合しているといえる[7]。

　なお，最近ではインターネットを通じた情報交換・交流などにより，国際組織が作られる場合もある。しかしその組織も宗教教団ではなく，なんらかの新しいスピリチュアリティ（霊性）を志向した，非宗教的な，NPOなどの法人形式をとっており，一見すると宗教に関連するものに見えない。

　このように，ニューエイジ運動は従来の宗教とは形態を異にしているが，そこに含まれる要素には，グノーシス主義から近代の心霊主義，オカルト，ユング心理学に至るまで，さまざまな異教的宗教・思想が混然

健太郎『〈スピリチュアル〉はなぜ流行るのか』（PHP新書451）PHP研究所，2007年など参照。

[7]　もっとも島薗進氏は，その後発表した論文 ""New Age Movement" or "New Spirituality Movements and Culture"?", *Social Compass* 46 (2), 1999, pp. 121-133 において，「日本における新霊性運動／文化における国家主義的傾向の台頭が，この現象において個人主義的傾向が強く見られるという一般的に受け入れられた概念を修正すべきであることを示唆している」と述べている。ただし，「新霊性運動／文化が一般的に個人主義的傾向をもつと考えてもまったく間違いだとはいえない」（ibid., p. 131; 前掲『スピリチュアリティの興隆』，59-60頁参照）。島薗進「現代日本の反世俗主義とナショナリズム」，中野毅・飯田剛史・山中弘編『宗教とナショナリズム』世界思想社，1997年，217-235頁も参照。

と含まれており，その意味ではけっして目新しくない側面もある。そして，これらさまざまな実践を通して，ニューエイジがキリスト教を含めた従来の教団宗教を超越したオルターナティヴな宗教のあり方をめざし，さらにキリスト教内にもニューエイジに同調するさまざまな動きが見られる点で，それはキリスト教会にとっても無視できない運動となっているのである。

　ニューエイジ（新霊性運動／文化）は，1980年代以前から展開していたさまざまな運動を母胎として成長してきた。島薗進氏は「ニューエイジの周辺」にあるこれらの運動として次のものを挙げている[8]。これらはおもにアメリカ合衆国で盛んとなっているものであるが，そのほとんどは日本にも紹介されている（マクロビオティック，レイキ，気功などは日本ないし東洋起源）。

・ヒューマン・ポテンシャル運動（日本における「自己啓発セミナー」に相当）[9]。
・トランスパーソナル心理学
・ニューサイエンス，ニューエイジ・サイエンス
・ネオ・ペイガニズム
・フェミニスト霊性運動
・ディープ・エコロジー
・ホリスティック医療運動
・マクロビオティック
・超越瞑想
・神智学協会
・人智学協会
・クリシュナムルティ・ファウンデーション
・ラジニーシ運動
・グルジェフ・ファウンデーション
・仏教的瞑想・共同体

8）　前掲島薗進『精神世界のゆくえ　現代世界と新霊性運動』第二章参照。
9）　日本における自己啓発セミナーについてはHaga Manabu, "Self-Development Seminars in Japan", *Japanese Journal of Religious Studies,* vol. 22/nos. 3-4 (Fall 1995), pp. 283-299 参照。

・レイキ
・気功・合気道
・ＵＦＯカルト

また，アメリカで出版されたニューエイジの多くの文献が日本語訳されてきた（たとえばマリリン・ファーガソン『アクエリアン革命』原著 1980 年，邦訳 1981 年。シャーリー・マクレーン『アウト・オン・ア・リム』原著 1984 年，邦訳 1986 年）。書店の「精神世界」（ちなみにこの語は 1978 年に東京の紀伊国屋書店で初めて使用されたという）コーナーに行けば，これらニューエイジ関係の本を今も多数目にすることができる。

ニューエイジを定義するのは難しい。島薗進氏は「新霊性運動」（狭い意味でのニューエイジと，ニューエイジの周辺の運動を含めた運動）を「ある種のゆるやかな共同体ないしネットワークを志向してはいるが，宗教として組織化されてはいない運動」と定義する。そして，そのおもな特徴として次のものを挙げている[10]。

1　瞑想ないし心理学的技術を用いた，意識変容の強調
2　宇宙に偏在し，人間が内面で触れることのできる，霊的存在への信仰
3　人類の霊的変容が始まっているという信仰
4　各人がそれぞれ個人として，自分の内面において霊的覚醒に達することができるという信仰
5　宗教と科学は対立しないという主張

さらに，シャーリー・マクレーンの諸著作などに見られるような，狭い意味での「ニューエイジ思想」に固有な特徴として，以下を挙げることもできよう。

6　自己の癒しの追求

10) 島薗進『現代救済宗教論』青弓社，1992 年，235-238 頁 ; Haga Manabu, Robert J. Kisala, "Editors' Introduction: The New Age in Japan", *Japanese Journal of Religious Studies,* vol. 22/nos. 3-4 (Fall 1995), p. 239 参照。島薗進氏のニューエイジの定義は『考察』の定義とほぼ合致する（『考察』二・三・三，46-47 頁。同七・一，112-115 頁も参照）。なお，ニューエイジ運動に関する欧米の記述的研究の代表的なものとしては，以下のものがある。Michael York, *The Emerging Network,* Lanham, Maryland 1995; id., *Historical Dictionary of New Age Movements,* Lanham, Maryland/Oxford 2004; Paul Heelas, *The New Age Movement,* Oxford 1996; Wouter J. Hanegraaf, *New Age Religion and Western Culture. Esotericism in the Mirror of Secular Thought,* Albany, NY 1998.

7　死後の世界への関心
8　エコロジー的・女性的原理の尊重
9　輪廻転生の信仰
10　チャネリングの使用

2　日本にもニューエイジ現象は見られるか

　日本国内においては，ニューエイジの広範な実践が行われているにもかかわらず（たとえばヒーリング，瞑想など），日本では一般には「ニューエイジ」は，いまだに馴染みのない言葉である。その理由は，ニューエイジが東洋宗教から採用・借用している技術・要素（チャネリング，輪廻転生，瞑想，呼吸法など）が日本の伝統的宗教（アニミズム，シャーマニズム，仏教，神道）の中でよく知られたものであり，ニューエイジと日本古来の宗教伝統の区別があいまいであることにもあろう[11]。それゆえ日本では，たとえその影響を受けていても，自分が意識的に「ニューエイジ」の実践を行っていると考える人はそれほど多くなく，ほとんどのカトリック信者も，ニューエイジとカトリック信仰の関係がどのような問題をはらんでいるかを，さほど意識していないと思われる。

　とはいえ，島薗進氏が指摘するように，日本には多くの「霊性的知識人」(Spiritual Intellectuals) とでも呼ぶべき思想家がいる。たとえばユング心理学者の河合隼雄 (1928 - 2007 年)，また，梅原猛 (1925 年 -)，湯浅泰雄 (1925 - 2005 年) などである[12]。これらの知識人は実質的に国内でニューエイジ思想・霊性を唱導しており，カトリックを含め，日本の一般読者に与えるその影響は，無視しえないものがある。たとえば湯

---

11) ニューエイジ（スピリチュアリティ）と日本の伝統的な神道思想との関連については，鎌田東二『宗教と霊性』角川書店，1995 年，同『神道のスピリチュアリティ』作品社，2003 年など参照。

12) 前掲島薗進『精神世界のゆくえ　現代世界と新霊性運動』第 11 章参照。Cf. Susumu Shimazono, "New Age and New Spirituality Movements: The Role of Spiritual Intellectuals", *SYZYGY: Journal of Alternative Religion and Culture*, vol. 2, no. 1-2, 1993, pp. 9-22. この 3 人以外に島薗進氏は「霊性的知識人」として次の人々を挙げる。岩田慶治，鎌田東二，栗本慎一郎，中沢新一，見田宗介（真木悠介），山折哲雄（島薗進『精神世界のゆくえ』250 頁）。

浅泰雄氏は倫理学者であると同時に気功研究者でもあり，1991年に人体科学会を創立した。河合隼雄氏は文化庁長官（2002年1月～2007年1月）を務め，2002年に公立学校に配布された道徳補助教材『心のノート』作成の中核となって，「心の教育」を推進した。梅原猛氏は近年，寛容な「多神教」観に基づく「一神教」批判を展開しつつある[13]。

　また，近年，インターネットを通じて世界的なネットワークを構築しつつある国際的なNPO組織が作られたり（たとえば1995年創立の「地球倫理協会」[Global Ethic Foundation]），従来の科学では周縁的な位置づけしかもたなかった精神世界の領域を「学問」として知的に探究しようとする学会が設立されている（たとえば日本では前述の「人体科学会」や，1998年に設立された「日本トランスパーソナル／精神医学会」など）。これらの現象は，ニューエイジの拡大と一般社会への浸透を示す兆候と考えられる。

3　カトリック教会の教導職はニューエイジをどのように見てきたか

　ニューエイジ運動がカトリック教導職によって注目されるきっかけとなったのは，アメリカのドミニコ会司祭マシュー・フォックス（Matthew Fox 1940年‐）が，創造霊性研究所（Institute in Culture and Creation Spirituality，現在はUniversity of Creation Spirituality）を設立し，魔女（witchと呼ばずにwiccaという用語が用いられる）信仰を含めた教説を広めようとしたために，1987年に教理省から教職停止処分を受けたという事件である。フォックス神父は後にドミニコ会をも離れ，米国聖公会に移籍した（1994年）。この事件に前後して，カトリック教会へのニューエイジの影響が，教導職からも注目されるようになった（M・フォックスについては『考察』三・三，73-74頁でその「宇宙的キリスト」の問題点

　13）　梅原猛「反時代的密語　東アジア文明の語るもの」『朝日新聞』2004年7月20日付。梅原猛氏の所説への批判については，岡田武夫「新しい天と地をめざして⑩　一神教について」『福音宣教』2004年11月号，60-64頁，並木浩一「旧約時代における多神教と一神教」『東京ミッション研究所所報』第60号（2005年4月），2-10頁参照。

が指摘される）。

E・A・マッカーシー大司教

たとえば，1991年11月，米マイアミ教区のE・A・マッカーシー（Edward A. McCarthy）大司教は，司牧教書の中で，「ニューエイジ運動は真の宗教の代用品」と述べた。「ニューエイジ運動は1960年代や，さらにそれ以前に遡る。ニューエイジ運動は疑似宗教である。それは流布してはいるが，はっきりと定義できない。ニューエイジ運動は個人が自分の内的自己の光，自分のまわりにある神的なものの現れに触れることを可能にすると称する。その際，さまざまな修行や技術が精神操作のために用いられる。ニューエイジでは，人格的な神ないしキリストの代わりに，『神的力』『純粋意識』が重視される。ニューエイジでは，霊的意識の諸要素と，転生信仰，占星術，特別な瞑想法，菜食，ホリスティック医学，さらには魔術までがない交ぜになっている。ニューエイジ運動の代表者はマシュー・フォックス神父である」[14]。

アイダン・ニコルズ

1992年3月，アイダン・ニコルズ（Aidan Nichols ドミニコ会士，ローマ・アンジェリクム大学神学部）が論文「ニューエイジ運動」を発表した[15]。「ニューエイジ知識人はある形而上学を共有しており，それは世俗的ヒューマニズムやユダヤ・キリスト教に取って代わるものと考えられている。この形而上学は進化論的一元論ということができる。ニューエイジの信仰にとって，神と世界の間には究極的な意味では区別がないからである。宇宙（コスモス）は普遍的なエネルギーであり，非人格的ではあるが，自然の中だけでなくわれわれの意識に対して自らを現す。人間はこの神的原理の延長であり，それゆえ文字通りの意味で無限の可能性を帯びている。ユダヤ・キリスト教的伝統と西欧合理主義思想の圧力によって，西洋人は個人という幻影を信じ，神ないし女神の写しである隠された高次の自己を抑圧してきた。人間にとって問題となるのは罪

---

14) Cf. *1993 Catholic Almanac*, Huntington, Indiana 1992, p. 69.
15) Aidan Nichols, "The New Age Movement", *The Month,* March 1992; *The Japan Mission Journal,* Spring 1994, pp. 78-86.

ではなく，（こうした高次な自己に関する）形而上学的な記憶喪失である。しかし自らの無限の可能性に目覚める新しい時代が始まりつつある。覚醒した人間は，自分が神的な力を帯びていることを知り，世界を二元論的にでなくホリスティックに見るようになる」。「ニューエイジャーはこのような覚醒を段階的に（それゆえ進化論的に）実現する。意識の覚醒のためにさまざまな意識変容技術（サイコ・テクノロジー）が用いられる。ニューエイジの成功は，その際，さまざまな過去の技法を動員したことにある。ヨガ，超越瞑想，タロット・カード，黒魔術による精霊とのコンタクト，音楽による気分転換，催眠術，精神拡張作用のある麻薬，断食，菜食，武術，意識変容のためのセミナーなどである。ニューエイジは共通して，こうした精神操作技術を通して，直観的能力に優れた右脳の開発をめざしている」。「ニューエイジは意識が真理と現実をもたらすのだと主張する。また彼らは，大脳生理学や量子力学の知識を援用しながら，自分たちは科学と宗教の統合をもたらすと主張する。転生信仰もニューエイジに共通しており，彼らは転生の存在を想起療法を通じて科学的に検証可能だと考えている」。「ニューエイジは19世紀欧米のサブカルチャー・対抗文化の集積体・再現である。19世紀を通じて行われた東洋諸宗教原典の欧米語への翻訳を通じて，ニューエイジは転生の教説を学んだ（ただしニューエイジにとっての転生は，ヒンドゥー教と異なり，高次の意識状態への発展として考えられている）。心霊主義運動（宗教団体としては1848年以降）に基づいて，ニューエイジは霊媒を通じての霊との交信（超降霊術）を行う。クリスチャンサイエンスからは物質を超えた精神について学び，神智学・人智学からは星気体・オーラの思想を借用する。その他，相対性理論，量子力学，フェミニズム，エコロジー，アメリカ原住民の宗教への関心，魔術，ヒッピー運動（1960年代），ヒューマン・ポテンシャル運動（1970年代），新世界秩序（1980年代）などからも影響を受けている」。「ニューエイジのもたらそうとしているのは，異教信仰の復活（したがって，ネオ・ペイガニズム）である。地母神（ガイア）崇拝，オカルト主義（M・フォックスの魔術崇拝），被造性の否定（それは神的自己の開発から，キリスト教の相対化へと至る）である」。「キリスト教から見たニューエイジの問題点は以下の通り。（一）創造者・贖い主・聖化する者としての神の否定，キリストの受肉の否

定。(二) 過大視された人間観。(三) 非合理性 (オカルト, 占星術, 心霊術, エニアグラムの使用)。(四) 倫理的相対主義 (生まれ変わりのための手段としての自殺や堕胎の肯定, フリーセックスの肯定)」。

J・フランシス・スタッフォード大司教

1993年1月, J・フランシス・スタッフォード (J. Francis Stafford) デンバー大司教 (当時。現教皇庁内赦院名誉院長) が論文「ニューエイジ運動——キリスト教信仰によらずに救いを得ようとする新しい試みの分析」を『オッセルバトーレ・ロマーノ』英語版に発表した[16]。「ニューエイジは, その信奉者が考えるところによれば, またニューエイジへの入信者に提示されているところによれば, 救済をもたらす知恵である。こうした意味で, ニューエイジは, 初期の教会を揺るがし, 実際にあらゆる異端の基盤となっている, グノーシス主義と似通っている。グノーシス主義は, いかなる形態をとるにせよ, キリスト教を擁護すると偽って行われる異教への回帰である。このような, 隠蔽されたキリスト教への絶対的かつ包括的な敵対意識が, グノーシス主義をその始まりから特徴づけているものである。それはまた, 水瓶座 (アクエリアス) の時代のヒッピー (フラワーチルドレン) をも, 現代のニューエイジの信奉者をも特徴づけるものである。ニューエイジ運動は, 時代を超えて存在する, こうしたキリスト教信仰の倒錯形態の現代西欧版にすぎない」。「アクエリアスの思想のルーツは薔薇十字団 (17・18世紀のオカルト的秘密結社), ヘレナ・ブラヴァツキー (Helena Blavatsky 1831 – 1891年。1875年に神智学協会を設立), アニー・ベザント (Annie Besant 1847 – 1933年。神智学者), クリスチャンサイエンス (科学者キリスト教会。1866年にメリー・ベイカー・エディー [Mary Baker Eddie] が創立) にある。さらに遡れば, ルネサンス人文主義, 中世末期唯名論の反教権主義, 中世のカタリ派やカバラ主義などの秘教主義, ヨアキム主義者, 中期プラトン主義, ヘルメス主義, グノーシス主義を作り出した密儀宗教もその起源と見ることができる。ヒンドゥー教, 仏教の影響もある。アメリカでは,

---

16) J. Francis Stafford, "The 'New Age' movement: Analysis of a new attempt to find salvation apart from Christian faith", *L'Osservatore Romano,* Weekly Edition, n. 4, 27 January 1993, pp. 10-11.

ラルフ・ワルド・エマソン（Ralph Waldo Emerson 1803 – 1882 年）によるニューイングランド超絶主義（transcendentalism）がある」。「ニューエイジ運動の起源ないし触媒となったのは，アリス・アン・ベイリー（Alice Anne Bailey 1880 – 1949 年）の神智学・オカルト主義的著作である。現代のニューエイジの代表的著作家はシャーリー・マクレーン，マシュー・フォックスである」。「ニューエイジのグノーシス主義はさまざまな表現をとる。ユートピア主義，環境保護，解放論，セラピー，フェミニズム，ロマン主義，脱構築主義などである。さまざまな表現に共通する特徴は，永遠のコスモスへの応答を重視する古代の異教道徳への回帰，それと対応して，今・ここでの個人の歴史的責任の拒否である。このような道徳的匿名性と，個人的責任（したがって歴史的救済）の拒否が，ニューエイジをキリスト教から区別する基準となる。ニューエイジにおける明らかに反キリスト教的・反カトリック的要素は，ニューエイジそのものと切っても切れない関係にある」。

J・ラッツィンガー枢機卿（教皇ベネディクト 16 世）

1996 年 10 月，当時教皇庁教理省長官だった J・ラッツィンガー枢機卿（現教皇ベネディクト 16 世）が論文「相対主義——今日の信仰にとっての中心的問題」を発表した[17]。本論文の中で，ラッツィンガー枢機卿は，1980 年代の解放の神学，1950 年代から発展した宗教多元主義の神学，そしてニューエイジが，それぞれ相対主義の問題にいかに対応しようとしているかを論じる。「宗教多元主義は，理性が形而上学的認識を行うことが不可能であるとする，合理主義的伝統に基づいている。これに対して，ニューエイジは，意識的に非合理主義の立場から相対主義の問題を解決しようとする。ニューエイジは，エクスタシーによって宇宙論的な舞踏へと回帰し，主体（したがって，主客関係）を超克する。宗教多元主義者（たとえばニッター）が『絶対者は知りえず，作り出すも

---

17) Joseph Cardinal Ratzinger, "Relativism: The Central Problem for Faith Today", *Origins: CNS documentary service,* vol. 26: no. 20, October 31, 1996, pp. 309, 311-317; id., "The Current Situation of Faith and Theology", in: *The Bishop and His Ministry*, Urbaniana University Press, Vatican City 1998, pp. 27-40. 同論文は 1996 年 5 月に行われた教理省とラテンメリカ司教協議会教義委員会議長団との会合での発表に基づく。

のだ』とするのに対して，ニューエイジは『絶対者は，信じるのでなく，経験しなければならない』と説く。そこでは，神は世界から区別された人格的存在者ではなく，森羅万象の中にある霊的エネルギーと考えられる。ニューエイジにとって宗教とは，自己と宇宙全体との調和であり，すべての分離を乗り越えることである。ニューエイジはいう。キリスト教の実験は失敗した。失敗したものを捨て，神々へと戻るべきである。それが，よりよい生き方だからだと」。

「ニューエイジには2つの異なった形態があることが次第にはっきりしてきた。一つは，グノーシス主義的（二元論的）な宗教の形をとるもので，超越的・超人格的存在と，真の自己を探求する。もう一つは，エコロジー的・一元論的な形をとるもので，物質と地母神を崇拝し，また，フェミニズムと結びつくとエコ・フェミニズムとなる」。

ちなみに，ラッツィンガー枢機卿は教皇就任以来，はっきりとニューエイジの問題に言及してはいないが，2005年8月21日のワールドユースデー・ケルン大会閉会ミサ説教での次のことばには，控えめなしかたではあるが，現代の欧米の宗教性への批判が込められている。「神の忘却とともに，ある種の宗教が流行しています。わたしはこの現象のさまざまな形態をすべて批判するつもりはありません。こうした発見にも真の意味での喜びがあるのかもしれません。しかしながら，それを突きつめるならば，宗教はあたかも消費財のようになってしまいます。人は自分の好みのものを選び，人によってはそこから益を得ることもできるでしょう。けれども，『自己流』（do-it-yourself）のやり方に基づいて作られた宗教は，究極的にわたしたちを助けてくれるものではありません。それは便利なものかもしれませんが，危機に遭ったとき，それはわたしたちを助けてはくれないのです」[18]。

なお，教皇ベネディクト16世は2005年9月24日，カステル・ガンドルフォ教皇公邸にハンス・キュング（Hans Küng 1928年-）を招いて歓談した。キュングは前述の「地球倫理協会」の創立者であるととも

---

18) Pope Benedict XVI, "Homily, Holy Mass: Marienfeld Esplanade, 21 August", *L'Osservatore Romano,* Weekly Edition, n. 34, 24 August 2005, p. 12.（教皇ベネディクト16世『霊的講話集2005』カトリック中央協議会司教協議会秘書室研究企画編訳，カトリック中央協議会，2007年，97-98頁）

に，教皇（ラッツィンガー）をチュービンゲン大学に招いた旧友でもある[19]。教皇庁との関係では，1979年に神学教授職を停止されている。この会見について，教皇庁広報部の声明（これはキュングによれば，教皇自身が起草してキュングの了解を得たものだという）は次のように述べる。「会見は友好的な雰囲気のもとで行われた。両者は会見の枠組みの中でハンス・キュングとカトリック教会の教導職の間の変わることのない教理的相違についての議論に立ち入ることは意味がないことに同意した。それゆえ会話はハンス・キュングの最近の著作が特に関心をもっている2つのテーマを中心とした。すなわち，地球倫理の問題と，自然科学の理性とキリスト教信仰における理性の対話の問題である。キュング教授は，自分の地球倫理の計画が抽象的な知的産物ではないことを強調した。かえって地球倫理はもろもろの道徳的な価値を示す。この価値の上に，世界の偉大な諸宗教はその違いにもかかわらず一致し，その説得力のある理性的な性格に基づいて，世俗的な理性はこれを有効な規準と認めることができる。教皇は諸宗教との対話と世俗的理性との出会いを通じて人間性の本質的に道徳的な価値をあらためて認めようとするキュング教授の努力を評価した。教皇は，人間の生命の価値をあらためて自覚することも自分の教皇職の本質的な関心であると述べた。同時に教皇は，信仰と自然科学の間の対話を活発なものとし，自然科学的な思考に対して神への問いが合理的で必要であることを強調しようとするキュング教授の努力に強く賛同した。キュング教授は，諸宗教の対話と現代世界のさまざまな社会集団との出会いを促進しようとする教皇の努力に賛同を表明した」（原文ドイツ語）[20]。

2007年11月に発布した二番目の回勅『希望による救い』（*Spe salvi*）には，現代の「占星術」（すなわちニューエイジ）へのささやかな皮肉を

---

19) 教皇ベネディクト16世『わが信仰の歩み』里野泰昭訳，春秋社，2005年，143頁参照。

20) ちなみにラッツィンガー枢機卿は2004年のハーバーマス（Jürgen Habermas 1929年-）との対話の中で，キュングの地球倫理についてこう述べる。「いわゆる世界倫理なるものも，浮き上がったものでしかない」（ユルゲン・ハーバーマス，ヨーゼフ・ラッツィンガー『ポスト世俗化時代の哲学と宗教』フロリアン・シュラー編，三島憲一訳，岩波書店，2007年，43頁）。長町裕司「教会はどのように民主化（Demokratisierung）を必要とするのか——若かりし日の現教皇（Joseph Ratzinger）の教会観を出発点として考える」『カトリック研究』75号（2006年），48-50頁も参照。

こめた言及が見られる。「星に導かれて，占星術の学者たちが新しく生まれた王であるキリストを礼拝したとき，占星術は終わりを迎えました。今や星はキリストが定めた軌道の上を動くからです。実際，この光景は当時の世界観を覆すものでした。もっとも，当時の世界観は，現代，別の形で再び流行しています」(同5)。

各国司教協議会

1993年6月17日，イタリア司教協議会の「エキュメニズム対話事務局」が，イタリアで勢力を拡大している宗教的セクトやニューエイジ運動を批判する文書を発表。「小教区での教会共同体は，こうしたセクトの実態をよく調査してそれらの誘惑に負けないように」と勧告した。「ニューエイジ」については，キリスト教の著者を利用して「あいまいなナチュラリズム」を説き，キリストによる救いの方法をゆがめていると述べている[21]。

2004年にフィリピン司教協議会はニューエイジに関する司牧的手引書『ニューエイジ入門』を発表した。同書はイエズス会フィリピン管区が作成したものである[22]。具体的にはエニアグラム，ヨガ，禅，気功などの問題が取り上げられている。

韓国司教協議会教理委員会も，1997年と2003年に，新霊性運動についての教書を発表している。二番目の教書のテーマは，カトリック信者の中で行われている気功であった[23]。

教皇ヨハネ・パウロ2世

教皇ヨハネ・パウロ2世は，1993年5月の米国アイオワ・カンザス・ミズーリ・ネブラスカの司教団のアド・リミナ訪問の際にニューエイジの危険についてはっきりと言及した。「これらの超宗教的運動は，啓示

---

21) ローマ＝CNSによる，『カトリック新聞』1993年7月5日付記事。
22) *Primer on New Age*, prepared for the Catholic Bishops' Conference of the Philippines (CBCP) by the Philippine Province of the Society of Jesus, Jesuit Communications Foundation, Inc., Quezon City 2004.
23) 二番目の教書の標題は，The Committee for the Doctrine of the Faith of the CBCK, *Movements and Trends Harmful to Healthy Faith Life II*, April 21, 2003. Cf. Catholic Bishops' Conference of Korea (CBCK) Newsletter, Vol. X, No. 2 (Summer 2003), p. 6.

に対してほとんど注意を払うことがありません。その代わりに，東洋的霊性や心理学的技術から借用した要素に基づく知識や経験を通して，神に近づこうとします。彼らは，行動をもって示すべき，神に対する個人の義務を，秩序ある宇宙に対する責任感と取り替えてしまいます。こうして彼らは，真の罪の概念と，キリストによる贖いの必要性を否定するのです」(AAS 86 [1994], 330;『考察』六・一，104頁参照)。

　教皇はその後，公文書ではないが，『希望の扉を開く』(1994年) でもニューエイジについて次のように触れている。「これとは別に〔新時代 (ニューエイジ) と呼ばれる衣をまとった古代のグノーシス思想の再来〕という問題があります。これが宗教の刷新をもたらす，などと錯覚してはなりません。これはグノーシス主義の新しい実践法にすぎません。グノーシス主義とは，神についての深い知識を持っているという名目で神の言葉を覆し，単に人間的な言葉に置きかえることに終わるだけの精神的姿勢のことです。グノーシス主義は一度もキリスト教の領域から離れ去ったことはありません。それどころか，常にキリスト教と共に生き続けており，時にはそれぞれの時代の哲学的思潮の形をとり，より多くの場合は，公然とではなくても，実質的にキリスト教の本質と対立する，宗教的，または疑似宗教的形態をとりながら存続しているのです」[24]。

　2002年に発布された使徒的書簡『おとめマリアのロザリオ』(Rosarium Virginis Mariae) はこう述べている。「使徒的書簡『新千年期の初めに』で指摘したように，西欧世界では新たな瞑想への要求が見られますが，そこではときにはキリスト教以外の諸宗教の瞑想法に魅力を感じることもあるようです。キリスト教的な観想の伝統をあまり知らないために，そうした瞑想法に惹かれるキリスト者もいます。諸宗教の瞑想法には，積極的な意味があったり，ときにはキリスト教で行われてきたことと矛盾しない要素も含まれていますが，多くの場合，それはけっして容認することのできない思想に基づいています。またこれらの瞑想法のなかでは，精神集中を高める方法として，精神物理学の理論に基づいて，反覆やイメージを用いた技術を利用することがさかんに行われています。ロザリオは，こうしたさまざまな宗教的瞑想法の一つだと言うことができ

---

24)　教皇ヨハネ・パウロ2世『希望の扉を開く』曽野綾子・三浦朱門訳，同朋舎出版，1996年，107頁。

ますが、キリスト教独自の要求に沿ったものであるという点で、他の瞑想法とははっきり区別されるのです」(28節)。

2003年6月の使徒的勧告『ヨーロッパにおける教会』(*Ecclesia in Europa*)も、『考察』に言及しながら、こう述べている。「多くの場合、希望を必要とする人々は、過ぎ行く空虚なものに平安を見いだしうると考えます。こうして、この世に限定され、超越に向かっては閉ざされた希望は、たとえば、科学や技術が約束する楽園や、さまざまな形のユートピア思想、消費がもたらす快楽主義的な現世的幸福、あるいは、麻薬が作り出す想像上の人工的な幸福感、ある種の千年至福信仰、さまざまな東洋的思想の魅惑、さまざまな形のエソテリックなスピリチュアリティの探求、ニューエイジ運動のさまざまな思潮となるのです」(10節)。

最後に、2003年10月の使徒的勧告『神の民の牧者』(*Pastores gregis*)ではこう述べられる。「現代にも、霊性への欲求が広く見られますが、こうした欲求に導かれて、多くの人々が宗教的セクトや、他のあやしげな心霊主義を信奉することもしばしばです。このような時代にあって、司教は、真の民間信心の価値と形式を識別し、促進することを求められています」(40節)。

4 『考察』はニューエイジのどこを問題視しているか

(1) 反キリスト教的性格

今回の文書の要点の一つは、ニューエイジが基本的に、欧米において強まっている反キリスト教的な雰囲気を背景としていることを指摘していることである。「基本的にニュー-エイジが広範に受容されたのは、ニューエイジの基礎となる世界観がすでに広く受け入れられているものだったからです。こうしたニューエイジの基礎となる世界観は、相対主義の成長と拡大、またキリスト教信仰への嫌悪ないし無関心によって準備されたものです」(『考察』一・三、17頁)。

文書は、ニューエイジの一部に実際に反キリスト教的な傾向があるともはっきり述べている。「ニューエイジはユダヤ・キリスト教の遺産に

代わるものを示します。……ニューエイジの土壌となった諸運動の多くは，明らかに反キリスト教的なものであることを忘れてはなりません。そうした運動のキリスト教に対する立場は，中立的ではなく，破壊的です。……こうした敵対的態度は，最初は，ニューエイジに深く関わっているわずかな人々に限られていましたが，最近では，『代替的』な文化のあらゆる次元に見られるようになりつつあります。『代替的』な文化は，特に西洋先進社会の中できわめて大きな影響を及ぼしているからです」（『考察』六・一，99-100頁）。

したがって，「ニューエイジ的宗教性のもとにあるものの考え方をみると，全体として，ニューエイジをキリスト教の教理と霊性とに調和させることは困難です」（『考察』二，23頁）。

『考察』はニューエイジの基盤にある，非キリスト教的ないし反キリスト教的思想を2つ挙げる。すなわち，ヘレナ・ブラヴァツキーにより19世紀に創立された神智学協会などのエソテリックな形而上学と，ユングやカリフォルニア・エサレン研究所の「ヒューマン・ポテンシャル運動」などの自己変容の心理学である（『考察』三・一，67-68頁も参照）。

エゾテリスム

「ニューエイジが実際に意味するのは，西洋のエゾテリスム（秘教主義）の現代版です。エゾテリスムは，キリスト教初期の時代に生まれたグノーシス主義の諸グループにまで遡ります。ヨーロッパでは宗教改革の時代に盛んになりました。エゾテリスムは自然科学の世界観と並行して成長し，18・19世紀を通じて合理的に意味づけられました。エゾテリスムの特徴は，次第に人格神を否定するようになったこと，また，他の霊的存在を重視するようになったことです。……ニューエイジ思想を発展させた近代西洋文化の強力な思潮は，ダーウィン（Charles Robert Darwin 1809 - 1882年）の進化論の一般的な受容です。自然界の秘められた霊的諸力の重視と並んで，これが，現在ニューエイジ理論とされるもののかなりの部分の土台となりました」（『考察』一・三，16-17頁）。「ニューエイジをエソテリックな宗教性の広い文脈に位置づけることはきわめて適切です。エソテリックな宗教性はますます人を引きつけ続けているからです」（『考察』二，25頁）。

「ニューエイジ的思考の基本的な枠組みは，神智学のエソテリックな

伝統に見いだすことができます。この伝統は18・19世紀のヨーロッパの知識人に広く受け入れられました。こうした受容は特に，一種のエソテリックな文化を共有する，フリーメーソン，スピリチュアリズム，オカルト主義，そして神智学に見られます」(『考察』二・三・二，40-41頁)。

「19世紀のエゾテリスムはヘレナ・ブラヴァツキーの思想によってはっきりとした形をとりました。ブラヴァツキーはロシア人の霊媒で，ヘンリー・オルコット (Henry Olcott 1832 – 1907年) とともに1875年，ニューヨークで神智学協会を設立しました。神智学協会のめざしたのは，東洋の伝統と西洋の伝統を融合させて，進化論的なスピリチュアリズムを作ることでした。神智学協会には次の3つの主要目的があります。

(一) 人種，信条，階級，皮膚の色を区別することのない，人類の普遍的な同胞愛の中核を作ること。
(二) 比較宗教，比較哲学，比較科学の研究を促進すること。
(三) いまだ解明されていない自然の法則と人間の内に潜在する能力を探求すること。

『これらの目的の意味を……はっきりさせなければなりません。第一の目的は，スピリチュアリストと神智学者が考えるところの，伝統的なキリスト教の『不合理な偏狭さ』と『教派』の拒絶を暗黙の内に含んでいます。……これらの目的自体からは直接わかりませんが，神智学者がいう『科学』はオカルト科学を意味し，哲学は『隠秘哲学』(occulta philosophia) を意味します。自然の法則は，オカルト的ないし心霊的な自然の法則のことであり，比較宗教は，究極的にヘルメス主義者の『永遠の哲学』(philosophia perennis) を模範とする『原始的伝統』を解明することが期待されていました』」(同，42-43頁)。

ユング心理学

「『心理学の神聖化』は，ニューエイジの思想と実践の重要な要素となったものです。実際，ユング (Carl Gustav Jung 1875 – 1961年) は『エゾテリスムを心理学化しただけではありません。彼は心理学を，エソテリックな思弁の要素で満たすことによって，神聖化しました。そこから生み出された理論体系によって，人々は，神について語りながら，

実際には自らの心のことを話し，自分の心について語りながら，実際には神的なものについて話すことが可能になりました。心が『精神』なら，神もまた『精神』です。そうであれば，一方を論じることは，他方を論じることにならなければなりません』。……ユングの思想の中心にあるのは，太陽崇拝です。太陽すなわち神は個人の内なる生命エネルギー（リビドー）です。……これがユングがいうところの『内なる神』，すなわち，すべての人間の内にあると彼が考えた，本質的な神性なのです。内的宇宙に通じる道は，無意識を通ります。集合的無意識において，内的世界は外的世界と照応します」（同，44-45 頁）。

「心理学とスピリチュアリティが交差する傾向は，ヒューマン・ポテンシャル運動に強く見られます。ヒューマン・ポテンシャル運動は 1960 年代末にかけてカリフォルニアのエサレン研究所で発展しました。東洋宗教とユングから強い影響を受けたトランスパーソナル心理学は，科学と神秘主義が出会う観想的な道程を提示しています。身体性の強調，意識の拡張方法の探究，集合的無意識の神話の展開といったことはすべて，自己の『内なる神』の探求を促すことをめざしています。自分の潜在能力を実現するために，人は自分の『自我（エゴ）』を乗り越えなければなりません。それは，深いところで神（すなわち自己であるところの神）となるためです。こうしたことを行うことができるために，適当なセラピーを選ばなければなりません。すなわち，瞑想，超心理学的経験，幻覚誘発剤の使用などです。これらは皆，『至高体験』，すなわち神，また宇宙と融合する『神秘的』体験に達するための方法です」（同，45 頁）。

もっと具体的にニューエイジにおいて問題となるのは，以下の傾向である。

(2) 全体主義と個人の無力化

まず文書は，ニューエイジが説く新しい世界観としてのホリズム（holism）を問題にする。「ニューエイジ運動の関心の中心の一つは，『全体性』の探求です。そこではあらゆる形の『二元論』の克服が追求されます。二元分離は，覚醒前の過去が生み出した不健全なものだからです。……ニューエイジが示す代替は『ホリスティック』と呼ばれま

す。ホリスティック医療への関心から，意識の統一の探求に至るまで，また環境保護意識から，グローバルな『ネットワーキング』に至るまで，ホリズムはニューエイジ運動すべてに見られるものです」(『考察』二・二・四，37-38 頁)。

けれどもこうした世界観は，結局のところ「個」でなく「全体」を優先させ，個人の責任性までも奪う危険がある。「ニューエイジの真の危険はそのホリスティックなパラダイムです。ニューエイジは全体主義的な一致に基づいてものを考えています。だからそれは危険なのです……」(『考察』四，85 頁)。これは，ニューエイジ思想が日本の全体主義的な企業風土を強化しているという指摘[25]とも符合する。

いいかえれば，ニューエイジの実践は，個人の無力化を招く恐れがある。「多くのニューエイジの著作は，人は世界を変えるために（直接には）何もできないが，自分を変えるためには何でもできると述べています。個人の意識を変えることは世界を変えるための（間接的な）方法だと考えられるのです。……しかし，内面を見つめれば見つめるほど，政治的領域は狭まっていきます。これは，人々が新しい地球秩序に民主的な形で参加していくことをうまく言い表したものなのでしょうか。それとも，それは無意識的かつ巧妙な形で人々を無力化し，操作されやすい存在にしているのでしょうか」(『考察』二・四，56-57 頁)。

問題は，ニューエイジの宗教性が，真の意味での倫理的責任を回避させてしまう傾向があることにある。ニューエイジの実践を行う「人々が，自分の利益のために知恵や落ち着きを求めていることは明らかです。しかし，彼らが行う活動は，どれだけ共通善のために働くことを可能にするでしょうか。動機の問題は置いておくとしても，こうしたすべての現象を，その結果によって判断する必要があります。問わなければならないのは，彼らの実践が『自己』を高めるのか，『連帯性』を高めるのかということです。その場合の連帯性とは，鯨や森林や似たような考えの人との連帯だけでなく，人類全体を含む全被造物との連帯性です」(『考察』二・四，60-61 頁)。

---

25) 斎藤貴男『カルト資本主義』文藝春秋社，1997 年／文春文庫，2000 年参照。

(3) 世界の非人間化

　こうした個人の政治的無力化と関連して,『考察』はもう一つの危険を指摘する。すなわち,ニューエイジが（国連も含めた）諸国際組織を通じてグローバルなネットワークを構築しながら,「多様性」（diversity）を重視し（したがって「人間の尊厳」を強調する宗教・思想は二義的になる）,「人間よりも環境を優先する」ような世界観を実現することによって,世界が実際に「非人間化」する危険である。

　「今のところ成功しているのは,環境保護運動の世界的な広まりです。環境保護運動は自然を賛美し,大地,すなわち大地の女神ガイアを再び祭り上げます。こうした思想を広めるためにささげられる情熱は,『緑の党』に見られるとおりです。大地を管理する主体は人類全体ですが,大地を責任をもって管理するのに必要な『調和と理解』は,地球倫理的な枠組みによるグローバルな管理でなければならないと,ますます考えられるようになってきました。被造物全体をその神性によって包み込む大地の女神の温もりは,ユダヤ・キリスト教における被造物と超越的な父なる神との隔たりを埋め,このような超越的存在によってわたしたちが裁かれるという考えを取り除きます」（『考察』二・三・一, 39-40頁）。

　「グローバルな精神は,統治のための政治体制,いいかえると世界政府を必要とします。『現代の諸問題を解決するために,ニューエイジは,プラトンが『国家』で述べるような,秘密結社によって指導される霊的な貴族政を思い描いています』。これはいいすぎかもしれませんが,多くの証拠は,グノーシス主義的なエリート思想とグローバルな統治が,国際政治の多くの問題において符合することを示しています」（『考察』二・三・四・三, 53-54頁）。

　「あるニューエイジ研究者は,ニューエイジにおける……表面上の政治的無関心の背後に,権威主義の危険を認めています」（『考察』二・四, 57頁）。

　「ヨゼフ・ラッツィンガー枢機卿がいうところによれば,政治制度や多数の人間が利己主義の哲学を採用した場合に,それがかならずもたらす最悪の帰結は,『人類の食卓で食事をする人間の数を減らそうとする政策』です」（『考察』二・四, 61頁）。

　「重要なのは,ニューエイジが,ほとんど世界中で『多様性』が重視

されることを特徴とする時代に大きな成功を収めたことです。西洋文化は，（個人や少数集団の特異性をしぶしぶ受け入れる，ないし，我慢するという意味での）寛容から，正常性の尊重の意識的な衰微へと向かいつつあります。正常性は倫理的な負荷のある概念で，絶対的な規範と結びつかざるをえないものとして示されます。ますます多くの人が，絶対的な信仰や規範は，他者の思想や信念を受け入れられないことを示すだけだと考えるようになっています。こうした雰囲気の中で，代替的な生活様式や制度が隆盛を極めることになりました。多様であることは，受け入れてもよいだけでなく，積極的な意味でよいことになったからです」（『考察』二・五，62頁）。

「次のことも強調しておくべきです。ニューエイジは，個別的な諸宗教の座を奪う，ないしそれらを乗り越えるという目標を，多くの影響力のある国際的な組織と共有しています。それは，人類を統一することのできる普遍宗教のために場所を空けるためです。これと密接に関連しているのは，多くの組織によってきわめて協調的に行われている，地球倫理を造り出そうとする運動です。地球倫理とは，現代の文化・経済・政治のグローバルな性格を反映した倫理的枠組みのことです。さらに，環境問題の政治化は，ガイア仮説ないし大地の女神の崇拝と協調しています」（『考察』二・五，64-65頁）。

「ある国際機関は，積極的な宣伝活動を通じて『宗教的多様性』の尊重を推進しながら，いかがわしい団体に宗教団体としての身分を与えています。これは，時代が転換し，限界のある特定宗教に，普遍的な新しい宗教ないしスピリチュアリティが取って代わるという，ニューエイジの考え方と符合しています」（『考察』六・二，106頁。ここでいう「ある国際機関」とは UNESCO である。『考察』62頁に付された注48参照）。

(4) 超越の欠如

閉ざされた宇宙という考え方を前提するニューエイジにおいては，有限な存在である人間と，恵みの与え主である神との間の，真の意味での「超越」がない。それがキリスト教との決定的な違いである。「ユングの時代以来，『内なる神』への信仰を表明する思潮が存在します。ニューエイジの考え方によれば，わたしたちの問題は，自分自身の神性を認め

ることができないことです。指導を受け，隠された（神的）潜在能力を開放するためのさまざまな技術を用いることによって，この問題を克服することができます。根本的な思想は，『神』がわたしたちの内面の奥深くにおられるということです。わたしたちは神々であり，非本来的な層をはがすことによって，わたしたちの内面にある無限の力を見いだします。潜在能力は，認識すれば認識するほど，いっそう実現されます。その意味で，ニューエイジにも独自の『神化』があります。それは神的なものになること，もっと正確にいえば，わたしたちが神的なものであることを認識し，受け入れることです。……キリスト教的な意味での神化とは，自分の努力だけで行えるものではありません。むしろそれは，わたしたちの中で，またわたしたちを通して働く神の恵みの助けによってもたらされます。神化はかならず，まず自分の不完全さ，さらには罪深さを自覚することを必要とします。それは自己を高めることとは正反対です」（『考察』三・五，77-78 頁）。

(5) 苦しみと死の問題の回避

　ニューエイジは，自己が意識変容によって高められていくと，楽観的かつ進化論的に人間を理解する。一方でキリスト教が問題としてきたような，苦しみと死という，有限的な存在である人間にかならず伴う実存的な問題を回避してしまう。これが最大の問題である。「一部のニューエイジの著述家は，苦しみとは，自分で自分に負わせたものだとか，悪いカルマだとか，少なくとも自分の力を利用し損なったものだと考えます。他のニューエイジの著述家は，成功や富を手にする方法だけに関心を向けます（ディーパク・チョプラ［Deepak Chopra　1946 年－］，ホセ・シルバ［José Silva 1914 - 1999 年］など）。ニューエイジにおいては，生まれ変わりは霊的成長のために必要な手段だとしばしば考えられます。生まれ変わりは，人が生まれる前から始まり，死後も続く，霊的進化の段階なのです。現世において，他者の死の経験は健康の危機を招きます」（『考察』四，91 頁）。

　しかし「人は自分自身の現実を造り出すことができるという，ニューエイジに広く見られる確信は，魅力的なものではありますが，幻想にすぎません。このことはユングの理論の中ではっきりと述べられていま

す。すなわち，人間存在は，外界から無限の広がりをもつ内的世界へと入るための入り口です。人はこの内的世界において，自分自身の世界を生み出すこともできれば，破壊することもできるアブラクサス神（最高神）です。この無限の内的世界に輝く星が，人間にとっての神であり，向かうべき目的です。人が自分の現実を造り出すことができるという思想を受け入れることから生じる，もっとも深刻で問題のある帰結は，苦しみと死の問題です。重い障害や治癒不能な病気を抱えた人が，自分に不幸をもたらしたのは自分自身であるとか，彼らがものごとを変えることができないのは人生に向かう態度の弱さを表しているのだといわれて，だまされ，卑しめられたと感じずにいられるでしょうか。これは単なる学問上の問題ではありません。この問題は，誰もが直面しなければならない実存的な難問に対する教会の司牧活動に深く関係しています。人間の限界は人生の事実であり，人間が被造物として存在することの一部分をなすものです。……超越についていっそう人にわかるしかたで語るよう常に心がけることが重要です。あらゆるニューエイジの思想の根本的な問題は，この超越が，閉ざされた宇宙の中で実現される自己超越に限定された意味で考えられていることです」（『考察』六・一，102-103頁）。

5　日本の教会にもニューエイジは影響を及ぼしているか

(1)　ヒューマン・ポテンシャル運動

　日本では1970年代にマリッジ・エンカウンターないしワールドワイド・マリッジ・エンカウンターが導入された。これらの活動の中で援用されている心理学的な技術は，アメリカのヒューマン・ポテンシャル運動で用いられるものとほぼ同じであると言われている。大正大学の弓山達也氏は，国内で自己啓発セミナーが始まるより10年早い時期に教会内で自己啓発セミナーで用いられる技術が導入されたことに注目している[26]。

---

[26]　弓山達也「ニューエイジと救済宗教との間」，1999年6月「宗教と社会」学会第7回学術大会ワークショップ発表，弓山達也氏ホームページ参照（http://my.spinavi.net/

(2) エニアグラム

エニアグラムは,『考察』で,「霊的成長の手段として使用した場合,キリスト教信仰の教えと生活をあいまいなものにしてしまう」(『考察』一・四,19頁)と言われている。エニアグラムは,聖心会の鈴木秀子氏(1953年-。元聖心女子大学教授)によって1987年に日本で最初に紹介された[27]。鈴木氏は自ら臨死体験をした後,1997年にニューエイジャーのベティー・イーディー(1942年-)『死んで私が体験したこと 主の光に抱かれた至福の四時間』(同朋舎出版)を翻訳・紹介し,また1995年に国際コミュニオン学会を設立した。鈴木氏は同学会を通じて,現在「スピリチュアル・リーダー」としてスピリチュアル・セミナー活動を展開している。ちなみにエニアグラムは,鈴木氏が紹介したのと同時期に日本の女子修道会の養成のためにも導入され,現在でも黙想指導で用いられる場合がある。

ちなみに,全米司教協議会教理・司牧事務局は2000年に,エニアグラムを司牧的実践に用いることに関して検討した報告書を発表した。報告書は結論として,次のように述べている。「結論として,人格的・心理的な成長を求める人は,エニアグラムの教えがその主張を裏づける科学的基礎をもたず,人間心理を理解する手段としてのエニアグラムの価値には疑問があることを知らなければならない。さらに,霊的成長のための助けを求めるキリスト信者は,エニアグラムの起源は非キリスト教的な世界観であり,エニアグラムが,依然として,キリスト教信仰と合致しないさまざまな哲学的・宗教的思想がないまぜになったものと関連するものであることを知る必要がある」[28]。

(3) 佐藤初女氏

大正大学の弓山達也氏はまた,青森のカトリック信徒・佐藤初女氏(1921年-)が現代日本の典型的なニューエイジャーの一人だと考えて

---

yumiyama/index.php?itemid=47&catid=19)。

27) P・H・オリアリーほか『エニアグラム入門――性格の9タイプとその改善』鈴木秀子訳,春秋社,1987年。

28) U.S.Bishops' Secretariat for Doctrine and Pastoral Practices, *A Brief Report on the Origins of the Enneagram* (2000), pp. 9-10.

いる[29]。佐藤初女氏はカトリック系の青森技芸学院（現・青森明の星高等学校）を卒業後，結婚，30歳代前半で受洗した。1983年に自宅の二階を憩いと安らぎの場として開放し，スピリチュアルなカウンセリング活動を開始した。1992年に岩木山麓に「森のイスキア」を作った。「森のイスキア」を訪れる人々は，ただ佐藤氏と語らい，食事（おむすび）を作り，一緒に食事をしたりするだけであるが，こうした日常的な出会いを通じて多くの若者（特に若い女性）が癒されたと感じている。1995年に龍村仁監督のドキュメンタリー映画『地球交響曲第二番』[30]で佐藤初女氏の活動が紹介されて以来，さらに多くの人が「森のイスキア」を訪れるようになった。

弓山氏は佐藤初女氏のニューエイジャーとしての特徴として次のものを挙げる。すなわち，意識変容の強調，彼女の支持者のネットワークがゆるやかなものであること，超教派的志向（「カトリックも，救世教もみんなひとつのもの」），自己受容を通じての癒し，マスメディアによる宣伝である。佐藤初女氏は1997年から2002年の間に7冊の著書を刊行しているが，女子パウロ会から刊行された一冊（『朝一番のおいしいにおい』1997年）を除いて，他は佐藤氏がカトリック教会以外のニューエイジ系の出版社・読者に注目されていることを示している[31]。なお弓山氏は，佐藤初女氏のスピリチュアリティ（特に「すべてにいのちがある」といったメッセージに見られる，その万有内在神論的傾向）の中に，農耕文明以前の日本の古代的霊性も認めている。

29）弓山達也「すべてにいのちが……―森のイスキアと天命庵」，樫尾直樹編『スピリチュアリティを生きる［新しい絆を求めて］』せりか書房，2002年，137-150頁。

30）『地球交響曲第二番』はシグニス・ジャパン（Signis Japan カトリックメディア協議会）により1995年「日本カトリック映画賞」を授与された（『カトペディア2004』カトリック中央協議会，2004年，598頁参照）。同映画は稲盛和夫（1932年－。1959年京セラ創業，2001年同最高顧問。1997年臨済宗妙心寺派円福寺で得度。稲盛和夫については前掲斉藤貴男『カルト資本主義』第三章参照）監修，音楽協力女子パウロ会，協力鈴木秀子，製作京セラ株式会社。佐藤初女氏のほか，Jacques Mayol（1927－2001年），Frank Drake（1930年－），ダライ・ラマ（1935年－）が取り上げられる。大谷栄一「つながりに気づき，つながりを築く――ガイアネットワーク新宿の試み」，前掲『スピリチュアリティを生きる』120-136頁参照。

31）佐藤初女『自然な生き方と出会う（エヴァ・ブックス）』サンマーク出版社，1999年，『こころ咲かせて』サンマーク出版社，2000年，『初女お母さんの愛の贈りもの』海竜社，2002年など参照。

6 ニューエイジに直面する教会の司牧的課題は いかなるものか

2004年6月に開催された，ニューエイジに関する国際専門家会議では，2つのテーマが話し合われた。一つは「キリスト教が直面する，ニューエイジが推進する技術」，もう一つは，「キリスト教霊性とニューエイジの神秘主義」である。最終的に，議論の結論を「ニューエイジに関する司牧的考察」（*Pastoral Reflection on the New Age*）としてまとめる作業が行われた[32]。

「ニューエイジに関する司牧的考察」の概要は次のとおりである。

一　ニューエイジについて

① 教皇庁の2003年のニューエイジ文書を今後の司牧的対応のための基準として確認する。

② ニューエイジを，西洋文化の影響によって生じた，グローバルな文化現象と考える。

③ 多くの場合，ニューエイジの中心には宗教とスピリチュアリティの誤った区別がある。

④ ニューエイジが用いる技術はさまざまなものがあり，慎重な対応を必要とする。

⑤ ニューエイジに惹かれるキリスト信者を正しい識別へと招く必要がある。

二　ニューエイジに関する識別

① キリスト教伝統の中で，常に識別の基準となってきたのは，イエスとその福音である。

② 教会は，ニューエイジに見られる霊性への欲求を，時のしるしと

---

32) Pastoral Reflection on the *New Age*: Synthesis of the discussions, in: Congregation for the Evangelization of Peoples, Pontifical Council for Promoting Christian Unity, Pontifical Council for Interreligious Dialogue, Pontifical Council for Culture, International Consultative Meeting on *New Age*. Vatican City, 14-16 June 2004. Pro manuscripto, Vatican City 2008, pp. 81-89. なお会議の簡単な報告は，『キリスト新聞』2004年7月31日付に掲載されている。

して読み取る必要がある。
③　人々を導くために，まずキリスト者自身がキリストとの関係を生きなければならない。
④　キリスト教霊性の基礎は，三位一体の神の交わりとその恵みである。
三　ニューエイジが用いる技術に関する識別の基準
キリスト信者がニューエイジで用いられる技術を取り入れることができるかどうかを識別するガイドラインを提示する。
①　信者の自由が尊重されているかを確認する。
②　現代の科学的知識に照らす。
③　心理的な悪影響があってはならない。
④　技術と技術の背後にある（キリスト教と相反するような）思想を区別できること。
⑤　キリストとの人格的な交わりに導くことができるか。
⑥　キリスト教教義との整合性。
⑦　本来の意味での霊（悪霊／善霊）の識別。
四　具体的な行動として，ニューエイジに関する教育・啓蒙活動が必要であることを説く。

　ニューエイジに関しては，すでに日本でも宗教学的・社会学的研究が行われるようになったが，キリスト教の立場からのニューエイジ研究は日本でほとんど存在しない[33]。日本においては，今後，教義的・神学的立場からニューエイジを詳細に評価・分析した研究も必要であろう。カトリック出版界や，神学校を含めた，教育機関[34]にもニューエイジに関する情報を提供する必要がある。磯村健太郎氏が言うように「スピ

---

33)　数少ない研究書として，水草修治『ニューエイジの罠』ＣＬＣ出版，1994 年／増補改訂版，1995 年がある。著者（1958 年 -）は日本同盟基督教団牧師。

34)　一例にすぎないが，現代のニューエイジャーの一人の江本勝（1943 年 -）『水は語る』（成星出版，2000 年／講談社 + α 文庫，2003 年），『水からの伝言』（波動教育社，1999 年）などは，カトリック学校でも紹介されることがあるようである。江本氏の所説の批判的検討として，二村真由美「あなたは「水」に答えを求めますか　疑似科学が蔓延する日本社会から見えるもの」『世界』2005 年 7 月号，313-322 頁，菊池誠「疑似科学の現在」『科学』第 76 巻第 9 号（2006 年 9 月），902-908 頁参照。

リチュアリティに振りまわされないリテラシー（活用能力）を一人ひとりが身に付ける」[35]ことも求められている。同時に，キリスト教自身の霊的伝統（本来の意味での霊性）をあらためて見つめ直し，宣教・司牧に生かしていく，地道な努力も求められていると思われる。『考察』がもっとも訴えたかったのも，そのことにほかならない。「探求を続ける多くの現代人の中には，神への真の渇きを見いだすことができると，わたしたちは心から確信しています。教皇ヨハネ・パウロ２世が米国の司教団に対して述べたように，『司牧者は，自分が真の「生きた水」に対する人々の心の渇きに十分注意を払ってきたかどうか，正直に尋ねてみなければなりません。この「生きた水」は，わたしたちの贖い主であるキリストのみが与えることのできるものです（ヨハネ4・7 − 13 参照）』」（『考察』はじめに，9-10 頁）。

---

35) 磯村健太郎，前掲『〈スピリチュアル〉はなぜ流行るのか』199 頁。

第6章

裁判員制度とカトリック教会[*]

はじめに

　平成 21 年（2009 年）5 月 21 日に裁判員制度が開始するのに先立ち，日本のカトリック教会すなわち日本カトリック司教協議会[1]は，裁判員

---

[*] 本章は青山学院大学（青山キャンパス）で開催された第 61 回宗教法学会（2010 年 11 月 6 日）シンポジウム「裁判員制度と信教の自由」における同じ標題による発題に基づくものである。

[1] 日本カトリック司教協議会（Catholic Bishops' Conference of Japan）は全世界のラテン典礼を行うカトリック教会に共通に適用される『新カトリック教会法典』（Codex Iuris Canonici 1983 年 1 月 23 日公布）に法的根拠を有する組織の名称。『新カトリック教会法典』における司教協議会（bishops' conference; conferentia episcoporum）の定義は次のとおり。「常設機関である司教協議会は，国又は一定の領域の司教（bishop; episcopus）の集合体である。それは，当該地域のキリスト信者のために結束して司牧的任務を遂行し，特に教会が，法の規定に従って，時と所に即応する使徒職の方式及び要綱を介して人びとに提供する善益をますます推進する任務を負うものである」（教会法第 447 条）。司教協議会の設立は第二バチカン公会議の『教会に関する教義憲章』（Lumen gentium 1964 年 11 月 21 日）23 および『教会における司教の司牧任務に関する教令』（Christus dominus 1965 年 10 月 28 日）3，37，28 に基づく。

　一方，「カトリック中央協議会」は，日本の宗教法人法に定められた宗教法人組織名。カトリック中央協議会の前身は，1940 年の宗教団体法の施行により，教会・修道会を包括した組織として 1941 年に編成された「日本天主公教教団」。これが 1945 年，宗教法人令の公布，施行により「天主公教教区連盟」となり，教区長会議で決定された事柄を実施し，各教区（dioceses）・修道会（religious orders）・宣教会（missionary societies）との調整連絡を果たし，宣教に関する諸問題の相談と指導を行うことをその使命とした。1948 年に「カトリック教区連盟」と改称。1951 年の宗教法人法の公布，施行に伴い，1952 年「カトリック中央協議会」と改め，戦後の新たな局面と使命を受けて，全国の小教区（parish）・修道院等を包括する宗教法人となった。

　要するに「日本カトリック司教協議会」と「カトリック中央協議会」は実体としては同じ

制度とカトリック教会の法制度の関係を検討した。そして同年6月に開催された2009年度定例司教総会において裁判員制度に対する対応を決定し、文書「「裁判員制度」について」[2]を6月17日付で発表した。これは「信徒の皆様へ」と題されているが、信徒（laity）だけでなく聖職者（clergy）に関する規定も含んでいる。じつは日本のカトリック教会がおもに問題にしたのは聖職者の対応であった。その後同年9月11日に日本カトリック司教協議会は竹﨑博允・最高裁判所長官あてに文書「カトリックの聖職者の裁判員辞退について」[3]を提出した。

日本のキリスト教界の中で比較的早い時期に裁判員制度に関する明確な決定を行い、裁判員制度が、宗教者（この場合、聖職者）が服すべき教会法の規定に抵触することを認めた教団はカトリック教会であったので、上記のシンポジウム「裁判員制度と信教の自由」でキリスト教界の対応の一例として説明を行うことになった[4]。以下、今回の日本のカ

である。より新しい前者の名称のほうが教会法に則したものであるが、後者の名称が国内の宗教法人法に従って先に登録され定着しているため、あえて後者を前者に統一していないのが現状である。なお、英語名称は同じである。『カトペディア2004』カトリック中央協議会、2004年、621頁参照。

日本のカトリック教会は16教区から成り、日本カトリック司教協議会は2012年5月現在17名の大司教・司教から構成される。

2010年12月31日現在、日本のカトリック教会の信者数は448,440名である（うち信徒440,301名、聖職者・修道者・神学生8,139名〔外国籍を含む〕）（『カトリック教会現勢』カトリック中央協議会、2011年6月、1頁）。ちなみに2010年10月末の日本のキリスト教信者の総数は教師・信徒を合わせて1,121,694名なので（『キリスト教年鑑2011』キリスト新聞社、2011年、1274-1275頁）、カトリックはその約40％を占めることになる。

　2）　参考資料1参照。カトリック中央協議会ウェブサイトに掲載（http://www.cbcj.catholic.jp/jpn/doc/cbcj/090618.htm）。著者は作成に関与していない。

　3）　参考資料2参照。カトリック中央協議会ウェブサイトに掲載（http://www.cbcj.catholic.jp/jpn/doc/cbcj/090911.htm）。同上。

　4）　なお、キリスト教の他教団では、日本福音ルーテル教会信仰と職制委員会が2010年2月18日付で文書「裁判員制度について」をまとめている。「具体的対応」として、「具体的に裁判員として選任された場合、これを辞退するべきか受けるべきかの判断は基本的に信仰の良心に従って、一人ひとり自らの判断に任せられるべきである」として、「信仰的な不安や戸惑いを覚えるのであれば、……守秘義務に抵触しない範囲で牧師に相談をするなどして、必要な援助を受ける」ことを勧めている。「この制度への対応については、牧師と信徒との間に特別な区別を設ける必要はなく、牧師も基本的にキリスト者市民として、神の創造された世界の秩序を守っていくべき責任を分かち合い、自らの判断でこの制度への対応を決めるべき」と考えているところがカトリック教会と異なる。なお、「死刑制度については継続審議とし」ている。(2010年3月18日、日本キリスト教会館で開催された「カトリック／NCC対話集会」における石居基夫氏〔日本キリスト教協議会信仰と職制委員会委員長、ルーテル学

トリック教会の対応を紹介し，合わせて，カトリック教会が信教の自由と政教分離に関してどのように考えているかについて，簡単に考察したい。

1　日本のカトリック教会の裁判員制度への対応をめぐって

(1)　検討の経緯

　もともと日本カトリック司教協議会（司教団）が裁判員制度に関する検討を開始したのは，2009年の裁判員制度導入に際して，一部の教区司祭に裁判員候補者となったとの通知が来たためであった。そこで，教会法上，聖職者が公職に就くことは禁じられているので，教会として聖職者の裁判員制度への対応に関して方針を示す必要に迫られることになった。同時に司教団は，刑事事件を対象とした裁判員制度の導入により，カトリック信徒が死刑判決に関する判断を迫られる可能性があることも想定し，信徒の裁判員制度への対応に関しても検討を行うことが必要だと考えた。

　まず司教団は2008年度臨時司教総会（2009年2月16日－18日）において「裁判員制度に関する勉強会」を開催，刑法学と教会法学の専門家を招いて意見を聴取し，検討を始めた。このとき招かれた講師は丸山雅夫・南山大学大学院法務研究科教授（刑法学専攻）と，濱田了・フランシスコ会司祭（教会法専攻）であった。

　同年開催された2009年度定例司教総会（6月15日－18日）において，司教団は上記文書「「裁判員制度」について──信徒の皆様へ」（2009年6月17日）を承認し，6月18日，記者会見を行って同文書を発表した。これは新聞各紙でも報道された[5]。

院大学准教授］提出の資料による）なお，この年の「カトリック／NCC対話集会」のテーマは「裁判員制度について」であり，基調講演を『裁判員の教科書』（ミネルヴァ書房，2009年）の著作がある橋爪大三郎・東京工業大学大学院社会理工学研究科価値システム専攻教授が行った。橋爪教授は日本福音ルーテル教会信徒でもある。

　5)　日本経済新聞2009年6月18日（共同），朝日新聞2009年6月19日，読売新聞2009年6月18日，キリスト新聞2009年7月4日ほか。今村嗣夫（弁護士）「裁判員制度を考える（1）　イスラエルの門──裁判員制度と日本の精神風土」『キリスト新聞』2009年4

さらに 2009 年 9 月 11 日，岡田武夫・日本カトリック司教協議会会長（当時。東京大司教）は，カトリックの聖職者が裁判員を辞退しなければならない理由を説明した文書「カトリックの聖職者の裁判員辞退について」を竹﨑博允・最高裁判所長官あてに提出した。

(2) 日本カトリック司教協議会の 2 文書の内容
1) 「「裁判員制度」について――信徒の皆様へ」（2009 年 6 月 17 日）
この文書は基本的に信徒向けであるので，前半では裁判員制度に関する信徒の心構えを述べる。まず，裁判員制度そのものについて，日本のカトリック教会が中立的な立場に立つことが明らかにされる。「日本カトリック司教協議会は，すでに開始された裁判員制度には一定の意義があるとしても，制度そのものの是非を含め，さまざまな議論があることを認識しています」。ただし「信徒の中には，すでに裁判員の候補者として選出された人もいて，多様な受け止め方があると聞いています」。しかし「日本カトリック司教協議会は，信徒が裁判員候補者として選ばれた場合，カトリック信者であるからという理由で特定の対応をすべきだとは考えません。各自がそれぞれの良心に従って対応すべきであると考えます」。したがって司教団は，まず裁判員制度そのものについての評価を行うことはせず，他方で信徒の受け止め方の多様性を認めた上で，信徒が「良心に従って対応すべきである」と結論づける。

ただし，裁判員裁判で死刑判決が下される可能性があることについて文書はこう述べる。「市民としてキリスト者として積極的に引き受ける方も，不安を抱きながら参加する方もいるでしょう。さらに死刑判決に関与するかもしれないなどの理由から良心的に拒否したい，という方もいるかもしれません。わたしたちはこのような良心的拒否をしようとする方の立場をも尊重します」。

この「良心的な判断と対応」に関して，文書は以下の 2 点を，公文

月 4 日 2 面，山城晴夫（日本アッセンブリーズ・オブ・ゴッド教団神召基督教会牧師）「裁判員制度を考える（2）　制度と信仰のはざまに立って」同 2009 年 4 月 18 日 2 面，菅原裕二（イエズス会司祭）「裁判員制度を考える（3）　教会法からみた聖職者の対応」同 2009 年 7 月 4 日 2 面，磯村健太郎「カトリック聖職者　裁判員辞退の方針　宗教と国家折り合い問う」『朝日新聞』2009 年 7 月 14 日 4 面も参照。

書を引用しながら参考として示す。

　第一は，信徒の政治参加に関する義務である。「『信徒は，地上の国の事柄に関してすべての国民が有している自由が自己にも認められる権利を有する。ただし，この自由を行使するとき，自己の行為に福音の精神がみなぎるように留意し，かつ教会の教導権の提示する教えを念頭におくべきである』（教会法第 227 条）。……第二バチカン公会議が示すように教会は，キリスト者が，福音の精神に導かれて，地上の義務を忠実に果たすよう激励します。地上の国の生活の中に神定法が刻み込まれるようにすることは，正しく形成された良心をもつ信徒の務めです。キリスト教的英知に照らされ，教導職の教えに深く注意を払いながら，自分の役割を引き受けるようにしなければなりません（『現代世界憲章』43 番参照）」。ただし，不安を抱く信者には，守秘義務に反しない限り，聖職者に相談することを勧める。「裁判員制度にかかわるにあたり，不安やためらいを抱く場合は，教会法第 212 条第 2 項で『キリスト信者は，自己に必要なこと，特に霊的な必要，及び自己の望みを教会の牧者に表明する自由を有している』と述べられているように，司牧者に相談することもできます。裁判員として選任された裁判については守秘義務がありますが，裁判員であることや候補者であることを，日常生活で家族や親しい人に話すことは禁止されていません」。

　第二は死刑制度の問題である。「死刑制度に関して，『カトリック教会のカテキズム』（2267 番）では，ヨハネ・パウロ 2 世教皇の回勅『いのちの福音』（56 番）を引用しながら，次のように述べています。『攻撃する者に対して血を流さずにすむ手段で人命を十分に守ることができ，また公共の秩序と人々の安全を守ることができるのであれば，公権の発動はそのような手段に制限されるべきです。そのような手段は，共通善の具体的な状況にいっそうよく合致するからであり，人間の尊厳にいっそうかなうからです。実際，今日では，国家が犯罪を効果的に防ぎ，償いの機会を罪びとから決定的に取り上げることなしに罪びとにそれ以上罪を犯させないようにすることが可能になってきたので，死刑執行が絶対に必要とされる事例は「皆無でないにしても，非常にまれなことになりました」』。また，日本カトリック司教協議会も，司教団メッセージ『いのちへのまなざし』（カトリック中央協議会，2001 年 2 月 27 日）の中で，

『犯罪者をゆるし、その悔い改めの道を彼らとともに歩む社会になってこそ国家の真の成熟があると、わたしたちは信じるものです』(70番)と述べ、死刑廃止の方向を明確に支持しています」。この引用が示すとおり、カトリック教会は教義として絶対的に死刑制度に反対するには至っておらず、「死刑廃止の方向を支持する」にとどまる。日本の裁判員制度が死刑制度を前提することが裁判員となることを拒否する理由にまではならないというのが、現在の日本のカトリック教会の立場である[6]。

本文書では終わりに「聖職者、修道者、使徒的生活の会の会員」の場合の対応について付記する。これらの身分のカトリック信者に関しては、「教会法第285条第3項『聖職者は、国家権力の行使への参与を伴う公職を受諾することは禁じられる』の規定に従い、次の指示をいたしました。(修道者については第672条、使徒的生活の会の会員については第739条参照)」。すなわち、次のとおりである。

1. 聖職者、修道者、使徒的生活の会の会員が裁判員の候補者として通知された場合は、原則として調査票・質問票に辞退することを

---

[6] カトリック教会内では理論的にも積極的に死刑に反対する学説がかねてから主張されてきた。日本では法哲学者のホセ・ヨンパルト上智大学名誉教授（イエズス会司祭 1930 - 2012 年）が死刑廃止論を積極的に推進してこられた。ホセ・ヨンパルト『法の世界と人間』成文堂、2000年（特に249-266頁）、『死刑——どうして廃止すべきなのか』聖母の騎士社、2008年、「今日の日本において死刑は人間の尊厳に反するか」、ホセ・ヨンパルト、秋葉悦子『人間の尊厳と生命倫理・生命法』成文堂、2006年、178-189頁参照。ヨンパルト教授の見解の影響のもとに、教皇ヨハネ・パウロ2世は回勅『いのちの福音』(Evangelium vitae 1995年3月25日)で死刑廃止を求める方針を示したといわれる。アントニオ・ベリスタイン「死刑に反対！——スペインからの刑法学・神学的な一考察」『人間の尊厳と現代法理論 ホセ・ヨンパルト教授古稀祝賀』成文堂、2000年、659-674頁参照。この『いのちの福音』56の所説は『カトリック教会のカテキズム』(Catechismus Catholicae Ecclesiae フランス語版1992年10月11日公布、ラテン語規範版1997年8月15日公布) ラテン語規範版公布の際、修正条項として取り入れられた（同2267）。仏教（立正佼成会）の立場に立つ法学者の死刑廃止論として、眞田芳憲（中央大学名誉教授）『人は人を裁けるか』中央学術研究所、2010年も参照。欧州連合をはじめ死刑の「事実上の廃止国」は139か国に上る（アムネスティ・インターナショナルによる。『日本経済新聞』2010年8月28日）。裁判員制度と死刑に関しては、原田國男「裁判員裁判と死刑適用基準」『刑事法ジャーナル』18号（2009年）、53-63頁、同「量刑をめぐる諸問題——裁判員裁判の実施を迎えて」『判例タイムズ』1242号（2007年8月）、72-87頁、水谷規男ほか「特集 裁判員時代における死刑問題」『法律時報』82巻7号（2010年6月）、4-57頁参照。

明記して提出するように勧める。
2. 聖職者，修道者，使徒的生活の会の会員が裁判員候補を辞退したにもかかわらず選任された場合は，過料を支払い不参加とすることを勧める。

信徒の場合と異なり，聖職者の場合，裁判員制度は，公職受諾を禁じる教会法に抵触するので，裁判員候補者として通知されたら辞退を求め，選任されたなら不参加とすることを「勧める」というものである。

2)「カトリックの聖職者の裁判員辞退について」(2009年9月11日)
6月の文書「「裁判員制度」について──信徒の皆様へ」における聖職者に関する条項を詳しく説明したのが「カトリックの聖職者の裁判員辞退について」(2009年9月11日)である。
ここではまず，あらためて聖職者の裁判員制度への参加と抵触する教会法第285条の条文が示される。すなわち，

(2)「聖職者は，その身分になじまない事柄をそれが低俗なものでなくても，避けなければならない。」
(3)「聖職者は，国家権力の行使への参与を伴う公職を受諾することは禁じられる。」

文書ではさらにこのように政教分離の原則を示した教会法規定の背景をあらためて示している。「カトリック教会は，二千年の歴史を経て『聖職者は，国家権力の行使を行う公務には就くべきでない』という考え方に到達しました。これは多くの苦しい体験を経て獲得した大切な『知恵』であります。そしてわたしたちは日本の裁判員制度を検討した結果，日本カトリック教会の聖職者が裁判員の任務を引き受けることは，上記教会法第285条の規定に抵触する，との結論に達しました」。
同文書は第二に，聖職者に求められる守秘義務が裁判員の職務と相容れないことを指摘する。これは上記教会法条文とは別の論点である。

聖職者は重大な守秘義務を課せられています。司祭が信者の罪の

告白を聞き，罪のゆるしを宣言する「ゆるしの秘跡」の執行において告白者から聞いた内容を他の人に漏らすことは固く禁じられております。また聖職者が信仰，道徳，生き方に関して相談を受けた場合についても，ゆるしの秘跡と同様の守秘義務があります。
　さらにまた，聖職者はカトリック信者ばかりではなく，信者でない人たちからもいろいろ相談を受けます。相談者当人ばかりでなく，内容に関わりのある人を加えますと多くの人の個人情報（秘密）を知ることになります。
　聖職者に課せられているこの守秘義務と裁判員の職務は相容れないと考えられます。

　司祭が，裁判員裁判で被告となる刑法犯からゆるしの秘跡（告解）で罪の告白を聞いていた場合，裁判員として公正な裁判を行うことはできないという論点である。
　聖職者の身分が教会法的に裁判員となることにそぐわないことを裏づけるおもな理由は第一のものであると考えられる。

(3)　その後の経過

　裁判員制度は2009年5月21日に施行され，8月3日には全国初の裁判員裁判が東京地裁で開かれた。最高裁が2010年7月26日に公表した統計によれば，2010年5月末までに裁判員3369人と補充裁判員1298人が選ばれ，554件（被告は582人）の裁判員裁判で判決が出された。その一年あまりで実際に聖職者が裁判員として裁判所に呼び出されたか，その場合どのような対応がとられたかなどについて，日本カトリック司教協議会は公式に調査・発表を行っていない。「裁判員の参加する刑事裁判に関する法律（裁判員法）」（平成16年5月28日法律第63号）では裁判員の辞退事由として「思想及び良心の自由」（日本国憲法第19条）あるいは「信教の自由」（同第20条）によるものを挙げていない（裁判員法第16条）[7]。最高裁判所に文書は提出したが，最高裁判所から返

---

　　7)　「裁判員の参加する刑事裁判に関する法律第16条第8号に規定するやむを得ない事由を定める政令」（平成20年1月17日政令第3号）も参照。裁判員の辞退事由に関しては，以下を参照。田口守一「裁判員の要件――選任方法，辞退事由等を中心として」『現代刑事法

事は来ておらず，文書の提出をもってカトリックの聖職者が裁判員辞退を認められることは保証されない。同時にこの点に関する裁判所の実際の運用状況についてもデータがないのが現状である。

(4) 教会法第285条の解釈に関する補足[8]

日本カトリック司教協議会は上記2文書で聖職者の裁判員辞退理由として教会法第285条第2，第3項を挙げている（「「裁判員制度」について──信徒の皆様へ」では第3項，「カトリックの聖職者の裁判員辞退について」では第2，第3項）。あらためて教会法第285条の全文を示すと，以下のとおりである。

(1) 聖職者は局地法の規定に従って，その身分にふさわしくないすべての事柄を避けなければならない。
(2) 聖職者は，その身分になじまない事柄をそれが低俗なものでなくても避けなければならない。
(3) 聖職者は，国家権力の行使への参与を伴う公職を受諾することは禁じられる。
(4) 聖職者は自己の裁治権者（ordinarius）の許可なしに，信徒の財産の管理又は報告の義務を伴う世俗的な義務に関与してはならない。たとえ自己の財産に関してであっても，自己の裁治権者に諮らずに保証人となることは禁じられる。更に一定の理由なしに，金銭支払い義務のある証書に署名してはならない。

この条文は次のことを示している。聖職者は神と神の教会への奉仕に聖別されたものであり，それゆえその生活の身分に応じた品位ある生活を守らなければならない。また，聖別されていない人に許される一部の活動ないし職業の行使は，聖職者に認められない。教会法第672条により，聖職者でない場合も，修道者は聖職者と同様である。

その理論と実務』61号（2004年5月）特集「裁判員制度のゆくえ」，5-14頁。

8) Cf. Pontificio Consiglio per i Testi Legislativi, *La Partecipazione dei Sacerdoti e Religiosi nelle Giurie Penali del Giappone* (*cfr. Can. 285,§3 CIC*) (18 dicembre 2009); *Communicationes* XLI (2009), 271.

ところで旧教会法の規定（1917年発布教会法第137－第142条）と比べて，新教会法は一般的な性格をもち，局地法によるさらなる決定と，地区裁治権者の権威に広く委ねている。当該地区裁治権者は，地域にいてその状況をもっともよく評価し，判断できるからである。

上記の禁止事項には，解釈上，程度の差があることが知られている。共通の禁止事項には以下の程度の差が存在する。

・聖職者の身分にふさわしくないために，「事柄の性質上（ex natura rei）」絶対的に禁じられる事柄（第1項）。
・聖職者の身分になじまないために，避けるべき（vitentur）事柄（第2－第3項）。
・認可された場合のみ認められる事柄（第4項）。
・自己の裁治権者に諮らなければならない事柄（第4項）。

特に第3項で，広い意味での国家権力への参加，すなわち，立法，行政，司法の任務への参加が考察される[9]。終身助祭（permanent deacon）はこの規定から免除される[10]。

第3項に定められた「聖職者は……受諾することは禁じられる（clerici assumere vetantur）」という禁止は例外なく絶対的なものとみなさなければならない。ただし，教会法第87条に基づき，司教が制限の範囲内で，定められた条件に従って行う免除の権限に関してはこの限りでない。

さて，教会法の条文は，国家権力への積極的な参加を禁じていることに留意すべきである。積極的な参加とは，聖職者ないし修道者が国家権力への参加を自由意思の選択に基づいて行うことであって[11]，強制による参加ではない。教会法の規定が国家法と対立する，日本の状況は後者の場合に相当する。教会法第289条第2項では，教会法の立法者は，教会法による禁止が市民の義務と対立しうることを考慮している。

したがって，司祭ないし男女修道者が，例外が認められない市民の義

---

9) Cf. *Communicationes* XVI (1984), 181, n.8b; XIV (1982), 173, can. 260, n. 2.

10)「ただし，局地法に別段の定めある場合はこの限りでない（nisi ius particulare alius statuat）」（教会法第288条）。

11) このような場合，聖職者は「聖職停止」の措置を受けて公職に就くことになる。教会法第290－第293条参照。

務である裁判員制度に参加することは一義的に不可だとはいえない。しかし，場合によって司教による免除が認められ，投票を差し控えることないし死刑による処罰への反対投票を彼らに助言することが可能である。したがって，日本の司教団の指示は教会法に照らして適法である。

教会法第289条には次の規定もある。

(2) 聖職者は，その身分になじまない任務及び公職の遂行に際して，法及び協約又は慣習の認める免除を活用しなければならない。ただし，自己の裁治権者が特別の場合に別段の定めをした場合はこの限りではない。

それゆえ，日本の法制度の中で，聖職者または修道者に裁判員の任務から免除される可能性を認める合法的な方法を見いだせないか検討すべきである。日本の司教団が最高裁判所に願い出をしたことがこれに相当する。日本の法の中で良心的拒否が認められることが望ましい。

そうした免除が認められない場合は，聖座（Holy See バチカン）と日本国の間で聖職者と修道者の国家権力，特に司法権への不参加を定める協定（いわゆる政教条約）を結ぶことも選択肢となる。日本の司教団は現在のところ，これを聖座に申請することまでは考えていないが，ヨーロッパ（たとえば参審制のイタリアやドイツ）にはこうした政教条約がすでに存在する。

ちなみに陪審制をとるアメリカ合衆国では，聖職者を例外扱いしておらず，全米司教協議会も陪審制に対して特別な指示を行っていない[12]。

---

12) だから，米国ボストン大司教の Sean Patrick O'Malley 枢機卿 (1944年－。2003年大司教，2006年枢機卿) は，2010年7月23日付の自身のブログでこう述べたのである。「水曜日（7月21日），大司教に任命されてから二度目の（マサチューセッツ州の）陪審員候補となった。……わたしは陪審員に選任されなかった。わたしは必要とされていないのではないかと感じた。……わたしは陪審員候補となった2回のいずれにおいても選任されなかった。たいへん残念だ (which is too bad)。わたしは奉仕することを楽しみにしていた。陪審員の務めは重要な市民の責務である。市民が公正な陪審員に訴えを聞いてもらう機会を得るためである。われわれは次のことを心にとめなければならない。自分が被告となったら善良な市民に陪審員を務めてもらいたいだろう。だからこそわれわれはわれわれに求められたこの重要な招きにこたえるべきなのである」(http://www.cardinalseansblog.org/2010/07/23/our-lady-of-mount-carmel/)。

2 信教の自由と政教分離──カトリック教会の視点[13]

(1) 政教分離

初めに，2005年に教皇となったベネディクト16世（ヨゼフ・ラッツィンガー 1927年-）が政教分離の原則と信教の自由に関して同時期に行った2つの発言を紹介したい。まず政教分離について教皇はこう述べる。

> 社会と国家を公正なしかたで秩序づけることは，政治がなすべき中心的な務めです。かつてアウグスティヌス（Aurelius Augustinus 354-430年）が述べたとおり，正義に従って統治されない国家は大盗賊団にすぎません（Remota itaque iustitia quid sunt regna nisi magna latrocinia?）。キリスト教にとって根本的なのは，皇帝に属するものと神に属するものの間の区別です（マタイ22・21参照）。すなわち，教会と国家の区別，あるいは，第二バチカン公会議が述べたように，地上の諸現実の自律です[14]。国家は宗教を強制してはなりません。また，国家は信教の自由と，さまざまな宗教の信者の平和的共存を保障しなければなりません。キリスト教信仰の社会的な表現である教会は，自主権を有するとともに，自らの信仰に基づいて共同体を形成します。国家はこの共同体を認めなければなりません。教会と国家は区別されますが，にもかかわらず，両者は常に相互に関係しています。
> 正義はすべての政治の目的であると同時に，その本質的な基準でもあります。政治は，公共の規則を制定するための技術にすぎないものではありません。政治の起源と目的は正義にあります。それゆえ政治は倫理的な性格をもっています。国家は，どうすれば正義を

---

13) 信教の自由と政教分離に関しては，日本司教団が最近次の文書を発表している。日本カトリック司教協議会社会司教委員会編『信教の自由と政教分離』カトリック中央協議会，2007年。この文書は靖国神社参拝問題をおもに念頭に置いて書かれているが，以下の考察はカトリック教会全体について妥当する内容である。

14) 第二バチカン公会議『現代世界憲章』（*Gaudium et spes* 1965年12月7日）36参照。

今ここで実現することができるかという問いに直面しなければなりません。しかし，この問いはさらに根源的な問いを前提します。すなわち，正義とは何かという問いです。これは実践理性の問題です。しかし，理性を正しく働かせるために，わたしたちは絶えず理性を浄めなければなりません。理性は，権力と特定の利益の誘惑によって，倫理的な盲目に陥る危険に常にさらされているからです。

　ここで政治と信仰が出会います。信仰が，その本性上，生きた神との出会いであることは間違いありません。この出会いは，理性の領域を超えた新しい地平を開きます。信仰はまた，理性そのものを浄める力でもあります。信仰は，神の視点から考えることにより，理性をその盲点から解放し，そこから理性がいっそう完全なものとなるのを助けます。信仰によって，理性はいっそう効果的なしかたで働き，また，その対象をいっそうはっきりと見ることができるようになります。これがカトリック教会の社会教説のめざすところです。カトリック教会の社会教説は，教会の権力を国家に及ぼすことをけっして意図していません。ましてそれは，同じ信仰をもたない人に，信仰に基づく考え方や生き方を強制しようとするものでもありません。カトリック教会の社会教説は，ただ，理性を浄めるための助けとなり，今ここで正義を認め，実現するための役に立つことを望むにすぎません。

　教会の社会教説の議論は，理性と自然法に基づいて，つまり，すべての人間の本性に従った事柄に基づいて行われます。教会の社会教説は，教会の務めが，この教説を政治的な意味で実行することではないことをわきまえています。むしろ教会が望むのは，政治生活における良心の教育を助けることです。また，正義が本来何を求めるかをいっそうよく見極め，たとえ個人的な利害状況との葛藤を招いても，進んで正義の要求するところに従って行動するよう促すことです。各人が当然与えられるべきものを与えられるような，公正な社会と国家の秩序を築くことは，あらゆる世代の人があらためて取り組むべき根本的な課題です。これは政治的な課題であって，教会が直接果たすべき務めではありません。しかしながら，それは人間がなすべきもっとも重要な課題でもあります。ですから教会に

は，理性の浄めと倫理教育を通じて，正義の要求の理解とその政治的実現のために，特別なしかたで貢献する義務があるのです。

　教会は，できる限り公正な社会を実現するための政治闘争を自ら行うことはできませんし，行うべきでもありません。教会が国家に取って代わることはできませんし，取って代わるべきでもありません。しかしながら，同時に教会は，正義のための戦いを傍観していることはできませんし，傍観するべきでもありません。教会は理性に基づく議論を行い，また，霊的な力を呼び覚まさなければなりません。こうした霊的な力なしに正義が勝利し，栄えることはできません。なぜなら，正義は犠牲を要求するからです。公正な社会を実現すべきなのは政治であって，教会ではありません。しかし，人々の心の目を開き，善が求めることを実現したいと望ませることを通じて正義を促進することに，教会は心から関心を寄せるのです。（教皇ベネディクト16世回勅『神は愛（2005年12月25日）』〔*Deus caritas est*〕28)[15]

　要するに，政教分離に関して，教会は近代社会における「教会と国家の区別」すなわち「地上の諸現実の自律」を認めた（あるいは認めざるをえなくなった）が，ある意味でそれは聖書以来の区別でもあった（「カエサルのものはカエサルに」）。しかし国家（政治）と宗教の間には密接な関係がある。一方で国家には，宗教を強制することなく，諸宗教の共存を保障する務めがある。さらに，政治がその目的である正義を実現するために，信仰は正義を認識する実践理性を浄める役割を果たしうる。これが教会の社会教説の使命である[16]。教会は公正な社会の実現のために自ら政治に関わることはない。しかし，「理性の浄めと倫理教育」を通して教会はそのために貢献しうるのである。

---

　15)　AAS 98 (2006), 238-240.（邦訳，カトリック中央協議会，2006年，53-56頁）

　16)　教会の社会教説は近年次の文書に包括的な形でまとめられた。教皇庁正義と平和評議会『教会の社会教説綱要』(*Compendium of the Social Doctrine of the Church*, Città del Vaticano 2004)，マイケル・シーゲル訳，カトリック中央協議会，2009年。紹介として，片山はるひ「書評　教皇庁正義と平和評議会『教会の社会教説綱要』」『カトリック教育研究』第27号（2010年），53-55頁。

(2) 信教の自由

　信教の自由は，第二バチカン公会議『信教の自由に関する宣言』(*Dignitatis humanae* 1965年12月7日) でカトリック教会が初めて認めた原則であると考えられている。教皇は一面でそのことを認めながら，これが教会の初めからの態度でもあったこと，そしてそれは相対主義的な意味での信教の自由ではないことを強調する。

　　（第二バチカン公会議は）教会と近代国家の関係を新たに定義しなければなりませんでした。近代国家は，さまざまな宗教や思想をもった市民を平等に扱うために，宗教・思想を異にする人々が秩序と寛容をもって共存し，自らの宗教を自由に実践するための責任をとるにすぎないからです。……
　　基本的な決定は有効であり続けますが，この基本的な決定を新たな状況に適用する方法は，変化することがありえます。ですから，たとえば，信教の自由は，人間が真理を見いだすことができないことの表現と考えられて，そのために相対主義の公認となることがありえます。そのとき，この社会的・歴史的な意味で必要とされた信教の自由が，不適切なしかたで形而上学的な意味をもつようになり，このようにしてそれはその真の意味を失ってしまうのです。したがって，このような信教の自由は，人間が神に関する真理を認識することができると信じ，この真理がもつ尊厳に基づいて，この認識に結ばれているような人にとって，受け入れることができないものです。
　　このことと完全に区別しなければならないのは，人間の共存のために必要な，信教の自由の概念です。あるいは，外から強制できず，人が自ら納得する過程を通じて初めて受け入れなければならない真理の本質的な帰結としての，信教の自由の概念です。
　　第二バチカン公会議は，『信教の自由に関する宣言』によって近代国家の本質的原則を認め，受け入れました。こうして公会議は，教会の最古の遺産をあらためて発見したのです。その際，教会は，イエス自身の教えとも（マタイ22・21参照)，またあらゆる時代の殉教者の教会とも，完全に一致していると自覚することができまし

た。古代教会は自然に，皇帝と政治指導者のために祈ることを義務と考えました（一テモテ 2・2 参照）。けれども教会は，皇帝のために祈りはしても，皇帝を礼拝することは拒否しました。こうして教会は国家宗教をはっきりと拒絶したのです。

　初代教会の殉教者たちは，イエス・キリストのうちに現された神への信仰のために死にました。ですから彼らは，良心の自由と，自分の信仰を告白する自由のために死んだということもできます。いかなる国家も信仰告白を強制することはできません。信仰告白を行うことは，良心の自由のうちに，神の恵みによって初めて可能なのです。宣教する教会は，すべての民にそのメッセージを告げ知らせるために，信教の自由を守るよう努めなければなりません。教会の望みは，すべての人のために存在する真理のたまものを伝えることです。

　同時に教会は，自分の活動によって，国家の独自性や文化を破壊するつもりがないことを，国民と国家に対して約束します。かえって，教会は，国民と国家がその心の奥底で待ち望んでいる答えを与えようと望んでいます。この答えによって，文化の多様性が失われることはありません。それどころか，人々の間の一致が強められ，そこから諸民族間の平和も促進されます。（教皇ベネディクト 16 世「教皇庁に対する降誕祭の挨拶（2005 年 12 月 22 日）」）[17]

　すなわち，教会は近代国家の基本原則である信教の自由を受け入れたが，それは教会が初めから確認していた原則でもあった。教会はローマ帝国による迫害と殉教の時代を通して，国家宗教を拒絶したからである。信教の自由は，相対主義的な意味での自由ではなく，国家による宗教の強制をはっきりと否定することであると同時に，信仰もまた，国家の独自性を否定することなく，平和の実現のために奉仕するのだということを意味する。

　17）　*Insegnamenti di Benedetto XVI*, I, 2005, Città del Vaticano 2006, pp. 1028-1029.（邦訳『霊的講話集 2005』カトリック中央協議会，2007 年，278-282 頁）

(3) カトリック信者の政治参加

政教分離と信教の自由に関しては，同じ教皇が教皇庁教理省 (Congregatio pro Doctrina Fidei) 長官時代にまとめた重要な文書『教理に関する覚え書き　カトリック信者の政治参加に関するいくつかの問題について (2002年11月24日)』[18]にも述べられている。

　裁判員制度への対応に見られるとおり，聖職者は自ら政治に参加することができないが，これをむしろ積極的に行う使命をもつのは信徒である。教会は特定の政治的立場に立つものではないが，信仰と道徳についてはっきりとした教えを述べ，信者が政治生活において道徳原理に従うことを求める。実際，道徳は，民主主義の基盤であり，その基盤にある道徳的自然法 (natural moral law) は信仰のあるなしにかかわらず，万人に適用することができるからである。特にカトリックの政治家は，人工妊娠中絶，安楽死，人の受精卵の保護，結婚，子どもの教育，未成年者の保護，人身売買を含むあらゆる奴隷制の否定，信教の自由，経済発展の権利，そして平和に関してこうした道徳原則に留意することが求められる。

　この文書に述べられるのはおもに行政・立法の領域での政治参加であるが，司法における日本の裁判員裁判においては，今後，信徒も含む市民の裁判員が死刑判決を含む困難な訴訟に直面することが予想される。その際，信者はむしろ積極的に自らの良心に従って判断を下す義務と責任を果たす中で，自らの信仰をあかしすることを求められているのである。

---

18)　Congregatio pro Doctrina Fidei, *Nota doctrinalis de christifidelium rationibus in publicis negotiis gerendis*, AAS 96 (2004), 359-370. 邦訳はカトリック中央協議会ウェブサイトに掲載 (http://www.cbcj.catholic.jp/jpn/doc/pontifical/politics/index.htm)。

(参考資料1)

「裁判員制度」について――信徒の皆様へ

　日本カトリック司教協議会は，すでに開始された裁判員制度には一定の意義があるとしても，制度そのものの是非を含め，さまざまな議論があることを認識しています。信徒の中には，すでに裁判員の候補者として選出された人もいて，多様な受け止め方があると聞いています。日本カトリック司教協議会は，信徒が裁判員候補者として選ばれた場合，カトリック信者であるからという理由で特定の対応をすべきだとは考えません。各自がそれぞれの良心に従って対応すべきであると考えます。市民としてキリスト者として積極的に引き受ける方も，不安を抱きながら参加する方もいるでしょう。さらに死刑判決に関与するかもしれないなどの理由から良心的に拒否したい，という方もいるかもしれません。わたしたちはこのような良心的拒否をしようとする方の立場をも尊重します。

　　　　　　　　　　　2009年6月17日，日本カトリック司教協議会

　良心的な判断と対応に際しては，以下の公文書を参考にしてください。

　　1　「信徒は，地上の国の事柄に関してすべての国民が有している自由が自己にも認められる権利を有する。ただし，この自由を行使するとき，自己の行為に福音の精神がみなぎるように留意し，かつ教会の教導権の提示する教えを念頭におくべきである」（教会法第227条）と定められています。また，第二バチカン公会議が示すように教会は，キリスト者が，福音の精神に導かれて，地上の義務を忠実に果たすよう激励します。地上の国の生活の中に神定法が刻み込まれるようにすることは，正しく形成された良心をもつ信徒の務めです。キリスト教的英知に照らされ，教導職の教えに深く注意を払いながら，自分の役割を引き受けるようにしなければなりません（『現

代世界憲章』43番参照）。

　しかし裁判員制度にかかわるにあたり，不安やためらいを抱く場合は，教会法212条第2項で「キリスト信者は，自己に必要なこと，特に霊的な必要，及び自己の望みを教会の牧者に表明する自由を有している」と述べられているように，司牧者に相談することもできます。裁判員として選任された裁判については守秘義務がありますが，裁判員であることや候補者であることを，日常生活で家族や親しい人に話すことは禁止されていません。

2　死刑制度に関して，『カトリック教会のカテキズム』（2267番）では，ヨハネ・パウロ2世教皇の回勅『いのちの福音』（56番）を引用しながら，次のように述べています。「攻撃する者に対して血を流さずにすむ手段で人命を十分に守ることができ，また公共の秩序と人々の安全を守ることができるのであれば，公権の発動はそのような手段に制限されるべきです。そのような手段は，共通善の具体的な状況にいっそうよく合致するからであり，人間の尊厳にいっそうかなうからです。実際，今日では，国家が犯罪を効果的に防ぎ，償いの機会を罪びとから決定的に取り上げることなしに罪びとにそれ以上罪を犯させないようにすることが可能になってきたので，死刑執行が絶対に必要とされる事例は『皆無でないにしても，非常にまれなことになりました』」。また，日本カトリック司教協議会も，司教団メッセージ『いのちへのまなざし』（カトリック中央協議会，2001年2月27日）の中で，「犯罪者をゆるし，その悔い改めの道を彼らとともに歩む社会になってこそ国家の真の成熟があると，わたしたちは信じるものです」（70番）と述べ，死刑廃止の方向を明確に支持しています。

　なお，聖職者，修道者，使徒的生活の会の会員に対しては，教会法第285条第3項「聖職者は，国家権力の行使への参与を伴う公職を受諾することは禁じられる」の規定に従い，次の指示をいたしました。（修道者については第672条，使徒的生活の会の会員については第739条参照）

　1　聖職者，修道者，使徒的生活の会の会員が裁判員の候補者とし

て通知された場合は，原則として調査票・質問票に辞退することを明記して提出するように勧める。

2　聖職者，修道者，使徒的生活の会の会員が裁判員候補を辞退したにもかかわらず選任された場合は，過料を支払い不参加とすることを勧める。

(参考資料2)

2009 年 9 月 11 日

最高裁判所長官
竹﨑博允様

カトリックの聖職者の裁判員辞退について

わたしたち日本カトリック司教協議会は以下の理由により，カトリック教会の聖職者が裁判員候補者に指名された場合，辞退することを勧めることに合意しましたのでここにその旨お知らせし，ご理解を賜りますよう，お願いする次第です。

1 教会法への抵触

カトリック教会は信徒と聖職者から構成されております。聖職者とは，司教，司祭，修道者を指します。カトリック教会には教会固有の規則である教会法があり，聖職者についても規律されております。その教会法の第285条に次のような規定があります。

(2)「聖職者は，その身分になじまない事柄をそれが低俗なものでなくても，避けなければならない。」
(3)「聖職者は，国家権力の行使への参与を伴う公職を受諾することは禁じられる。」

聖職者はその職務の執行を通して神の恵みを分配し，神の前での罪のゆるしを宣言し，神の救い，平和を告げ知らせるという任務を受けています。聖職者の本来の使命は，信仰の立場から人々の良心に働きかけ，改心を促し，救いへと導くことであります。

カトリック教会は，二千年の歴史を経て「聖職者は，国家権力の行使を行う公務には就くべきでない」という考え方に到達しまし

た。これは多くの苦しい体験を経て獲得した大切な「知恵」であります。そしてわたしたちは日本の裁判員制度を検討した結果，日本カトリック教会の聖職者が裁判員の任務を引き受けることは，上記教会法第285条の規定に抵触する，との結論に達しました。

2　聖職者の守秘義務

　聖職者は重大な守秘義務を課せられています。司祭が信者の罪の告白を聞き，罪のゆるしを宣言する「ゆるしの秘跡」の執行において告白者から聞いた内容を他の人に漏らすことは固く禁じられております。また聖職者が信仰，道徳，生き方に関して相談を受けた場合についても，ゆるしの秘跡と同様の守秘義務があります。

　さらにまた，聖職者はカトリック信者ばかりではなく，信者でない人たちからもいろいろ相談を受けます。相談者当人ばかりでなく，内容に関わりのある人を加えますと多くの人の個人情報（秘密）を知ることになります。

　聖職者に課せられているこの守秘義務と裁判員の職務は相容れないと考えられます。

以　上

　　　　　　　　　日本カトリック司教協議会
　　　　　　　　　　会長　　岡田　武夫（東京大司教）

（参考資料1, 2 はカトリック中央協議会ウェブサイトより許可を得て転載した。）

第7章
カトリック教会の平和論

――――――――

はじめに

　カトリック教会の平和論は，古くはアウグスティヌスに遡り，中世から近世の自然法思想，国際法論を経て，教皇ヨハネ23世（在位1958-1963年）回勅『パーチェム・イン・テリス』（*Pacem in terries* 1963年）[1]に至る長い歴史をもつが，ここでは第二バチカン公会議（1962-1965年）以降の現代カトリック教会の平和思想を主要文書に則して概観する。

1　『現代世界憲章』

　第二バチカン公会議『現代世界憲章』（*Gaudium et spes* 1965年）は，現代世界における教会の司牧的使命を考察した文書であるが，最終章の第5章「平和の推進と国際共同体の促進」で，現代における平和の問題を扱う。前置きにおいて，まず次の指摘を行う。第2次世界大戦という未曾有の「戦争の破壊と脅威」を経験した現代の人類は一致を自覚している。平和への回心が人間らしい世界の建設の基盤である。「平和を実現する人々は神の子と呼ばれるがゆえに幸いである」（マタイ5・9）という福音のメッセージは現代人類の光となる。それゆえ「公会議は平和についての真実の崇高な意味を解明し，戦争の残酷さを断罪した後，

――――――――
[1] 拙稿「ヨハネ23世」，関西学院大学キリスト教と文化研究センター編『キリスト教平和学事典』教文館，2009年，380-382頁参照。

平和の主であるキリストの助けのもとに，正義と愛に基づく平和を確立するため，また平和のための手段を準備するために，すべての人と協力するよう，熱意をこめてキリスト者に呼びかける」(77項)。次いで平和の本質を定義する。「平和は単なる戦争の不在でもなければ，敵対する力の均衡の保持に限られるものでもなく，独裁的な支配から生ずるものでもない」。平和とは「完全な正義を求めて人間が実現していかなければならない秩序の実り」である。さらに正義だけでなく「兄弟愛の努力と実践」こそが平和の建設に不可欠である。地上の平和はキリストの平和の映しであるから，すべてのキリスト者は，愛のうちに，人々と一致して平和を求め，打ち立てなければならない。非暴力的手段による平和の推進は賞賛される (78項)。

第5章は2節に分かれる。第1節「戦争を避けること」において，まず「戦争の残酷さを少なくすること」の手段を考察する。自然法の原理に反する犯罪行為として，計画的な民族浄化を断罪する。軍事行動が非人道的とならないための国際条約，たとえば負傷兵や捕虜の取扱いに関する条約などの遵守義務を指摘する。良心的兵役拒否の権利を是認する。その上で国家の正当防衛権を確認する。「戦争の危険が存在し，しかも十分な力と権限をもつ国際的権力が存在しない間は，平和的解決のあらゆる手段を講じた上であれば，政府に対して正当防衛権を拒否することはできない」。政府には国民の安全を守る義務がある。「しかし，国民を正当に防衛するために戦争をすることと他国の征服を意図することとは異なる。また戦力の保有は軍事目的，政治目的のための使用をすべて正当化するものではない。不幸にも戦争が起こった場合，そのこと自体によって，敵対する国家間においては，すべてが許されることになるわけでもない」。軍事任務従事者は国民の安全に奉仕する限り平和の維持に寄与する (79項)。

第1節は続いて現代の全面戦争の問題を考察する。科学兵器の進歩によりもたらされる無差別の破壊は正当防衛の範囲を超える。冷戦下にあって，すべての科学兵器の使用は敵対陣営の完全な相互破壊をもたらす。こうした事態は「まったく新しい考え方で戦争について検討すること」を求める。ヨハネ23世が回勅『パーチェム・イン・テリス』で述べたように「原子力を誇る現代においては，戦争を犯された権利を回復

するために妥当な手段と考えることは，不合理である」。したがって公会議は全面戦争の断罪に合意して宣言する。「都市全体または広い地域をその住民とともに無差別に破壊することに向けられた戦争行為はすべて，神と人間自身に対する犯罪であり，ためらうことなく堅く禁止すべきである」（80項）。

軍備競争については，軍備拡張による抑止論の存在を指摘した上で，こう述べる。「多くの国が行っている軍備競争は，平和を確保する安全な道でもなく，それから生ずるいわゆる力の均衡も，確実で真実な平和ではないことを人々は確信すべきである」。軍備競争は戦争の原因を増大させ，世界の貧困への対処を妨げ，紛争を拡大する。「したがって軍備競争は人類の最大の傷であり，耐えがたいほどに貧しい人々を傷つけるものであることを再び宣言しなければならない」（81項）。

最後に，戦争の禁止と回避のための国際協力の必要性を考察する。戦争の絶対的な禁止のために「諸国によって承認され，諸国に対して安全保障と，正義の遵守と，権利に対する尊敬とを確保できる有効な権限を備えた世界的公権を設置することが確かに必要である」。とりあえず「現在存在する国際的最高諸機関」すなわち国連等は「共通安全保障のためのいっそう適切な手段を熱心に研究しなければならない」。軍備縮小のための協定を締結する交渉をすべきである。イデオロギーが人々を分裂させている時代には，平和の推進のために，国家指導者の努力だけでなく，「考え方の刷新と世論の新しい息吹」が必要である。それゆえ平和教育とマスメディアの使命が重要である。「教育に従事する人々，とりわけ青少年の教育に当たる人々や世論を形成する人々は，すべての人に平和愛好の新しい精神を吹き込む努力を，自分のもっとも重大な義務と考えなければならない」（82項）。

第2節は，平和の建設の条件となる「国際共同体の建設」を考察する。平和の第一の障害は経済的不平等である（83項）。相互依存関係の強まった現代において，諸国家共同体と国際機関は全世界の共通善を適切に追求し，多くの地域の貧困の解決に取り組まなければならない。取り組みの必要とされる分野は「食糧，健康，教育，仕事，開発途上国に対する援助，難民の救済，移住者とその家族に対する援助」である（84項）。先進国による開発援助に際しては「収益に対する過度の執着，国

家的野心，政治的支配の欲望，軍事的計算，イデオロギーの宣伝または強制を廃止しなければならない」(85項)。さらに開発協力のための基準を指摘する。①被援助国の国民自身の発展の尊重、②被援助国の利益の尊重、③補完性の原理に基づく資源の公正な分配、④精神性を考慮した経済・社会構造の改革である (86項)。

　人口増加の問題に対しては、新しい農業技術の導入、私有地の公正な分配を推奨する。しかし、人口抑制 (産児制限) 対策について、「公会議は、すべての人に対して、道徳法に反する解決策は、公的または私的に奨励され、ときには命令されているものでもこれを避けるよう勧告する」。「結婚と子どもを産むことについての譲ることのできない人間の権利によって、産むべき子どもの数に関する決定は、両親の正当な判断に依存するもので、けっして公権の判断に委ねることはできないからである」。「産児数の調節に関して配偶者たちを助けることのできる方法の学問的研究の進歩については、その確実性が証明され倫理秩序にかなうことが明白であるものを、慎重に人々に知らせるべきである」(87項)。最後の原則は、後に教皇パウロ6世 (在位1963－1978年) の回勅『フマーネ・ヴィテ』(*Humanae vitae* 1968年) においてあらためて確認され、ビリングス法などによる自然な産児調節法の研究を促した。

　キリスト者も積極的に開発援助に参加すべきである。「適当と思われるところでは、どこでも、カトリック者は他のキリスト者の兄弟たちと一緒に行動する」ことを認める (88項)。教会は平和と連帯の基礎である神法・自然法の知識を確立し、人々の協力を推進するために、諸国家共同体のただ中に現存する必要がある (89項)。このことは、たとえば聖座の国連における常駐オブザーバーとしての参加によって示されることになった。終わりにキリスト者の国際団体の積極的な存在意義を指摘する (90項)。キリスト者の愛のわざの神学的な意味は、後に教皇ベネディクト16世回勅『神は愛』(*Deus caritas est* 2006年) によって基礎づけられた。

2 『カトリック教会のカテキズム』

　第二バチカン公会議後，1985年の世界代表司教会議における司教たちの要請により，教皇ヨハネ・パウロ2世（在位1978 – 2005年）は，後のベネディクト16世のJ・ラッツィンガー教理省長官（1927年 –，在任1981 – 2005年）を委員長とする委員会に『カトリック教会のカテキズム』（*Catechismus Catholicae Ecclesiae* ラテン語規範版1997年）を編纂させた。同書は第1編「信仰宣言」（教理），第2編「キリスト教の神秘を祝う」（典礼），第3編「キリストと一致して生きる」（道徳），第4編「キリスト教の祈り」（霊性）の4編から成る。平和の問題は第3編第2部「神の十戒」第2章第5項「第五のおきて」（「殺してはならない」）の第3節「平和の擁護」で扱われる。ちなみに第5項第1節は人間のいのちの尊重，第2節は人間の尊厳の擁護がテーマである。

　『現代世界憲章』の教えを踏まえながら，同書は平和をあらためて次のように定義する。「人間のいのちの尊重や成長のためには平和が必要です。平和とは単に戦争がないということだけではなく，また敵対者間の力の均衡を図るということだけでもありません。地上で平和が得られるのは，各個人の善益の擁護，人間相互の自由な交流，個々人ならびに諸民族の尊厳の尊重，兄弟愛の熱心な実践があってのことです。平和は『秩序の静けさ』（アウグスティヌス）です。それは『正義が造り出すもの』（イザヤ32・17）であり，愛の結果なのです」（2304項）。さらに「地上の平和とは，メシア的『平和の君』（イザヤ9・5）であるキリストの平和の写しであり，実りです」（2305項）。『現代世界憲章』78が述べる非暴力的手段による平和の推進は「福音的愛のあかし」である（2306項）。また，戦争の回避努力と，国家の正当防衛権（『現代世界憲章』79）を認める（2308項）。

　次いで，「軍事力による正当防衛を行使できるための厳密な条件」として，4つの「いわゆる『正当な戦争』論に列挙されている伝統的な要素」を挙げる。「①国あるいは諸国家に及ぼす攻撃者側の破壊行為が持続的なものであり，しかも重大で，明確なものであること。②他のすべ

ての手段を使っても攻撃を終わらせることが不可能であるか効果をもたらさないということが明白であること。③成功すると信じられるだけの十分な諸条件がそろっていること。④武器を使用しても，除去しようとする害よりもさらに重大な害や混乱が生じないこと。現代兵器の破壊力は強大なので，当条件についてはきわめて慎重に考慮すること」。さらにこの条件がそろっているか否かの慎重な判断は「共通善についての責任を委ねられている人」すなわち政治家の任務であることを付け加える（2309項）。

　また，『現代世界憲章』79に従い，政治家が祖国防衛に必要な任務を国民に課す権利・義務，職業軍人の役割（2310項），良心的兵役拒否の権利を認める（2311項）。戦争中も道徳法を守らなければならない（2312項）。非戦闘員，負傷兵，捕虜を人道的精神をもって尊重して待遇しなければならない。国際公法に反する行為は犯罪であり，『現代世界憲章』79よりもさらに踏み込んだ表現で，「『民族虐殺』を命じる命令を拒否することは道徳上の義務となります」と述べる（2313項）。『現代世界憲章』80に基づき，無差別攻撃を禁じる。現代戦争における，原子力兵器だけでなく生物・化学兵器の危険にも言及する（2314項）。武器の蓄積による抑止論の問題性，軍備拡張競争と過剰軍備の危険の指摘（2315項）は『現代世界憲章』81と同様である。新しい記述は，武器売買についての次の項目である。「武器の製造や売買は，諸国家ならびに国際社会の共通善に抵触するものです。政治をつかさどる者にはこれを規制する権利と義務があります。国家間の暴力や紛争を引き起こさせたり国際的な法秩序を混乱させるような事業を，個人や集団の短期的利益を追求するために始めることは，ゆるされるべきものではありません」（2316項）。最後に，『現代世界憲章』83も述べた，戦争の原因となる経済的不平等を克服する必要性を指摘する（2317項）。

　『カトリック教会のカテキズム』の平和論はほとんど『現代世界憲章』の平和論の要約であるが，伝統的な正戦論をさらに厳密に規定した点が注目される。同書で示された「正しい戦争」の条件は，2003年のイラク戦争での米国の予防的戦争論の是非をめぐる議論の試金石となった。2002年9月22日，J・ラッツィンガー教理省長官は，イラクへの攻撃は倫理的に正当化できないと述べた。「教会は戦争を認めていないわけ

ではないが，予防的戦争ということばは『カトリック教会のカテキズム』にはない」。教皇ヨハネ・パウロ2世もイラク戦争への反対の意思を明確にした[2]。

3 『教会の社会教説綱要』

最後に，2004年に発布された教皇庁正義と平和協議会『教会の社会教説綱要』(*Compendium of the Social Doctrine of the Church*) も平和論を扱う。同書の特徴はヨハネ・パウロ2世の社会問題に関する発言を広く反映しているところにある。第1部で教会の社会教説の原則を示し，第2部で具体的な社会問題を扱い，第3部で社会教説に基づく教会の活動を考察する。平和の問題は第2部第8章「平和の推進」で取り上げられる。構成は，I 聖書的側面，II 正義と愛の実りとしての平和，III 平和の失敗としての戦争（a 正当防衛，b 平和の擁護，c 無辜の人を保護する義務，d 平和を脅かす者に対抗する手段，e 軍備縮小，f テロリズムの断罪），IV 教会の平和への貢献となっている。

ここではいくつかの注目すべき記述を指摘するにとどめる。まずIII a「正当防衛」において同書はこう述べる。「第2次世界大戦の悲劇から生まれ，戦争の災厄から将来の世代を守ることをめざす国連憲章は，国家間の紛争を解決するための武力行使の広範な禁止に基づいている。その例外は2つある。すなわち，正当防衛と，国連が平和維持に責任をもつ地域で安全保障理事会がとる行動である。いずれにせよ，正当防衛権を行使する際は『伝統的な必要と釣り合いの限界』を尊重しなければならない。したがって，攻撃が切迫しているという明白な証拠なしに予防的戦争を行うことは深刻な道徳的・法的疑問を生じざるをえない。厳密な査察と十分な根拠のある理由に基づく武力行使のための国際的な正当性は，権限を有する機関の決定によって与えられる。この機関が特定の状況を平和への脅威とみなし，通常，国家に留保される，自律した領域への侵攻を認めるからである」(501項)。ここでは，イラク戦争の経験

---

[2] 小柳義夫「9・11同時多発テロからイラク戦争まで そのとき教会は」『カトペディア2004』カトリック中央協議会，2004年，34-36頁参照。

に基づいて，予防的戦争の実行の問題性をあらためて明白に指摘し，国際的軍事行動は国連の承認を必要とすることを確認している。

ユダヤ人の大量殺戮（ショア）を初めとする多くの民族浄化の悲劇の経験を踏まえて，人道的介入の必要性について，Ⅲc「無辜の人を保護する義務」は次の踏み込んだ記述を行う。「国際社会全体は，生存そのものが脅かされるか，基本的人権が深刻な形で侵害されている集団のために介入する道徳的な義務を負う。国際社会を構成する諸国家は傍観したままでいてはならない。反対に，他の可能な手段がすべて効果がないことがわかった場合，『侵略者を武装解除させるよう具体的手段をとることは，正当であるのみならず義務でさえある』。国家の主権の原則を，無辜の犠牲者を擁護するための介入を妨げる理由とすることはできない。ここで使用する手段は，国際法と諸国家の平等に関する基本的原則を完全に尊重しながら用いなければならない」（506項）。同項は続けて国際刑事裁判所の活動を支持している。

なお，教皇ベネディクト16世もこの議論をさらに発展させて，2008年4月15日の第62回国連総会会議場における演説の中で，2005年に国連が合意した「保護する責任」に言及した。教皇は「保護する責任」を国連における意味よりさらに広い文脈でとらえ，こう述べた。

「すべての国家は，自国民を，人権の深刻かつ度重なる侵害から守ると同時に，自然を原因とするものであれ，人間の行動が引き起こすものであれ，人道的な危機の結果から守るための本質的な務めを有します。国家がこうした保護を行うことができない場合，国際社会は，国際連合憲章が定めた合法的な方法や，他の国際的な手段によって介入すべきです。国際社会やその機関の行動は，国際秩序の基にある原則を尊重する限り，不当な強制や，主権の制限として解釈されてはなりません。その反対に，無関心や不干渉こそが現実の被害を生み出します。紛争を予防し，管理するための方法を深く検討する必要があります。そのために，外交的な行動が用いうるあらゆる手段を使用し，対話と和解への望みのどんな些細なしるしをも見逃すことなく，それを支えなければなりません。古代の万民法（ius gentium）は，『保護する責任』の原則を，統治者が被統治

者に対してとるあらゆる行動の基盤と考えました。主権を有する国民国家の概念が発展し始めた時代に，国連の理念の先駆者とみなすべきドミニコ会の修道士フランシスコ・デ・ビトリア（Francisco de Vitoria 1483/1486 頃 – 1546 年）は，この責任が，すべての国が共有する自然理性の一部であり，国際法から生み出されるものだと述べました。国際法の課題は，諸民族間の関係を管理することだからです。当時と同じように，現代も，この原則は，造り主の像としての人格の理念と，絶対的なものへの望みと，自由の本質を表すはずです」[3]。

『教会の社会教説綱要』Ⅲ e「軍備縮小」は，「子ども兵士」の禁止にも言及する（512 項）。Ⅲ f「テロリズムの断罪」は『現代世界憲章』79 でも触れられたテーマであるが，2001 年の 9・11 テロ後のヨハネ・パウロ 2 世の「世界平和の日メッセージ」（2002 – 2004 年）の内容を反映させつつ，より具体的な記述を行う。「テロリズムは人間の尊厳の中心を打ち，全人類を損なう。『それゆえ，テロリズムに対する自衛権が存在する』」（514 項）。「テロ行為との戦いにおける国際協力は，『ただ単に抑圧や制裁に訴える手段では不十分である。たとえ武力行使が必要な場合でも，そのとき伴わなければならないのは，テロ攻撃の背後にある動機の，勇気ある，正確な分析である』。悲惨な状況の中でテロリズムを助長しうる問題を勇気と決意をもって解決するために，『政治と教育のレベル』での特別な取り組みも必要である。『テロリストを募ることは実際，権利がふみにじられ，不正義が長い間まかり通ってきたような状況では，比較的容易だからである』」（同）。「いかなる宗教もテロリズムをゆるしてはならないし，ましてやそれを推奨してはならない。むしろ諸宗教はテロリズムの原因を除き，諸民族の友愛を促進するために協力しなければならない」（515 項）。

終わりにⅣ「教会の平和への貢献」で，教会が何よりも祈ることによって平和に貢献できることを述べる。そのために教皇パウロ 6 世は

---

3) 「国連総会での演説（2008 年 4 月 18 日）」（AAS 100 [2008], 333-334; *Insegnamenti di Benedetto* XVI IV, 1, Città del Vaticano 2009, pp. 620-621;『霊的講話集 2008』カトリック中央協議会，2009 年，115-116 頁）。

毎年1月1日に教会と全世界が「世界平和の日」を行うことを求めた。

2005年にヨハネ・パウロ2世の教皇職を継承したベネディクト16世も，折に触れてキリスト者とすべての宗教者に向けて平和を求める祈りを呼びかけている。ヨハネ・パウロ2世が1986年に世界平和祈祷集会を開催してから25周年の2011年10月には，あらためて「世界平和と正義のための考察，対話，祈りの日」をアッシジで開催した。カトリシズムは，平和のために究極的に重要なのは祈りだと考えているのである。

参考文献

稲垣良典『現代カトリシズムの思想』岩波書店，1971年

アンリ・ド・リュバク『カトリシズム　キリスト教信仰の社会的展望』小高毅訳，エンデルレ書店，1989年

第二バチカン公会議『現代世界憲章』長江恵訳，中央出版社，1967年

『カトリック教会のカテキズム』日本カトリック司教協議会教理委員会訳，カトリック中央協議会，2002年

Pontifical Council for Justice and Peace, *Compendium of the Social Doctrine of the Church*, Città del Vaticano: Libreria Editrice Vaticana, 2004.

E. Lora (ed.), *Enchiridion della Pace, 1: Pio X-Giovanni XXIII. Edizione bilingue*. Prefazione del card. Jean-Louis Tauran, Bologna: Edizioni Dehoniane, 2004.

E. Lora (ed.), *Enchiridion della Pace, 2: Paolo VI-Giovanni Paolo II. Edizione bilingue*. Prefazione del card. Jean-Louis Tauran, Bologna: Edizioni Dehoniane, 2004.

第8章

ヨハネ・パウロ2世の生涯と著作

　教皇ヨハネ・パウロ2世（1920年5月18日─2005年4月2日，在位1978年10月16日－没年月日）の業績をまとめるなら，（一）第二バチカン公会議（1962─65年）を正しく解釈し，その遺産を次の世代の教会に伝えたこと，（二）教会を新千年期に導いたことだと言えるであろう。本章では，ヨハネ・パウロ2世がこの大きな課題をどのように実現したかについて，その生涯と著作活動の足跡を足早にたどることを通して概観してみたい[1]。

1　教皇以前

　カロル・ヨゼフ・ヴォイティワは，1920年，ポーランドのクラクフ近郊の町ワドヴィッチに生まれた。高校時代，ポーランド古典文学に心酔し，演劇活動にも関わったが，クラクフのヤギエウォ大学ではポーランド哲学を学んだ。大学がナチスの侵攻で閉鎖された後の戦時下（1939

---

1)　ヨハネ・パウロ2世の伝記として，G. Weigel, *Witness to Hope: The Biography of Pope John Paul II*, New York 1999; rev. ed. 2000; id., "John Paul II, Pope", in: *New Catholic Encyclopedia*, 2nd ed., Washington, D.C. 2003, pp. 992-1006; id., "Truth and resistance", *The Tablet* 9 April 2005, pp. 28-29 を参照。教皇の生涯は，4月8日の葬儀の日に発表された「教皇ヨハネ・パウロ2世の埋葬証明書（ロジト）」（邦訳『ヨハネ・パウロ二世からベネディクト十六世へ──逝去と選出の文書と記録』カトリック中央協議会司教協議会秘書室研究企画訳・編集，カトリック中央協議会，2006年，22-26頁）に要約されている。自伝として，司祭時代について『賜物と神秘』（1996年。邦訳，斎田靖子訳，エンデルレ書店，1997年），司教時代について『立ちなさい，さあ行こう』（2004年。中野裕明訳，サンパウロ，2006年），教皇時代について *Memory and Identity*（2005年）がある。

－1945年）においては，地下演劇活動を通じてドイツ占領に対する抵抗運動を行った。小教区では青年のためのロザリオ信心会を指導した。そこで信徒の神秘家ヤン・ティラノフスキと出会い，彼を通じて十字架の聖ヨハネとアビラの聖テレジアの著作に触れた。1940年からは労働に従事する。1941年の父の死後，召命を意識し，最初カルメル会への入会を考えたが，戦時中，修練者の受け入れが行われていなかったため，クラクフ教区のサピエハ枢機卿により司祭志願者として受け入れられた。

1946年に司祭に叙階された後，ローマに派遣され，アンジェリクム大学で学位論文「十字架の聖ヨハネの信仰概念」（1948年。1979年にイタリア語訳刊行）をまとめた。帰国後，クラクフで司牧活動に従事したが，このときの青年たちとの交流から，後に『愛と責任』（1960年）[2]としてまとめられる性倫理・結婚・家庭生活の問題に関心をもつようになる。この青年たちとの友情関係はその後50年間，教皇になってからも続いた。ちなみに逝去後，4月7日に発表された教皇の「遺言」[3]の最後に言及される「わたしのまわりにいたすべての人々」とは彼らのことだと考えられる。1953年にドイツの現象学者マックス・シェーラーの倫理学に関する学位論文（1960年に刊行）をまとめた後，ルブリン・カトリック大学で倫理学を教えた。

1958年，クラクフの補佐司教となる。教皇ヨハネ23世が第二バチカン公会議の準備のための提案を全世界の司教に求めたのに対して，「公会議の目的は，20世紀の文明の危機に対する教会の応答として，キリスト教的ヒューマニズムを提唱することだ」という論文を送る。1962年に，補佐司教として第二バチカン公会議に参加。1963年にクラクフ大司教に任命される。第二バチカン公会議へのヴォイティワ大司教の貢献は，『現代世界憲章』起草に関わったことである。この間，哲学的主著『行為する人格』[4]執筆に着手（刊行は1969年）。クラクフ大司教とし

---

2) 邦訳，石脇慶総訳，エンデルレ書店，1982年。なお，同じ1960年にアンジェイ・ヤヴィエニの筆名で発表された詩劇『金細工師の店　愛の神秘』（邦訳，大谷啓治訳，女子パウロ会，1980年）も参照。

3) 邦訳は前掲『ヨハネ・パウロ二世からベネディクト十六世へ──逝去と選出の文書と記録』，10-21頁。特に21頁参照。

4) 1979年に『アナレクタ・フッサリアーナ（現象学研究年報）』第10巻として英訳が刊行された。R・L・シロニスによる書評がある（『カトリック研究』37号〔1980年〕，145

ては，1966年にポーランド教会設立千周年を祝い，また第二バチカン公会議の普及を計画，実施した。1967年，枢機卿に任命。1968年には，ヴォイティワ大司教が設立したクラクフの神学委員会が，同年発表された回勅『フマーネ・ヴィテ』を準備していた教皇パウロ6世に，結婚の倫理に関する長文の覚え書きを送る。1976年，パウロ6世の招きで教皇と教皇庁のために四旬節の黙想の説教を行う。この黙想は後に『反対をうけるしるし』[5]として刊行される。1978年10月，教皇ヨハネ・パウロ1世の葬儀ミサの一つで説教を行う。10月16日に教皇に選出された。

2 教皇としての活動

1) 基本思想としての「人格の尊厳」　ヨハネ・パウロ2世は，これまでのいかなる教皇よりも現代世界に大きな影響を与えたが，教皇の活動の中心にあったのは，その「人間の人格の尊厳」の思想である。それは1979年10月と1995年10月に教皇が国連総会で行った演説に示される。前者は，人間の人格について，「いかなる正当な政治体制も人間に由来し，人間によって行使され，人間のために存在する」，また，「第一の人権は信教の自由である」と述べる。後者は，人間本性と道徳法は世界のすべての人の心に記されており，それが人類の対話の基礎となると述べる。

2) 共産主義との対決　1979年のポーランド訪問において，教皇は40回あまりの説教と演説を行い，ポーランド人の良心の革命を促す。教皇のポーランドの「連帯」との関係が，1981年5月13日のサンピエトロ広場での教皇暗殺未遂の背景にあることは明らかだと考えられている。1983年と87年に再びポーランドを訪問。1989年9月，ポーランドにおける非共産主義政権が誕生する。教皇はチェコ，スロバキア，リトアニア，ウクライナなど他の東欧諸国における民主化運動も支援した。1980年に使徒的書簡『エグレジエ・ヴィルトゥチス』を発表して，

−154頁)。
　5) 邦訳，小林珍雄訳，エンデルレ書店，1980年。

スラブ人の使徒キュリロスとメトディオスをヨーロッパの守護聖人としたのも，これらの活動と関連している。1989 年 11 月にベルリンの壁が崩壊，2 年後の 1991 年にはソ連もロシア共和国となった。これらの東欧における共産主義政権の崩壊に教皇の活動が寄与したことは疑いがないが，一方でアジア，とりわけ中国やベトナムとの対話は今後の課題として残した。

3) **自由主義諸国への警告**　1991 年に発表された 3 つ目の社会回勅『新しい課題——教会と社会の百年をふりかえって』[6]の中で，教皇は冷戦の終結後の民主主義社会の課題を考察した。そこでは，民主主義も自由主義経済も，道徳的方向づけを失えば自滅しかねないことが警告される。「価値観をもたない民主主義は，公然たる全体主義，あるいはうわべだけは民主的な全体主義に簡単に変わってしまう」（同書 46）からである。民主主義社会における道徳の重要性は，1992 年の回勅『真理の輝き』でも，1995 年の回勅『いのちの福音』でも繰り返し強調された。「自らの諸原則を否定する民主主義は，事実上，全体主義の形態をとるようになります。国家は……実際にはある一部の者の利益でしかないところを，公共の利益のためという名目で，胎児から高齢者までを含むもっとも弱く罪のない人のいのちを殺害する権利を，不当にもわがものとする専制国家へと変質します」（『いのちの福音』20）。教皇は，1994 年にカイロで国連が開催した国際人口・開発会議が，堕胎を基本的人権としようとする試みに反対し，それを撤回へと導いた。

4) **ラテンアメリカ**　ラテンアメリカにおける解放の神学に対する教皇庁の姿勢は，2 つの教皇庁教理省指針『解放の神学のいくつかの側面について』（1984 年）および『自由の自覚』（1987 年）で示された。教会が貧しい人々を優先し，正義を推進しなければならないことは当然の

---

[6]　社会回勅の最初のものは『働くことについて』（1981 年），二番目のものは『真の開発とは——人間不在の開発から人間尊重の発展へ』（1987 年）。回勅を中心とした教皇の教えについては，P・ネメシェギ「ヨハネ・パウロ 2 世の教え」『カトリック研究』39 号（1981 年），41-70 頁，同「教皇ヨハネ・パウロ 2 世と第二バチカン公会議後の教会　在位 25 周年を迎えて」，『カトペディア 2004』カトリック中央協議会，2004 年，11-24 頁参照。

務めである。しかし，教皇は，教会が党派的性格を帯びることを拒絶した。貧困と一部の政情不安定は変わりがないとはいえ，1980年代後半から，中南米の民主化が進められたことについても，教皇の貢献を認めることができる。メキシコでは2000年に一党独裁が終わった。

5) **外交** 教皇庁は2005年4月，174か国と外交関係をもつようになっていた（教皇ヨハネ・パウロ2世就任時は85か国）。年頭には「世界平和の日」メッセージが，教皇庁駐在外交使節団を前に，世界の元首に対して発表される[7]。在位中の教皇の大きな外交成果は，1993年のイスラエルとの国交樹立である。2000年には，教皇自ら歴史的な聖地訪問を行った。一方で，EU（欧州連合）の堕胎・安楽死・生殖医療などの倫理問題への姿勢には批判的で，EU憲法にヨーロッパのキリスト教的伝統への言及がないことに反対し続けた。聖エジディオ共同体やロジェ・エチェガレイ枢機卿の派遣などを通じた非公式外交も，教皇外交の特徴であった。

1992年にローマで行われた国連国際食糧農業機関（FAO）と世界保健機関（WHO）の国際会議で行った演説[8]では，大量殺戮が切迫しているか，実際に行われている場合に，「人道的介入」が必要であるという，注目すべき提案を行っている。しかし，湾岸戦争（1991年），米国のアフガン攻撃（2001年），イラク戦争（2003年）に教皇は反対の意向を示し続けた[9]。

6) **福音宣教** 教皇は26年間の在位期間中に104回の国外司牧訪問を行い，地球28周分を移動した。1995年にマニラで開催されたワールドユースデー（世界青年の日）世界大会では，史上最大の4百万人の若者を集めた。教皇は人類史上，もっとも多くの人間と会ったと言われる。そして，教皇は，これらの訪問・会見をメディアを通して広く伝え

---

7) 現在の教皇庁の社会活動全般については，濱尾文郎「社会活動」，前掲『カトペディア2004』，138-155頁参照。
8) *L'Osservatore Romano,* Weekly Edition, no. 50, 16 Dec. 1992, p. 7.
9) 小柳義夫「9・11同時多発テロからイラク戦争まで そのとき教会は」，前掲『カトペディア2004』，25-43頁参照。

た。1979年から84年にかけては，独創的な「からだの神学」に基づく性倫理についての一般謁見演説を129回行った。

　科学との対話も重視し，ガリレオ裁判については委員会を設立して検討を行った結果，1992年に公に教会の過ちを認める報告書を発表した。

　第二バチカン公会議『教会憲章』第5章で述べられた「聖性への普遍的召命」に応えるために，列福・列聖手続きを改訂し，これまでの法的手続きを学問的・歴史的研究に基づくものに変えた（1983年の使徒憲章『ディヴィヌス・ペルフェクチオニス・マジステル』）。その結果，在位期間中に列福した福者は1338名，列聖した聖人482名という未曾有の数に達した。最後に発表された使徒的勧告『神の民の牧者』（2003年）でも，信徒・奉献生活者・司教の列福・列聖手続きを何度も促している。

　ワールドユースデーの開催（1987年以降）も教皇が創始した。

　世界代表司教会議（シノドス）も，在位中15回開催し，そのつどシノドス後の使徒的勧告を発表した。そのうち，第2回臨時シノドス（1985年）は，交わりとしての教会理解を確認し，『カトリック教会のカテキズム』（1997年）作成を提案した点で重要である。家庭（1980年），ゆるしの秘跡（1982年），信徒の召命（1987年），司祭職（1990年），奉献生活（1994年），そして司教（2001年）についてのシノドスも重要である[10]。90年代を通じて，ヨーロッパ（2回），アフリカ，アメリカ，アジア，オセアニアの6回の大陸別シノドスも行った。

　ラテン教会のための『カトリック新教会法』（1983年），東方典礼カトリック教会のための『東方教会法』（1990年）の編纂も重要である。

　1988年の使徒憲章『パストル・ボヌス』により教皇庁の組織改革を行い，1996年の使徒憲章『ウニヴェルジ・ドミニチ・グレジス』で教皇選挙の方法も改革した。後者の改革により，従来の全員推挙や妥協選挙が廃止され，無記名投票によって枢機卿の責任が重んじられるようになった。

　使徒憲章『エクス・コルデ・エクレジエ』（1990年）によってカト

---

10) 対応するシノドス後の勧告は『家庭——愛といのちのきずな』（1981年），『和解とゆるし』（1984年），『信徒の召命と使命』（1988年），『現代の司祭養成』（1992年），『奉献生活』（1996年），『神の民の牧者』（2003年）。いずれもカトリック中央協議会から邦訳が刊行されている。

リック高等教育機関を強化した。教育による文化の福音化，すなわち「新しい福音宣教」をめざすためである。

忘れてならないことは，教皇庁の広報活動の強化である。1984年のヨアキン・ナバロ・バルス報道官の任命，バチカン・インフォーメーション・サービスの通信開始（1991年），教皇庁のインターネット・ホームページ開設（1997年）は，教皇と世界の関係を劇的に変えた。その結果は，教皇の逝去に際して世界が目の当たりにした。

最後に，2000年の大聖年において，教皇は過去の教会の過ちを認めた。「教会の記憶の清め」を，新しい千年期への教会の歩みの出発点としようとしたのである[11]。新千年期に入り，「聖性」への招きとして，2003年のロザリオ年[12]，2004年の聖体年[13]が行われた。

7) **教導職**　教皇の教導職の目的は，第二バチカン公会議の正しい解釈の提示であった。教皇は14の回勅，15の使徒的勧告，11の使徒憲章，45の使徒的書簡，28の自発教令を発表した。

最初の回勅『人間の贖い主』（1979年）は，キリスト教的人間論に関する教会史上最初の回勅である。これは『いつくしみ深い神』（1980年），『聖霊――いのちの与え主』（1986年）とともに，三位一体論を構成する。『真理の輝き』と『信仰と理性』（1998年）は人間の理性と道徳の関係を扱う。『キリスト者の一致』（1995年）はエキュメニズムについて扱った最初の回勅である。『救い主の使命』（1990年）は宣教論，『スラブ人の使徒』（1985年）はキュリロスとメトディオスの顕彰，マリア年の終わりに出された『救い主の母』（1987年）はマリア論を扱う。

使徒的書簡では，エウカリスチア（聖体）に関する『聖体の秘義と礼拝について』（1980年），主日の重要性に関する『主の日――日曜日の重要性』（1998年），苦しみのもつ救済的意味に関する『サルヴィフィチ・ドローリス――苦しみのキリスト教的意味』（1984年），現代世界

---

11) 教皇庁国際神学委員会『記憶と和解――教会と過去の種々の過失』（1999年。邦訳，カトリック中央協議会，2002年）参照。

12) 使徒的書簡『おとめマリアのロザリオ』（2002年。邦訳，カトリック中央協議会，2003年）参照。

13) 回勅『教会にいのちを与える聖体』（2004年。邦訳，カトリック中央協議会，2004年）参照。

における女性に関する『女性の尊厳と使命』(1988年)，そして大聖年以後の教会の課題に関する『新千年期の初めに』(2001年)，メディアに関する『急速な発展』(2005年) が重要である。『男性のみの司祭叙階を守るべきことについて（オルディナチオ・サチェルドターリス）』(1994年) も注目される。

　8) エキュメニズムと諸宗教対話　エキュメニズムと諸宗教対話の進展については，ここでは詳しく扱うことができない[14]。東方教会との間では，教義の一致の確認の点で前進があったが，ロシア正教会との関係は今後の課題となっている。2004年に行われた，カザフのイコンの返還や，ヨアンネス・クリュソストモスとナジアンゾスのグレゴリオスの聖遺物の返還は，東西教会の融和にとっての道標の一つとなった。プロテスタントとの対話では『義認の教理についての共同宣言』(1999年)の調印が画期的である。

　イスラームとの対話は，教皇のモスク訪問など，いくつかのめざましい出来事があったとはいえ，次の教皇に残した大きな課題の一つである。諸宗教対話において，教皇の行った記念すべき出来事は，アッシジにおける世界平和祈祷集会の開催（1986年，2002年）である。

結　び

　教皇ヨハネ・パウロ2世は，膨大な遺産・著作をわれわれに残した。最後に，没後発表文書の一節を引用して，教皇の記念としたい。

　　人類は，時には悪と利己主義と恐れの力に負けて，それに支配されているかのように見えます。この人類に対して，復活した主は，ご自身の愛をたまものとして与えてくださいます。それは，ゆるし，和解させ，また希望するために魂を開いてくれる愛です。この愛が，回心をもたらし，平和を与えます。どれほど世界は，神のい

---

14)　詳しくは前掲『カトペディア2004』，120-137頁参照。

つくしみを理解し，受け入れる必要があることでしょうか。死と復活によって父の愛を現してくださった主よ。わたしたちはあなたを信じ，今日，確信をもってあなたに繰り返してこう述べたいと思います。イエスよ，わたしはあなたを信頼しています。わたしたちと全世界をあわれんでください[15]。

---

15) 教皇ヨハネ・パウロ2世「2005年4月3日の『アレルヤの祈り』のことば」2（前掲『ヨハネ・パウロ二世からベネディクト十六世へ——逝去と選出の文書と記録』, 9頁）。

第 9 章

ベネディクト 16 世の教皇職[*]

2005 年 4 月 19 日に新教皇に選出された教皇ベネディクト 16 世（ヨゼフ・ラッツィンガー　1927 年 4 月 16 日－）の教皇職は 2009 年に 5 年目に入った。その 4 年余り，教皇は高齢（2009 年 4 月時点で 82 歳）ながら──2009 年 7 月 16 日の夏季滞在先での転倒による右手首骨折という事故を除いては──健康を保ち，精力的に活動を続けている。

本章は，おもに 2009 年までの 4 年余りの間の教皇ベネディクト 16 世の発言と行動を概観するものである。教皇は自らの予告どおり，これまで限られた数の公文書（3 つの回勅と 1 つ〔2012 年 5 月時点では 3 つ〕の使徒的勧告）しか発布していないが，一方で相当量の内容豊かな講話を行っているので，ここではそれらの講話も紹介してみたい。なお，ラッツィンガーの教皇就任以前の活動にはここでは触れることができない[1]。

　　[*]　本章は日本カトリック神学会第 21 回学術大会（2009 年 9 月 15 日，上智大学）で行った同題の研究発表に基づくが，その後のデータを若干補足した。
　　[1]　以下の内容については，すでに公表したベネディクト 16 世の教皇職に関する二つの拙稿と重複する部分がある。岩本潤一「ヨハネ・パウロ 2 世からベネディクト 16 世へ──第二バチカン公会議の解釈をめぐって」，日本カトリック学友会（学士会）『創造』123 号（2006 年 4 月），11-16 頁，「教皇ベネディクト 16 世在位三周年　和解と調和へ自らを捧げ　世界に相次ぎメッセージ」『キリスト新聞』2008 年 5 月 3 日付，2 面。また，筆者は本論の原型となる講演「教皇ベネディクト 16 世と回勅『希望による救い』」を 2009 年 5 月 7 日唐崎メリノールハウスにおけるカトリック京都教区司祭全体集会において行った。
　　なお，ベネディクト 16 世（ヨゼフ・ラッツィンガー）の教皇就任以前の思想に関しては，さしあたり高柳俊一師による以下の書評を参照。「イヴ・コンガール著『ある神学者の日記 1946 ～ 1956 年』，同著『公会議中の私の日記』（全 2 巻），ハンス・キュング著『戦い取った自由』，ヨーゼフ・ラッツィンガー著『私の生涯から・回想　1927 ～ 1977 年』」『カトリック研究』74 号（2005 年），154-172 頁，「ヨゼフ・ラッツィンガー＝ベネディクト 16 世著『信

1 教皇の課題としての第二バチカン公会議の実施

ベネディクト 16 世は選出の翌日に行われたミサでこう述べた。

> とりわけわたしは，教皇ヨハネ・パウロ 2 世のあかしを目の当たりにしています。ヨハネ・パウロ 2 世は，勇気のある，自由で，若々しい教会を残してくださいました。ヨハネ・パウロ 2 世の教えと模範に従って，教会は落ち着いた心で過去を振り返り，未来に対して恐れを抱いていません。教会は，福音を手に携え，**第二バチカン公会議を正しく再解釈する**ことを通じて，この福音を現代世界に適用させながら，大聖年とともに新千年期へと導かれました。教皇ヨハネ・パウロ 2 世は，第二バチカン公会議が，第三千年期という広大な海で方向を指し示す「羅針盤」にほかならないことを教会に示してくださいました（教皇ヨハネ・パウロ 2 世使徒的書簡『新千年期の初めに』57 − 58 参照）。教皇はその霊的遺言の中でこう述べています。「あらためて，また長期にわたって，新しい世代は，この 20 世紀の公会議から豊かな富を得ることができるであろうことを，わたしは確信している」（2000 年 3 月 17 日）。
> したがって，ペトロの後継者に固有の任務を始めるにあたり，わたしは，わたしの先任者の教皇たちの足跡に従い，また，教会の

仰，真理，寛容──キリスト教と世界の諸宗教」」『カトリック研究』75 号（2006 年），193-203 頁，「ジョン・アレン著『ベネディクト 16 世の登場・彼の選挙と教会をどこへ導く方向』，アンドルー・グリーリー著『教皇選挙まで・教皇ベネディクト 16 世の選択とそれが今日のカトリック教会にとって何を意味するか』」「ポール・コリンズ著『神の新しい人・ベネディクト 16 世の選出とヨハネ＝パウロ 2 世の遺産』，ルパート・ショート著『ベネディクト 16 世・信仰の司令官』」「ジョージ・ワイゲル著『神の選択・教皇ベネディクト 16 世と教会の未来』」「エイダン・ニコルズ　O・P・著『ベネディクト 16 世の神学思想・ヨーゼフ・ラツィンガー神学入門』」「デイヴィッド・ギブソン著『ベネディクトの統治・教皇ベネディクト 16 世と近代世界との戦い』」「ロバート・ブレア・カイザー著『自分自身のあり方を模索する教会・ベネディクト 16 世と未来のための戦い』」，上智大学キリスト教文化・東洋宗教研究所『キリスト教文化・東洋宗教研究所紀要』25（2006 年），81-100 頁，「ヨゼフ・ラッツィンガー＝ベネディクト 16 世著『ナザレのイエス』──第一部「ヨルダン川での洗礼から変容まで」」『カトリック研究』77 号（2008 年），151-155 頁。

1　教皇の課題としての第二バチカン公会議の実施

2000年の伝統を忠実に引き継ぎながら，わたしが第二バチカン公会議の実施に向けて取り組み続けるつもりであることを，はっきりと宣言したいと思います。今年は第二バチカン公会議閉会（1965年12月8日）の40周年を迎えます。年月がたっても，公会議文書はその現代的な意味を失っていません。それどころか，それは教会と現代のグローバル化した社会の新たな要求に十分こたえうるものであることが明らかになってきています[2]。

したがって，ベネディクト16世の教皇職が，ヨハネ・パウロ2世を継承して，第二バチカン公会議の実施（特にエキュメニズムの推進）をめざすものであることは明らかである。ただし，その際，すでに今引用したことばにも示されているように，第二バチカン公会議をどう「解釈」するかということも問題となる。同じ2005年のインタビューの中で教皇はいう。

　教皇（ヨハネ・パウロ2世）は，14の回勅をはじめ，多くの司牧的な書簡などを残しました。教会は，まだ，これらの豊かな遺産のすべてを消化していません。わたし自身の使命は，多くの新しい文書を発表することではなく，教皇の文書が消化されるように努力することです。なぜなら，これらの文書は豊かな宝であり，**第二バチカン公会議の正しい解釈**だからです。わたしたちは，教皇が公会議の人であったことを知っています。教皇は公会議の精神と文字とを自分のものとしていました。これらの著作を通して，教皇は，公会議が何を本当に望み，何を望んでいないかを理解できるように，わたしたちを助けてくれます。そのことが，わたしたちが真の意味で現代と未来の教会となるために助けとなるのです[3]。

第二バチカン公会議の「解釈」のあり方については，後に示すとお

---

2)「最初のメッセージ（2005年4月20日）」3（AAS 97 [2005], 696; *Insegnamenti* I, pp. 3-4:『霊的講話集2005』，10-11頁）。以下，強調は引用者による。

3)「ヨハネ・パウロ2世の思い出（2005年10月16日）」『霊的講話集2005』，185-186頁。インタビューは同年9月20日に行われた。

り，2005 年 12 月に行ったローマ教皇庁への挨拶の中で詳細に示されることになる。ここでは，2009 年 3 月 10 日付で発表した全司教への手紙の中で，教皇が第二バチカン公会議の課題を再確認したことに注目したい。この手紙は，いうまでもなく，2009 年 1 月に聖ピウス 10 世司祭兄弟会の 4 名の司教の破門を解除したことに関して述べたものである[4]。

---

4) 第二バチカン公会議の方針に反対するルフェーヴル大司教（Marcel Lefebvre 1905 – 1991 年）が 1970 年に創立した「聖ピウス 10 世司祭兄弟会」は，1976 年 6 月に教皇パウロ 6 世によって教会法的な認可が取り消され，司祭としての権能の執行を禁じられた。1988 年 6 月 30 日にルフェーヴル大司教が 4 名の司教を教皇の認可なしに叙階したため，大司教と 4 名の司教は伴事的破門制裁を受けた。同時に，ルフェーヴル派との和解をめざして，教皇ヨハネ・パウロ 2 世は 1988 年 7 月 2 日に使徒的勧告『エクレジア・デイ』（*Ecclesia Dei*) を発布，「エクレジア・デイ委員会」を発足させた。また，ルフェーヴル派が問題にしている「トリエント・ミサ」に関しては，教皇ヨハネ・パウロ 2 世が 1984 年に 1962 年のラテン語のミサ典礼書を世界中で使用することを認め，1988 年の『エクレジア・デイ』でそれを再確認した。

ベネディクト 16 世の就任以来，ルフェーヴル派との和解の試みがあらためて進められた。2005 年 8 月 29 日に，ルフェーヴル大司教によって叙階され，聖ピウス 10 世司祭兄弟会の代表であるベルナール・フェレー（Bernard Fellay 1958 年 –）司教がカステル・ガンドルフォ教皇公邸で教皇ベネディクト 16 世と謁見した。この会見について教皇庁広報部は次の短い報告を行っている。「会見は教会への愛と完全な一致に達したいという望みの雰囲気の内に行われた。……困難を認識しながらも，一歩ずつ，適切な時を経て前進する望みが示された」。ベネディクト 16 世は，2006 年 2 月 13 日に開催した第 1 回教皇庁会議と，同年 4 月 7 日に開催した第 2 教皇庁会議で，聖座と聖ピウス 10 世司祭兄弟会との関係を議題に取り上げたとされる。

2007 年 7 月 7 日，教皇は自発教令『スンモールム・ポンティフィクム』（*Summorum pontificum*）によって 1970 年の改革以前のローマ典礼の使用に関して広範な許可を与え，同時に発表した手紙の中で，この決定が「教会の中心で内的な和解に達したい」という積極的な理由で行われたものであることを説明した（自発教令と手紙の邦訳はカトリック中央協議会ウェブサイトに掲載）。

ついで 2009 年 1 月 24 日，ベネディクト 16 世は，1988 年に破門された聖ピウス 10 世司祭兄弟会の司教 4 名の破門を司教省教令（2009 年 1 月 21 日）によって解除することを発表した。ところで，破門を解除された司教のうちリチャード・ウィリアムソン司教（Richard Williamson 1940 年 –）が直前にナチスによるホロコーストを否定する発言をしていたことが報道され（2008 年 11 月収録，2009 年 1 月 21 日放映），教皇自ら 1 月 28 日の一般謁見の中で次の弁明を行うことを余儀なくされた。「わたしのペトロの後継者としての奉仕職を特別な意味で特徴づける，この一致への奉仕を行うために，わたしは数日前，1988 年に教皇の指示なしにルフェーヴル師が叙階した 4 名の司教に与えられた破門をゆるすことを認めました。わたしがこの父としてのあわれみのわざを行ったのは，これらの高位聖職者が，自分たちの置かれた状態によって深く苦しんでいることを何度もわたしに表明したからです。わたしは，このわたしのわざに続いて，これらの人々が，教会との完全な交わりを実現するために必要なさらなる手続きをただちにとり，教皇と第二バチカン公会議の教導職と権威への真の忠誠と承認を示すことを望みます。……この数日，『ショア（ホロコースト）』のことを思いながら，わたしは何度も行ったアウシュヴィッツ訪問のときに受けた印象を思い起こします。こ

わたしたちの歴史の現時点の真の問題は，神が人間の視野から消えつつあるということです。そして，神からの光が弱まるにつれて，人類が方向づけを失い，それがますますはっきりとした破壊的な結果をもたらしているということです。

人々を神へと導くこと。聖書の中で語る神へと導くこと。これが，現代の教会とペトロの後継者の究極的，根本的な優先課題です。そこから論理的に帰結することはこれです。わたしたちはすべての信じる者の一致を心にとめなければなりません。実際，信じる者の分裂と対立は，信じる者が神について語ることばの信憑性を疑わしいものとします。だから，キリスト者の共通のあかしのための努力（エキュメニズム）が究極の優先課題の一つとなるのです。これに加えて必要なのが，神を信じるすべての人がともに平和を追求し，互いに近づこうと努め，たとえ異なる神観をもっていても，光の源であるかたをめざしてともに歩むことです。これが諸宗教対話です。神が「この上ない」愛であると宣言する者は，愛をあかししなければなりません。苦しむ人に愛をもって献身し，憎しみと敵意を退けなければなりません。これがキリスト教信仰の社会的な次元です。わたしが回勅『神は愛』で述べたとおりです。

の強制収容所の一つの中で，何百万人のユダヤ人の残酷な殺戮が行われました。彼らは盲目的な民族的・宗教的憎悪による罪のない犠牲者です。わたしは，最初の契約を受けたわたしたちの兄弟であるユダヤ人との完全で議論の余地のない連帯をあらためて心から表明します。そして，『ショア』の記憶によって人類が，人間の心を征服した，予想できなかったような悪の力を反省するよう促されることを望みます。『ショア』がすべての人にとって，忘却と否定と過小評価に対する警告となりますように。なぜなら，ただ一人の人に対して行われた暴力も，万人に対する暴力となるからです。有名な詩人が述べたように，誰も孤島ではありません。『ショア』が，特に古い世代の人にも，新しい世代の人にも，こう教えてくれますように。傾聴と対話，愛とゆるしに基づく骨の折れる道こそが，世界の諸国民，諸文化，諸宗教を，わたしたちが待ち望んでいる，真理における兄弟愛と平和という目標へと導きます。暴力が二度と人間の尊厳をおとしめることがありませんように」（*Insegnamenti* V, 1, p. 157）。

なお，2009 年 7 月 8 日，教皇は自発教令『エクレジエ・ウニターテム』（*Ecclesiae unitatem* 2009 年 7 月 2 日付）を発布し，上記「エクレジア・デイ委員会」を新たに教理省の下に置くこと，委員長は教理省長官とすること，同委員会の職務は聖ピウス 10 世司祭兄弟会と関連する教理的問題の検討であることを定めた。同時に教皇は 7 月 8 日付でダリオ・カストゥリリョン・オヨス枢機卿（Darío Castrillón Hoyos 1929 年 –）の「エクレジア・デイ委員会」委員長職を解き，教理省長官のウィリアム・ジョゼフ・レヴェイダ枢機卿（William Joseph Levaida 1936 年 –）を新委員長に任命した。「エクレジア・デイ委員会」とピウス 10 世司祭兄弟会との会議は 2009 年 10 月 26 日に開始された。

ですから，世界の中で信仰と希望と愛のために熱心に働くことが，現代の（そして，さまざまな意味で，永遠に）教会の真の優先課題です。そうであれば，この優先課題の一つは，小さなものも大きなものも含めた，和解のわざを含みます。（AAS 101 [2009], 273-274）

ところで，教皇は2006年のトルコ司牧訪問を振り返った一般謁見で，第二バチカン公会議が教会について示した展望（『教会憲章（*Lumen gentium*)』14 - 16参照）に基づいて，教皇の使命が3つの「同心円」の中で行われると述べた。「この円の中心で，ペトロの後継者はカトリック信者の信仰を強めます。ペトロの後継者は中間の円の中で，他のキリスト信者と出会います。ペトロの後継者はいちばん外側の円の中で，キリスト信者でない人と全人類に呼びかけるのです」[5]。以下のこれまでの4年余りの教皇職の内容の要約は，この3つの同心円という枠組みに従う。

2　福音宣教

(1)　教会の宣教的性格

教皇の第一の務めは，カトリック教会の牧者として，福音宣教を行うことである。

　　福音に驚きを感じること，キリストと出会うこと以上にすばらしいことはありません。キリストを知ること，わたしたちがキリストの友であることを，人に語ること以上にすばらしいことはありません[6]。

---

[5] 「一般謁見（2006年12月6日）」（*Insegnamenti* II, 2, p. 755:『霊的講話集2006』，358-359頁）。

[6] 「就任ミサ説教（2005年4月24日）」（AAS 97 [2005], 711; *Insegnamenti* I, p. 25:『霊的講話集2005』，31頁）。

2007 年の聖霊降臨の祭日に，教皇は教会の本質的な特徴が「唯一」「聖なる」「普遍」「使徒的」であることを挙げた後，さらに付け加えてこう述べた。「教会は本来『宣教的な性格』（natura missionaria）をもっています」[7]。

　2007 年 12 月 14 日，教皇庁教理省は『教理に関する覚え書き――福音宣教のいくつかの側面について』を発表した[8]。教皇はその直後，自らこの文書を一般謁見で「わたしはこの文書を，皆様が考察し，個人としても共同体としても深めてくださるように，皆様の手にお渡ししたいと思います」[9]と勧め，さらに再び 12 月 23 日の「お告げの祈り」の中で内容までも紹介した。ベネディクト 16 世は自らの回勅の解説を行うことはあるが（これもあまり先例のないことである），新たに発布された教皇庁文書の紹介を行うことは異例で，4 年間でこのときだけである。そこからもこの文書の――特にベネディクト 16 世の教皇職にとっての――重要性が窺える。「この文書の目的は，パウロ六世とヨハネ・パウロ 2 世の教えの中で詳しく述べられた，福音宣教に関する教会の教え全体を踏まえながら，主が宣教を命じたことと，すべての民族の良心と信教の自由を尊重することとの間の関係に関するいくつかの側面を解明することです。この問題は，人間的，教会的，またエキュメニカルな次元を含んでいます」（『教理に関する覚え書き――福音宣教のいくつかの側面について』3）。ベネディクト 16 世自身のことばの引用も多数含まれ，いわば教皇の宣教論の要約となっている。教皇自身の紹介は次のとおりである。

　　実際，この文書は，多くのキリスト信者にとって福音宣教を行う理由がしばしば明らかでなくなっている状況の中で，すべてのキリ

---

　7)　「アレルヤの祈りのことば（2007 年 5 月 27 日）」（*Insegnamenti* III, 1, p. 933:『霊的講話集 2007』，157 頁）。『カトリック教会のカテキズム要約（2005 年 6 月 28 日）』173（*Catechismo della Chiesa Cattolica Compendio*）参照。

　8)　Congregatio pro doctrina fidei, *Nota doctrinalis de quibusdam rationibus evangelizationis* (2007 年 12 月 3 日): AAS 100 (2008), 489-504. 邦訳はカトリック中央協議会ウェブサイトに掲載（http://www.cbcj.catholic.jp/jpn/doc/pontifical/evangel.htm）。

　9)　「一般謁見（2007 年 12 月 19 日）」（*Insegnamenti* III, 2, p. 874:『霊的講話集 2007』，291 頁）。

スト信者にあらためて述べます。「信仰のうちに福音を受け入れた人は」、たまものとして与えられた救いを伝えるよう「促されます」（『教理に関する覚え書き――福音宣教のいくつかの側面について』7）。

実際、「人生を救う真理――すなわちイエスのうちに肉となった真理――は、この真理を受け入れた人の心を隣人愛で燃え上がらせます。この隣人愛に促されて、その人は、自分が自由に与えられたものを進んで人に伝えます」（同）。神は降誕祭にわたしたちのところに来て、わたしたちとともにいるという、比類のない恵みを与えてくださいました。この恵みによってわたしたちは、「世界中の神の友に抱かれて生きること」（同）ができるようになります。わたしたちは「キリストとの友愛のつながり」のうちに生きることができるようになります。このつながりは「天と地を結びつけ」（同9）、人間の自由を完成します。そして、もしこのつながりを本当の意味で生きるなら、「愛は自由に与えられ、すべての人の善を気遣うに至るまでに」（同7）あふれ出ます。神から無償で与えられたものを人々にただで与えることほど、すばらしく、緊急に必要で、重要なことはありません。わたしたちは、この労苦が多いとはいえ、魅力的な務めから免除されることも、解放されることもありえません。わたしたちは希望に満たされながら、降誕祭の喜びを前もって味わっています。この喜びに促されて、わたしたちは、神がわたしたちのただ中にともにいてくださることを、すべての人に告げ知らせます[10]。

この文書が発表されたのと同時期に、日本司教団の教皇庁定期訪問（アド・リミナ訪問）が行われた（2007年12月10日〜15日）。訪問の終わりに教皇が日本司教団に対して行った講話も、宣教の務めを強調している。

　　大胆に、勇気をもってキリストをのべ伝えなければならないことは、教会にとって変わることのない優先課題です。実際それはキリ

10）「お告げの祈りのことば（2007年12月23日）」（*Insegnamenti* III, 2, pp. 891-892: 『霊的講話集 2007』、295-296頁）。

ストが教会に与えた荘厳な務めです。キリストは使徒たちにこう命じたからです。「全世界に行って，すべての造られたものに福音をのべ伝えなさい」（マルコ 16・15）。現代の皆様の課題は，現代日本の文化的状況の中で，キリストの知らせを生き生きとしたしかたでもたらすための新しい方法を探ることです。キリスト信者が人口のわずかな割合を占めるにすぎないとはいえ，信仰は日本社会全体に分かち与えなければならない宝です。この分野で皆様は，指導的立場にある者として，聖職者，修道者，カテキスタ，教師，家庭に対し，自分たちが抱いている希望について説明するよう促さなければなりません（一ペトロ 3・15 参照）。そのためには『カトリック教会のカテキズム』と『カトリック教会のカテキズム要約』の教えに基づく健全な信仰教育が必要です。人々の前で信仰の光を輝かそうではありませんか。それは，「人々が，あなたがたの立派な行いを見て，あなたがたの天の父をあがめるようになるため」（マタイ 5・16）です[11]。

(2) パウロ年と司祭年

教皇の発意による「パウロ年」（2008 年 6 月 28 日～ 2009 年 6 月 29 日）と「司祭年」（2009 年 6 月 19 日～ 2010 年 6 月 19 日）の開催も，「宣教」がモチーフである。

　世界が「小さく」なったとはいえ，多くの人が依然として主イエスと出会っていない現代においても，聖パウロの聖年は，すべてのキリスト信者が福音の宣教者となるよう招きます。パウロ年のこの宣教的な側面には，常に一致という側面が伴わなければなりません[12]。

---

11) 「教皇庁定期訪問中の日本司教団への講話（2007 年 12 月 15 日）」（*Insegnamenti* III, 2, p. 855：『霊的講話集 2007』，276-277 頁）。

12) 「お告げの祈りのことば（2008 年 6 月 29 日）」（*Insegnamenti* IV, 1, p. 1108：『霊的講話集 2008』，183 頁）。「パウロ年」は使徒パウロの生誕 2000 年を，「司祭年」は聖ジャン＝マリー・ヴィアンネ（Jean-Baptiste-Marie Vianney 1786 - 1859 年）の没後 150 周年を記念した。「パウロ年」と「司祭年」のつながりについては，拙稿「「パウロ年」から「司祭年」へ」『福音宣教』2009 年 8・9 月号，44-45 頁参照。

パウロ年の開幕にあたって，教皇は，パウロの生涯に見られるように，宣教のわざが苦しみを伴わざるをえないとも述べる。

　「福音のためにわたしとともに苦しみを忍んでください」（二テモテ1・8）。使徒としての生涯の終わりに遺言として述べたこのことばは，パウロの宣教の初めのことを思い起こさせます。復活したキリストと出会った後，パウロは目が見えなくなってダマスコの自分の家にとどまっていました。そのときアナニアは，恐ろしい迫害者であるパウロのところに行き，パウロの上に手を置いて，目が見えるようにするように命じられました。アナニアは，このサウロはキリスト教徒にとって危険な迫害者ですといって反対しました。すると，こたえはこうでした。この男は異邦人や王たちにわたしの名を伝えなければならない。「わたしの名のためにどんなに苦しまなくてはならないかを，わたしは彼に示そう」（使徒言行録9・15－16）。宣教の務めと，キリストのために苦しむようにという呼びかけは，切り離すことができません。異邦人の教師となるようにという呼びかけは，本来，キリストと一致して苦しむようにという呼びかけでもあります。キリストは受難を通してわたしたちを贖ってくださったからです。偽りが力をもつ世界の中で，真理は苦しみを代償とします。苦しみを避け，苦しみを自分から遠ざけ，いのちそのものとその偉大さを遠ざけようと望む人は，真理にも，それゆえ信仰にも仕えることができません。苦しみのない愛はありえません。自分を捨て，まことの自由のために自分を造り変え，清める苦しみなしに，愛はありえません。苦しむに値するものがなければ，人生もその価値を失います。……聖体は，十字架において頂点に達した，愛の苦しみから生まれました。それは，わたしたちにご自分を与えた愛です。わたしたちはこの愛によって生きます。……わたしたちは知っているからです。まさにこのように苦しむことによって，わたしたちの人生は偉大なものとなり，成熟したものとなり，まことのものとなるのだということを[13]。

　13）「聖ペトロ・聖パウロ使徒の祭日の前晩の祈りの講話（2008年6月28日）」（AAS 100 [2008], 457-458; *Insegnamenti* IV, 1, pp. 1096-1097;『霊的講話集2008』，179-180頁）。

(3) 教皇の宣教活動

　ヨハネ・パウロ 2 世は，26 年間の在位中 104 回という，これまでのいかなる教皇にも見られない回数のイタリア国外司牧訪問を通じて福音宣教活動を行った。教皇の国外訪問が世界の人々にとってどれほど大きなインパクトを与えるかは，教皇来日（1981 年）の経験を思い起こせば明らかである[14]。その高齢からして，現教皇はヨハネ・パウロ 2 世のように国外司牧訪問を行うことはできないと思われていたが，4 年余りの間に 12 回のイタリア国外司牧訪問を行い，五大陸をすべて回った[15]。教皇は，ヨハネ・パウロ 2 世が 1979 年から 2000 年の聖地巡礼まで旅したコースを 4 年余りでたどり直したといえる。

　教皇はバチカンからも，現代のマスメディア（ラジオ，テレビ，インターネット中継，さらに YouTube[16]）を通じて，世界の信者に向けてメッセージを発信し続けている。毎週水曜の一般謁見では，2006 年から使徒（邦訳『使徒——教会の起源』），2007 年から教父についての連続講話を行った（邦訳『教父』）。2008 年にパウロ年が始まると，自らパウロの生涯と思想に関する 20 回の連続講話を行った（邦訳『聖パウロ』）。2009 年からは「教父」に続いて，再び中世の東方・西方教会の思想家に関する連続講話を始めた。これらの講話の目的は，教会の起源に遡って「教会の本質を知るため」[17]である。教皇は教会とは何かを知るために何よ

　14）　本書第 8 章「ヨハネ・パウロ 2 世の生涯と著作」参照。
　15）　訪問地は，ドイツ（2005 年 8 月），ポーランド（2006 年 5 月），スペイン（同年 7 月），ドイツ（同年 9 月），トルコ（同年 11 月 – 12 月），ブラジル（2007 年 5 月），オーストリア（同年 9 月），アメリカ合衆国（2008 年 4 月），オーストラリア（同年 7 月），フランス（同年 9 月），カメルーンとアンゴラ（2009 年 3 月），聖地（同年 5 月）である。（その後 2012 年 5 月現在，イタリア国外司牧訪問は 2012 年 3 月のメキシコ・キューバを含め，計 24 回行われている。）
　16）　バチカンは 2009 年 1 月 23 日から YouTube 配信を開始した（http://www.youtube.com/user/vatican?blend=1&ob=4）。教皇庁広報評議会は 2009 年 5 月 21 日からソーシャル・ネットワーキング・サービス（SNS）のフェイスブック（Facebook）の運用も開始している（http://pope2you.net）。2011 年 6 月 28 日には聖座の新しいマルチメディア・ポータルサイト news.va（http://www.news.va/en）を開設し，ベネディクト 16 世はローマ教皇として初めて次のツイッターの書き込みを行った。"Dear Friends, I just launched NEWS.VA. Praised be our Lord Jesus Christ! With my prayers and blessings, Benedict XVI."
　17）　*Insegnamenti* II, 1, p. 404; *Gli Apostoli e i primi Discepoli di Cristo*, p. 21（『使徒——教会の起源』，32 頁）。なお，『教父』と『聖パウロ』については，以下の書評も参照。岩本潤一「この一冊　教皇ベネディクト 16 世『教父』」『福音宣教』2009 年 4 月号，36 頁，水垣

りも「人」に注目する。なぜなら，

　　教会は人間の中に生きています。教会を知り，教会の神秘を理解したければ，教会のメッセージと神秘を生きた人，今も生きている人を考察しなければなりません[18]。

回勅『神は愛』（2005年）と『希望による救い』（2007年）では，キリスト教の核心である愛と希望を考察した。神の愛に促された隣人愛こそが，真の意味での社会変革を引き起こす（『神は愛』12参照）。キリスト教の希望は，個人の魂の救いに尽きるものでなく，「他の人の希望」であることによって初めて真の希望となる（『希望による救い』48参照）。

（4）聖体と礼拝

「内側からの社会変革」はベネディクト16世のキーワードの一つだと考えることができる。内的変革をもたらす手段として，2005年8月のWYD（ワールドユースデー）ケルン大会でも，同年10月の世界代表司教会議（シノドス）第11回通常総会（テーマは「教会生活と宣教の源泉と頂点である聖体」）でも，礼拝（adorazione）の重要性を指摘した。

　　あらゆる活動を行う前に，世界の変革を行う前に，わたしたちは礼拝しなければなりません。礼拝だけが，わたしたちを真の意味で自由にします。礼拝だけが，わたしたちに行動の基準を与えます。世界にはわたしたちを導いてくれる基準もなく，一人ひとりが自分の法となる恐れがあります。そのような世界だからこそ，礼拝を重視することが根本的に必要なのです[19]。

渉「教皇ベネディクト16世著『教父』　教父——この「遠くで輝くまことの星」——に近づくために」『本のひろば』2009年6月号，28‒29頁，岩本潤一「この一冊　教皇ベネディクト16世『聖パウロ』」『福音宣教』2009年5月号，36頁，德善義和「教皇ベネディクト16世著『聖パウロ』　ただ，キリストとその福音に生かされたパウロ」『本のひろば』2009年7月号，20‒21頁。

　　18）「一般謁見（2009年4月22日）」（*Insegnamenti* V, 1, p. 642：『中世の神学者』，43頁）。

　　19）「教皇庁に対する降誕祭の挨拶（2005年12月22日）」（AAS 98 [2006], 43-44; *Insegnamenti* I, p. 1022：『霊的講話集2005』，265‒266頁）。

シノドスに関連して，教皇は聖体礼拝の重要性をあらためて指摘した。

> 　かつてアウグスティヌスはこう述べています。「誰もまず礼拝することなしにこの肉を食べてはならない。……礼拝しなければ，われわれは罪を犯すことになるだろう（... nemo autem illam carnem manducat, nisi prius adoraverit; ... peccemus non adorando）」（『詩編講解』98・9：CCL XXXIX, 1385）。実際，わたしたちは，聖体を通じてただ何かを受け取るだけではありません。そこで行われるのは，人格と人格の出会いであり，一致なのです。けれども，わたしたちと出会おうとして来られるかた，わたしたちとご自身を一致させようと望まれるかたは，神の子です。このような一致を実現するための唯一の方法は，礼拝です。聖体を拝領するとは，わたしたちが拝領するかたを礼拝することを意味します。礼拝することによって，また礼拝することを通じてのみ，わたしたちはこのかたと一つになります[20]。

　なお，シノドスの考察は使徒的勧告『愛の秘跡』（2007年）にまとめられた。そこでも教皇は聖体と生活のつながり，すなわち「キリスト教的生活の本質的に聖体に生かされた性格」を強調する。「聖体は信者の具体的，日常的な生活に関わります」（同71）。いいかえれば，聖体はわたしたちの生活全体を神に喜ばれる霊的礼拝（ローマ12・1）とする（同70参照）。そこで教皇は，こう呼びかける。「『聖体の神秘』と，『典礼行為』と，『愛の秘跡』である聖体から生まれる『新しい霊的礼拝』の関係について理解を深めてください」（同5）。

(5)　聖書解釈

　すでに教皇は2005年の『神の啓示に関する教義憲章』（*Dei Verbum*）発布40周年記念国際会議参加者への挨拶の中で，教会生活における聖書の重要性について次のように指摘していた。

　20）　同（AAS 98 [2006], 45; *Insegnamenti* I, p. 1023:『霊的講話集2005』，268頁）。『愛の秘跡』66（AAS 99 [2007], 155-156）も参照。

公会議は，教会がいかなるものであるかを指摘しています。すなわち，教会とは，神のことばを聞き，のべ伝える共同体なのです。教会は，自分だけで生きることはできません。教会は福音によって生きています。また，教会は，自らが歩んでいく方向を，福音のうちに，常に，そして新たに見いだします。あらゆるキリスト信者は，次のことを肝に銘じ，また，自らにあてはめなければなりません。まずみことばを聞く者が，みことばを告げ知らせる者となりうるのです[21]。

聖書のことばを聞くとはどういうことであるかを，教皇はある説教の中でこう語っている。

　聖書が述べているように，イエスのことばは，山の上で，彼が御父とともにおられることによって生まれました。この御父と交わる沈黙から，ひたすら御父とともにいる沈黙の中から，ことばは生まれます。また，この沈黙に至り，この沈黙から出発することによって初めてわたしたちは，みことばの真の深い意味に達し，みことばの正しい意味を解釈する者となることができるのです。主はことばに出して，自分とともに山に登るようにわたしたちを招きます。それは，主の沈黙の中で，わたしたちがあらためてことばの真の意味を学ぶためです[22]。

2008年10月に開催された，ベネディクト16世主宰の2回目となるシノドスは「教会生活と宣教における神のことば」をテーマとして取り上げた。これも異例なことであったが，教皇は会議の中で自ら発表者の一人として予定外の発表を行った。短い発表の中で教皇が指摘したのは次のことである。『神の啓示に関する教義憲章』は聖書解釈の2つの方法として，「歴史的・批判的方法」と「神学的釈義」が必要であること

---

[21]　「『神の啓示に関する教義憲章』発布40周年国際会議参加者への挨拶（2005年9月16日）」（AAS 97 [2005], 956; *Insegnamenti* I, p. 552;『霊的講話集2005』, 129頁）。

[22]　「国際神学委員会総会閉会ミサ説教（2006年10月6日）」（AAS 98 [2006], 692; *Insegnamenti* II, 2, p. 398;『霊的講話集2006』, 313頁）。

を確認した。

> 第一のレベルにおいて，現代の学問的釈義はきわめて高度なレベルで行われ，実際に役立っています。しかし，同じことをもう一つのレベルについていうことはできません。『神の啓示に関する教義憲章』が述べた 3 つの神学的要素（すなわち正典的釈義，聖伝，信仰の類比）を含んだ第二の方法論的レベルが存在しないように思われることもしばしばです。このことはきわめて深刻な帰結をもたらします[23]。

深刻な帰結とは，第一に，聖書が単なる過去についての書物となること，第二に，神的な要素の歴史性を否定する世俗的・実証主義的解釈学が優位となり，そこから，学問的釈義と霊的読書（lectio divina）とが断絶してしまうことである。

> 釈義が神学的な釈義でない場合，聖書は神学の中心となりえません。逆もまた真実です。神学が本質的な意味で教会の中で行われる聖書の解釈でなくなれば，このような神学はもはや基盤をもたないものとなります。それゆえ，教会生活と宣教にとって，また信仰の未来にとって，釈義と神学のこのような対立を克服することが絶対に必要です。聖書神学と組織神学は，わたしたちが神学と呼ぶ唯一の現実の 2 つの側面です[24]。

発表の冒頭で述べているように，このような聖書と神学の統合をめざした聖書解釈の試みとして，教皇自らあらためて神学者「ヨゼフ・ラッツィンガー」の名のもとに研究書『ナザレのイエス』第 1 巻（2007 年）を世に問うた。同書序文によれば，教皇はこの著作の著述を 2003 年夏

---

[23] 「世界代表司教会議第 12 回通常総会での発表（2008 年 10 月 14 日）」（*Insegnamenti* IV, 2, p. 493：『霊的講話集 2008』，299-300 頁）。

[24] 同（*Insegnamenti* IV, 2, pp. 493-494：『霊的講話集 2008』，301 頁）。この発言はシノドスの「提言」25 − 27 に取り入れられ，後に発布されたシノドス後の使徒的勧告『主のことば（2010 年 9 月 30 日）』（*Verbum Domini*）29 − 36 節で展開された。

から開始し，教皇となってからも「あらゆる自由時間を利用」して続けた末，「時間と力がいつまで与えられるか予測することはできませんので，始めの10章を第1巻として公けにすることを決心」した。教皇が教皇職の激務の中で，またその高齢で，神学者として先端的な研究を続けていることは驚くべきである（その後，受難と復活を扱う第2巻を2011年に刊行）。

なお，これに関連して，教皇が「教父」についての一般謁見でたびたび触れるテーマを思い起こさずにはいられない。すなわち，神学研究への望みと司牧者の務めの葛藤である。教皇がアウグスティヌスについて述べている次のことばは，自身についても語っているのではないだろうか。

　　彼は真理に奉仕することだけを望み，自分が司牧生活のために招かれているとは思っていませんでした。しかし，やがて彼は，神の召命は，自分が他の人々の司牧者となって，真理のたまものを人々に与えることであると悟りました。……彼にとっては，高度な神学に基づく大著を書くよりも，民衆にキリスト教の教えを伝えることのほうが重要でした。……アウグスティヌスはキリストとともに，キリストのために生き続けました。しかしそれは，すべての人に奉仕するためでした。これはアウグスティヌスにとってたいへん難しいことでした。けれども彼は初めから悟りました。自分の私的な観想のためだけでなく，人のために生きることによって初めて，本当の意味でキリストとともに，キリストのために生きることができるのだということを。こうして黙想にのみささげた生き方を断念することによって，アウグスティヌスは，困難を伴いながらも，自分の理解の成果を人のために用いることを学びました。自分の信仰を民衆に伝え，そこから，自分の町となった町の人々のために生きることを学びました[25]。

---

25) *Insegnamenti* IV, 1, pp. 45; 273; 322（『教父』，265，292，300-301頁）。

(6) 第二バチカン公会議の解釈

　すでに触れたように，第二バチカン公会議の実施は，教皇がヨハネ・パウロ 2 世から継承した最大の課題である。公会議閉会 40 周年の 2005 年末，教皇は，第二バチカン公会議を「不連続と断絶」としてでなく，教会の伝統の中で連続して行われる「改革・刷新」として解釈すべきだという注目すべき発言を行った。この挨拶の中で，教皇が「第二バチカン公会議の正しい解釈」をめぐって述べた内容の要点は次のとおりである。

　（一）　公会議後，その実施をめぐって混乱が見られたが，原因は公会議の解釈をめぐる対立にある。公会議解釈には「不連続と断絶による解釈法」(ermeneutica della discontinuità e della rottura) と「改革による解釈法」(ermeneutica della riforma) がある。

　（二）　「不連続と断絶による解釈法」によれば，公会議前と公会議後の教会には不連続と断絶があるとされる。この解釈をとる人々は，公会議の革新的「精神」は，妥協の産物である公会議文書には書かれていないという。しかし，公会議は彼らの考えるように「憲法制定議会」のようなものではない。それゆえ，このような解釈は誤解である。

　（三）　「改革による解釈法」は，一つの実体としての連続した教会の中で刷新が行われると考える。ヨハネ 23 世が公会議開会演説で述べたように，公会議は，変わることのない教義を，現代に即した，新しいしかたで表現することをめざした。

　（四）　公会議の背景には，「教会と現代」という問題があった。近代において，信仰と理性の対立が，自由主義や自然科学と信仰の対立というかたちで先鋭化した。しかし，このような対立は対話へと変わりつつある。自然科学は，自らの方法が現実のすべてを把握できないことを反省している。アメリカのように，世俗国家の中でも宗教的価値観は無視しえないものとなっている。

　（五）　こうして公会議は，特に後半の会期において，①信仰と科学（歴史科学を含めて）の関係，②教会と近代国家の関係，③キリスト教と諸宗教（特にユダヤ教）の関係を再定義しようと試みた。

　（六）　こうした再定義から，一種の不連続が生じたように見えるが，教会の行った決定のもとには，連続した原則があることに注意しなけれ

ばならない。基本的な決定は不変的だが，歴史的状況にそれを具体的に適用する方法は変化しうる。たとえば，『信教の自由に関する宣言』において，教会は近代国家の原則を認めた。しかし，教会が認めたのは，良心の自由に基づく信仰告白の自由であって，その意味では，教会が初めから国家に対してとった態度を再確認したのである。すなわち，教会はいかなる国家宗教も拒否する。また，信教の自由は，不可知論に基づく相対主義を容認する意味での信教の自由とは異なる。

（七）　要するに，「第二バチカン公会議は，教会の信仰と近代思想のある種の本質的な要素の関係を新たに定義することによって，ある種の歴史的な決定を見直し，場合によってそれを修正しました。しかしこのような明白な不連続においても，教会は実際には，その内的な本性と真の同一性を保持し，深めたのです。教会は，公会議の前も，公会議の後も，同じ教会でしたし，今も同じ教会です。それは一，聖，公，使徒継承の教会として，世々を通じて旅しています」[26]。

（八）　「不連続と断絶による解釈法」は，教会の現代に対する態度を「世界への開放」と呼んだが，このような楽観主義は「現代という時代が抱える内的な緊張と矛盾」を軽視している。「現代においても，教会は依然として『反対を受けるしるし』（ルカ2・34）であり続けます」[27]。信仰と理性の対話において，教会が拠らなければならないのは「明確な霊的識別」である。

（九）　結びとして，教皇はこう述べる。「わたしたちが正しい解釈法に導かれながら，公会議を解釈し，実施するなら，公会議は絶えず必要とされる教会の刷新のために，力となることができますし，またいつまでも力となることができるでしょう」[28]。

就任4年後の時点からこの考察を顧みると，教皇の意図は，第二バチカン公会議の前後で教会のあり方がまったく変わったのではなく，むしろ教会は連続性のうちに第二バチカン公会議の方針を実施しなければならないのだという，公会議についての真正な解釈を示すことによって，第二バチカン公会議を否定する伝統主義者との対話のための場を開くこ

---

26)　AAS 98 (2006), 51; *Insegnamenti* I, pp. 1029-1030（『霊的講話集2005』，282頁）。
27)　AAS 98 (2006), 51; *Insegnamenti* I, p. 1030（『霊的講話集2005』，283頁）。
28)　AAS 98 (2006), 52; *Insegnamenti* I, p. 1031（『霊的講話集2005』，285-286頁）。

とにもあったと考えられる[29]。もちろん教皇が，この第二バチカン公会議の解釈が，これからの教会全体にとっても役立つと確信していることはいうまでもない。

その後，2009年5月26日，教皇はローマ教区大会開会挨拶の中で，あらためてこの4年前の考察に触れた。教会における司祭と信徒の共同責任をテーマとした演説の中で，教皇は，第二バチカン公会議が教会を定義した際に用いた「神の民」と「キリストのからだ」という2つの概念は互いに補い合うことを強調する。この「神の民」について教皇はいう。

> 2005年12月22日のローマ教皇庁への演説の中で明らかにしたように，「公会議の精神」と称するものに訴える，ある解釈の傾向は，公会議前の教会と公会議後の教会が不連続であり，さらには，対立するとまで主張しようとしました。こうした解釈は，ときには，教会において位階的奉仕職と信徒の責任の間に客観的な形で存在する境界を乗り越えることさえあります。特に「神の民」の概念は，ある人々によって純粋に社会的な観点から，神に対する垂直的なまなざしを排除した，いわば水平的な見方だけによって解釈されました。このような立場は，公会議のことばとも精神とも明らかに反するものです。公会議が望んだのは，断絶や別な教会ではなく，一つの実体である教会の連続性における，真の深い意味での刷新でした。この教会は時の中で成長し，発展します。けれども教会は，常に同一のものであり続けます。それは，旅する神の民という一つの実体だからです。(『霊的講話集2009』，198頁)

3 エキュメニズムと諸宗教との対話

第二の同心円として，第二バチカン公会議が教会に与えた大きな使命は，カトリック教会と他教派の一致の推進（エキュメニズム）と，諸宗

---

29) Cf. Joseph A. Komonchak, "Novelty in Continuity: Pope Benedict's Interpretation of Vatican II", *America* February 2, 2009, pp. 10-14, 16.

教対話である。2008年，キリスト教一致祈祷週間開始百周年にあたり，教皇は公会議の教えをあらためて確認した。

　　『エキュメニズムに関する教令』（*Unitatis redintegratio*）の中では，とりわけ一致のための祈りの役割と重要性が強く強調されています。公会議はいいます。祈りはエキュメニズムの歩み全体の中心です[30]。

　2000年以来中断していた東方正教会との神学対話（「国際カトリック－正教会神学的対話のための合同委員会」）は2005年12月に5年ぶりに再開した。2007年10月にはラヴェンナ文書『教会の秘跡的性格がもたらす教会論的・教会法的帰結──教会の交わり，公会議制，権威』が発表された。文書は東方教会が教会の普遍性について初めて言及した点で画期的であるが，具体的な権威の行使（特にローマ教皇の首位権）については合意がなく，今後の課題となっている。
　諸宗教，とりわけイスラームとの対話は，2006年9月のドイツ・レーゲンスブルク大学での講演[31]をきっかけに，教皇の重い課題となった。講演のテーマは「信仰と理性」だったが，東ローマ皇帝のことばの引用がイスラーム世界の憤激を招いた。しかし教皇は直後に行ったトルコ司牧訪問（2006年11月28日〜12月1日），特にブルー・モスク訪問によって，第二バチカン公会議『キリスト教以外の諸宗教に対する教会の態度についての宣言』（*Nostra aetate*）が述べる，他宗教尊重の方針を身をもって確認した。教皇は沈黙のうちに祈りをささげたが，後にこの祈りを振り返って次のように述べている。

　　この祈りの場所で数分間立ち止まって黙想しながら，わたしは天と地の唯一の主であり，全人類のあわれみ深い父であるかたに向か

---

30)「一般謁見（2008年1月23日）」（*Insegnamenti* IV, 1, p. 126:『霊的講話集2008』，29頁）。
31)「信仰，理性，大学──回顧と考察（2006年9月12日）」（AAS 98 [2006], 728-739; *Insegnamenti* II, 2, pp. 257-267:『霊的講話集2006』，258-280頁）。この講演の前後の経緯については以下の考察が詳しい。ハンス　ユーゲン・マルクス「文明の対話──新しい世界統治と教皇ベネディクト16世」『南山神学』第30号（2007年），1-25頁。

いました。すべての信仰者が，神に造られたものであることを認め，真の意味での兄弟愛をあかしすることができますように[32]。

2008年11月にはローマで，カトリック教会とイスラームの宗教指導者・学者による対話セミナー「カトリック＝ムスリム・フォーラム」が開催された。テーマは「神への愛，隣人愛」であった。

2009年5月8日〜15日に行われた聖地巡礼は，教皇の諸宗教対話の頂点をなすものとなった。エルサレムに到着した教皇は，キリスト教の聖地である聖墳墓教会訪問を後回しにして（5月15日），イスラーム教の聖地の「岩のドーム」と，ユダヤ教の聖地の「嘆きの壁」をまず訪れた（5月12日）。この巡礼を振り返って，教皇は述べる。

　　エルサレムは三大一神教の十字路です。そして，その名前──「平和の都」──そのものが，神の人類に対する計画を表しています。それは，人類を一つの大きな家族にするという計画です。アブラハムにあらかじめ告げられたこの計画は，イエス・キリストのうちに完全に実現しました。聖パウロはイエス・キリストを「わたしたちの平和」と呼びました。なぜなら，イエス・キリストは，ご自分の犠牲の力によって，敵意という隔ての壁を取り壊したからです（エフェソ2・14参照）。それゆえ，信じる者は皆，偏見と支配欲を捨て，一致して根本的な掟を実行しなければなりません。すなわち，自分のすべてを尽くして神を愛し，隣人を自分のように愛するということです。ユダヤ教徒も，キリスト教徒も，イスラーム教徒も，このことをあかしするよう招かれています。それは，自分たちがことばをもって祈る神を，行いをもってたたえるためです。そして，これこそが，ユダヤ教とイスラーム教にとってそれぞれ象徴的な場所である，エルサレムの西の壁──あるいは嘆きの壁──と，岩のドームを訪問したとき，わたしが心の中で祈っていたことでした[33]。

---

[32]　「一般謁見（2006年12月6日）」（*Insegnamenti* II, 2, p. 756：『霊的講話集2006』，360頁）。

[33]　「一般謁見（2009年5月20日）」（*Insegnamenti* V, 1, pp. 865-866：『霊的講話集

4 平和のための取り組み

　第三の同心円は現代世界との関わりである。冷戦時代の終わりにあたって，教皇ヨハネ・パウロ 2 世が果たした教皇職の課題は「共産主義との対決」と「平和の構築」であった。同じ平和をめざしながらも，ベネディクト 16 世が直面しているのは，冷戦終了後，グローバル化が進行し，さらに 2001 年 9 月 11 日の同時多発テロ以後，「テロとの戦い」がさまざまな緊張を生み出した，より複雑で困難な世界である。いずれにせよ，外交面でヨハネ・パウロ 2 世が残した大きな課題は，ロシアと中国（本土）との国交樹立である。

(1) 中国の教会
　2007 年 1 月 19 日～20 日，教皇庁で中国の教会の状況について協議する会議が開催された。この会議について教皇庁広報部の声明はこう述べる。

　　中国の教会の苦悩に満ちた歴史と，近年のおもな出来事に照らして，もっとも重大で緊急を要する教会の問題が検討されました。これらの問題は，教会の神聖な構造と信教の自由に関する基本原則との関連で適切な解決を必要としているからです。会議は，司教，司祭，信徒が行った輝かしいあかしのわざに深い感謝をささげました。この人々は妥協することなしに，時には大きな苦しみの犠牲を払いながら，ペトロの座への自分たちの忠誠を守ったのです。現在，ほとんどすべての司教と司祭が教皇との交わりのうちにあることも，特に喜びをもって確認されました。
　　さらに驚くべきことに，中国においても，キリストをあかしする

2009』，183-184 頁）。教皇の聖地巡礼については，以下も参照。David Neuhaus SJ, "Benedict's Visit to a Land called to be Holy", *Al-Liqa' Journal*, volume 32 (June 2009), pp. 113-133. 著者の David Neuhaus 神父（1962 年－）はエルサレムのラテン総大司教座教会のヘブライ語を話すカトリック信者のための総大司教代理。

ように招かれた教会共同体の数が増しています。これらの共同体は，希望をもって前を向き，福音のメッセージによって，社会が直面する新たな諸問題に取り組んでいます。

　会議参加者の多くの発言の中で，過去の無理解を乗り越えるために，政府当局者との丁重かつ建設的な対話の歩みを続けたいという望みが示されました。さらに会議は，さまざまなレベルで関係の正常化が得られることを願いました。それは，教会の中で平和で実り豊かな信仰生活を送ることが認められ，中国国民の善益と世界の平和のためにともに働くことができるようになるためです。

　教皇は，会議の議論の中で進展した提案に関する詳細な報告を受けて，いつくしみをもって，中国のカトリック信者に対して手紙を送ることを決めました。

　最後に指摘された『中華人民共和国の司教，司祭，奉献生活者，信徒への手紙（2007年5月27日）』を教皇は同年6月に発布し，中国本土のカトリック信者との連帯をあらためて表明した。教皇は同じ手紙の中で5月24日を「中国の教会のために祈る日」とすることを提案し，翌2008年，この日のために「佘山(シェシャン)の聖母への祈り」を作って発表した。2008-2009年には，2007年にできた中国のカトリック教会の生活のための委員会の第1回，第2回会合が開催されている[34]。

　なお，2007年1月，教皇はローマ教皇として初めてのベトナム社会主義共和国首相との会見を行った。2009年12月，聖座はロシアとの正式な国交樹立に合意し，2010年6月，ベトナムへの非居住の聖座代表を派遣することに合意した。

---

[34]　第1回会合は2008年3月10日～12日，第2回会合は2009年3月30日～4月1日に開催された。中国の教会については，以下の記事を参照。山岡三治「中国のカトリック教会」『カトペディア2004』カトリック中央協議会，2004年，170-174頁，松隈康史「中国のカトリック教会──歴史，現状，展望」，『カトリック教会情報ハンドブック2007』カトリック中央協議会，2006年，10-22頁，「中国のカトリック教会　苦難の歴史から希望へ」『家庭の友』2008年1月号，2-5頁，「中国の教会──和解と一致への道」『カトリック生活』2009年3月号，9-11頁，小柳義夫「中国のカトリック教会」『創造』124号（2007年2月），3-22頁，「中国のカトリック教会（その後）」『創造』125号（2008年3月），18-26頁。

(2) 平和のための祈り

　現教皇が「ベネディクト16世」を名乗ったのは，第1次世界大戦の中で平和を呼びかけたベネディクト15世（在位1914－1922年）に倣ったものである。

　　　ベネディクト15世は，勇気をもって，また真の意味で平和の預言者となりました。彼は大きな勇気をもって，戦争の悲劇を回避するために，また戦争の惨禍を少なくするために尽力しました。ベネディクト15世の足跡に従って，わたしは諸民族と諸国家間の和解と調和への奉仕のために，わたしの奉仕職をささげたいと望みます。平和という偉大な善は，何よりもまず神のたまものだと，わたしは心から信じています。この壊れやすい，貴重なたまものを，日々，すべての人が力を合わせて，祈り求め，守り，築いていかなければなりません[35]。

　実際には2009年までの4年間だけでも紛争と暴力が絶えなかった。教皇はしばしば平和のための呼びかけを国際社会と教会に対して行っている。2006年7-8月のレバノンへのイスラエル侵攻に際しては，「中東の平和を祈る日」を世界に呼びかけた。その日，教皇はこう述べた。

　　　神はその愛によって，暴力に限界を設けました。そして，神はその愛によってしか，暴力に限界を設けることができませんでした。……わたしたちは，神が勝利を収めるためのこの方法を，信頼しなければなりません[36]。

　2006年にはポーランド訪問中，アウシュヴィッツ＝ビルケナウ強制収容所を訪れた。

---

　35)「一般謁見（2005年4月27日）」（*Insegnamenti* I, p. 38;『霊的講話集2005』，37頁）．
　36)「レームス・サン・ジョルジュ教会での講話（2006年7月23日）」（AAS 98 [2006], 595-596; *Insegnamenti* II, 2, p. 71;『霊的講話集2006』，230頁）．

わたしが今日ここに来たのは……和解の恵みを願い求めるためです。何よりもまず神に和解の恵みを願い求めます。神のみがわたしたちの心を開き，清めてくださるからです。ここで苦しんだ人々に和解の恵みを願い求めます。そして最後に，わたしたちの歴史の今この時に，憎しみの力と，憎しみが生み出す暴力によって，新たなしかたで苦しんでいるすべての人々に，和解の恵みを願い求めます[37]。

2008年4月にはニューヨークのグラウンド・ゼロ（世界貿易センタービル跡地）を訪れて9・11同時多発テロ犠牲者のために祈りをささげた。
　さらに教皇は具体的に，ベネディクト15世の「すべての交戦国への提案」や，「核の平和利用」についても解説している[38]。何より重要なのは，パウロ6世（1965年10月4日）とヨハネ・パウロ2世（1979年10月2日，1995年10月5日）に続いて，2008年4月に行った，ローマ教皇として4回目となる国連総会での演説である。この演説の中で注目されるのは，「人道的介入」（humanitarian intervention）に関する発言である。すでに1992年，ローマで行われた国連国際食糧農業機関（FAO）と世界保健機関（WHO）の国際会議で行った演説で，ヨハネ・パウロ2世は，大量殺戮が切迫しているか，実際に行われている場合に，人道的介入が必要であると述べた。ベネディクト16世はこの議論をさらに発展させ，2005年に国連が合意した「保護する責任」（responsibility to protect）に言及した[39]。

　最後に，教皇の平和のための使命を端的にまとめた次のことばをもって，教皇職の4年の回顧のまとめとしたい。

　37）「アウシュヴィッツ＝ビルケナウ強制収容所での演説（2006年5月28日）」（AAS 98 [2006], 481; *Insegnamenti* II, 1, p. 725;『霊的講話集2006』，182頁）。
　38）「お告げの祈りのことば（2007年7月22日）」，「同（2007年7月29日）」（*Insegnamenti* III, 2, pp. 50-52; 80-81;『霊的講話集2007』，193-200頁）。
　39）本書168-169頁参照。「保護する責任」については，2009年7月7日に発布された教皇ベネディクト16世回勅『真理に根ざした愛（2009年6月29日）』（*Caritas in veritate*）67（邦訳，カトリック中央協議会，2011年），「特集　保護する責任」，南山大学社会倫理研究所編『社会と倫理』第22号（2008年），1-109頁の諸論考も参照。

教会の使命は，キリストのうちに全人類を唯一の家族として集めるという，神の偉大な計画を実現することです。ペトロとその後継者の使命は，まさに，ユダヤ人と異邦人から成るこの唯一の神の教会の一致に仕えることにほかなりません。ペトロがどうしても果たすべき役務はこれです。すなわち，教会が単なる一つの国家や一つの文化と同じものになるのではなく，むしろ，すべての民の教会となるようにすることです。それは，多くの分裂と対立を特徴とする人類の中に，神の平和と，すべてのものを新たにする神の愛の力を現存させるためです。それゆえペトロの使命は，神の平和がもたらす内的な一致，すなわち，キリストのうちに兄弟姉妹となった人々の一致に仕えることです。これこそが，ローマ司教であり，ペトロの後継者である教皇の特別な使命です。この務めの大きな責任を前にして，わたしは，主がわたしに委ねた教会と世界に奉仕すべき義務とその重大性とをますます感じます。親愛なる兄弟姉妹の皆様。そのために，皆様の祈りによってわたしを支えてくださるようお願いします。それは，わたしたちが，キリストに忠実に従いながら，現代にあってキリストの現存をともに告げ知らせ，あかしすることができるためです[40]。

略　号

Insegnamenti　　*Insegnamenti di Benedetto XVI*, Libreria Editrice Vaticana, Città del Vaticano, I 2005 (aprile-dicembre), 2006; II, 1 2006 (gennaio-guigno), 2007; II, 2 2006 (luglio-dicembre), 2007; III, 1 2007 (gennaio-giugno), 2008; III, 2 2007 (luglio-dicembre), 2008; IV, 1 2008 (gennaio-giugno), 2009; IV, 2 2008 (luglio-dicembre), 2009; V, 1 2009 (gennaio-giugno), 2010; V, 2 2009 (luglio-dicembre), 2010; VI, 1 2010 (gennaio-giugno), 2011; Ⅵ, 2 2010 (luglio-dicembre), 2011.

教皇ベネディクト 16 世の著作（邦訳のあるものに限る）
【公文書】

---

40)　「お告げの祈りのことば（2008 年 8 月 24 日）」（*Insegnamenti* IV, 2, p. 187;『霊的講話集 2008』，237-238 頁）。

回勅『神は愛（2005年12月25日）』カトリック中央協議会司教協議会秘書室研究企画訳，カトリック中央協議会，2006年（*Deus caritas est*: AAS 98 [2006], 217-252）。

使徒的勧告『愛の秘跡（2007年2月22日）』カトリック中央協議会司教協議会秘書室研究企画訳，カトリック中央協議会，2008年（*Sacramentum caritatis*: AAS 99 [2007], 105-180）。

回勅『希望による救い（2007年11月30日）』カトリック中央協議会司教協議会秘書室研究企画訳，カトリック中央協議会，2008年（*Spe salvi*: AAS 99 [2007], 985-1027）。

回勅『真理に根ざした愛（2009年6月29日）』カトリック中央協議会，2011年（*Caritas in veritate*: AAS 101 [2009], 641-710）。

使徒的勧告『主のことば（2010年9月30日）』カトリック中央協議会司教協議会秘書室研究企画訳，カトリック中央協議会，2012年（*Verbum Domini*: AAS 102 [2010], 681-787）。

【講話集】

『ヨハネ・パウロ二世からベネディクト十六世へ——逝去と選出の文書と記録』カトリック中央協議会司教協議会秘書室研究企画訳・編集，カトリック中央協議会，2006年。

『霊的講話集2005』カトリック中央協議会司教協議会秘書室研究企画編訳，カトリック中央協議会，2007年。

『霊的講話集2006』カトリック中央協議会司教協議会秘書室研究企画編訳，カトリック中央協議会，2007年。

『霊的講話集2007』カトリック中央協議会司教協議会秘書室研究企画編訳，カトリック中央協議会，2008年。

『霊的講話集2008』カトリック中央協議会司教協議会秘書室研究企画編訳，カトリック中央協議会，2009年。

『霊的講話集2009』カトリック中央協議会司教協議会秘書室研究企画編訳，カトリック中央協議会，2010年。

『霊的講話集2010』カトリック中央協議会司教協議会秘書室研究企画編訳，カトリック中央協議会，2011年。

『霊的講話集2011』カトリック中央協議会司教協議会秘書室研究企画編

訳，カトリック中央協議会，2012年。

『使徒——教会の起源』カトリック中央協議会司教協議会秘書室研究企画編訳，カトリック中央協議会，2008年（Benedetto XVI, *Gli Apostoli e i primi Discepoli di Cristo*, Libreria Editrice Vaticana, Città del Vaticano 2007）。

『教父』カトリック中央協議会司教協議会秘書室研究企画編訳，カトリック中央協議会，2009年（Benedetto XVI, *I Padri della Chiesa. Da Clemente Romano a Sant'Agostino*, Libreria Editrice Vaticana, Città del Vaticano 2008; *I Padri della Chiesa*, Volume primo/Volume secondo/Volume terzo, Libreria Editrice Vaticana, Città del Vaticano 2008/2008/2009）。

『聖パウロ』カトリック中央協議会司教協議会秘書室研究企画編訳，カトリック中央協議会，2009年（Benedetto XVI, *In cammino sotto la guida dell'Apostolo Paolo nel bimillenario della nascita,* Libreria Editrice Vaticana, Città del Vaticano 2009）。

『司祭職』カトリック中央協議会司教協議会秘書室研究企画編訳，カトリック中央協議会，2011年。

『中世の神学者』カトリック中央協議会司教協議会秘書室研究企画編訳，カトリック中央協議会，2011年（Benedetto XVI, *I Maestri. Padri e Scrittori del I millenio*, Libreria Editrice Vaticana, Città del Vaticano 2009; *I Maestri. Padri e Scrittori del medioevo*, Libreria Editrice Vaticana, Città del Vaticano 2010; *I Maestri. Francescani e Domenicani*, Libreria Editrice Vaticana, Città del Vaticano 2010）。

『女性の神秘家・教会博士』カトリック中央協議会司教協議会秘書室研究企画編訳，カトリック中央協議会，2011年（Benedetto XVI, *Sante e Beate. Figure femminili del Medioevo*, Libreria Editrice Vaticana, Citta del Vaticano 2011; *Dottori della Chiesa*, Libreria Editrice Vaticana, Città del Vaticano 2011）。

『イエスの祈り』カトリック中央協議会司教協議会秘書室研究企画編訳，カトリック中央協議会，2012年（Benedetto XVI, *L'uomo in Preghiera*, Libreria Editrice Vaticana, Città del Vaticano 2011; *La Preghiera dei Salmi,* Libreria Editrice Vaticana, Città del Vaticano

2012; *La Preghiera di Gesù*, Libreria Editrice Vaticana, Città del Vaticano 2012)。

【その他】

『新ローマ教皇　わが信仰の歩み』里野泰昭訳, 春秋社, 2005 年（Joseph Ratzinger, *La mia vita: Autobiografia*, Cinisello Balsamo 1997)。

『ナザレのイエス』里野泰昭訳, 春秋社, 2008 年（Joseph Ratzinger/Benedetto XVI, *Gesù di Nazaret*, Milano 2007; Joseph Ratzinger/Benedikt XVI, *Jesus von Nazareth,* Freiburg/Basel/Wien 2007)。

初出一覧
(いずれも，本書にまとめるにあたり，加筆・修正を行った)

第1章　生命倫理と教育──人クローン胚作成の是非をめぐって
　「生命倫理と教育──人クローン胚作成の是非をめぐって」(『カトリック教育研究』第23号 (2006年)，1〜15頁)，「ヒト胚の取扱いとカトリック教会の立場」(『日本カトリック醫師會々誌』第47号 (2008年)，14〜40頁)。

第2章　ES細胞とiPS細胞──現状と展望
　『カトリック社会福祉研究』第9号 (2009年)，57〜96頁。

第3章　植物状態の患者に対する水分・栄養補給をめぐって
　『カトリック社会福祉研究』第8号 (2008年)，59〜96頁。

第4章　同性愛とカトリック教会
　『カトリック社会福祉研究』第7号 (2007年)，57〜95頁。

第5章　ニューエイジとカトリック教会
　『日本カトリック神学会誌』第17号 (2006年)，55〜82頁。

第6章　裁判員制度とカトリック教会
　『宗教法』第30号 (2011年)，79〜101頁。

第7章　カトリック教会の平和論
　関西学院大学キリスト教と文化研究センター編『キリスト教平和学事典』教文館，2009年，95〜102頁(原題「カトリシズム」)。

第8章　ヨハネ・パウロ2世の生涯と著作
　『福音宣教』第59巻第6号 (2005年6月)，16〜24頁。

第9章　ベネディクト16世の教皇職
　『日本カトリック神学院紀要』創刊号 (2010年)，131〜159頁。

人名索引

アウグスティヌス　150, 161, 165, 193, 196
秋葉悦子　7, 9, 10, 12, 13, 17, 27, 29, 30, 50, 144
アテナゴラス　91
アマート，アンジェロ　71, 98
アリストテレス　31
石井美智子　32
石居基夫　140
石島武一　18, 51, 53
磯村健太郎　111, 137, 138, 142
位田隆一　32, 34, 45
稲盛和夫　135
ウィリアムソン，リチャード　184
梅原猛　115, 116
エマソン，ラルフ・ワルド　120
江本勝　137
大薗恵一　35
岡田武夫　116, 142
小倉淳郎　22
O'Malley, SeanPatrick　149
小柳義夫　167, 175, 203

カストゥリリョン・オヨス，ダリオ　185
勝木元也　14, 27, 32, 45
鎌田東二　115
河合隼雄　115, 116
ガリレオ　176
キュング，ハンス　121, 122, 181
グロコルゥスキー，ゼノン　100, 108
小室一成　23
Gonçalves, Teresa Osório　109

斎藤貴男　129
笹井芳樹　23, 35
佐藤初女　134, 135

島薗進　6, 32, 45, 111-15
シャイボ，テリー　50, 51
スカイルスタッド，ウィリアム・S.　51, 72
鈴木秀子　134, 135
スタッフォード，J. F.　119

高柳俊一　181, 182
武田伸一　35
龍村仁　135
チョン・ジンスク（鄭鎭奭）　15
角田幸男　22
ティラノフスキ，ヤン　172
出澤真里　23
（アビラの聖）テレジア　172
トマス・アクィナス　31, 93, 95
豊島久真男　37, 38

中内啓光　23
中辻憲夫　17, 20, 35
中村孝志　23
ニコルズ，アイダン　117, 182
西川伸一　34
西山茂　111
ネメシェギ，P.　vi, 174
Neuhaus, David　202

（使徒）パウロ　189-91
パウロ6世　164, 169, 173, 184
橋爪大三郎　141
Hanegraaf, Wouter J.　114
濱尾文郎　175
Heelas, Paul　114
ピウス12世　55, 72, 73
ビトリア，フランシスコ・デ　169
ファーガソン，マリリン　114
ファン・ウソク（黄禹錫）　21, 36

人名索引

フェレー，ベルナール　184
フォックス，マシュー　116-18, 120
ブッシュ，G.　83
ブラヴァツキー，ヘレナ　119, 126, 127
Fleetwood, Peter　109
ベザント，アニー　119
ベネディクト15世　204, 205
ベネディクト16世（ヨゼフ・ラッツィンガー）　vii-viii, x, 6, 8, 12, 13, 70, 99, 108, 120-22, 130, 150, 152, 154, 164, 165, 168, 170, 181-209
ポリュカルポス　91

マクレーン，シャーリー　114, 120
マシア，J.　4
マッカーシー，E. A.　117
松隈康史　203
マルクス，ハンス・ユーゲン　200
水草修治　137
宮川俊行　x, 7, 9, 15, 31, 39, 56, 62, 74
ミラー，J・マイケル　100, 108
Moon, SingYong　36

山岡三治　203

山中伸弥　24, 37, 39, 47
湯浅泰雄　111, 115
ユスティノス　91
弓山達也　111, 133-35
ユング，C. G.　112, 115, 126-28, 131, 132
York, Michael　114, 171
吉村泰典　28
（十字架の聖）ヨハネ　172
ヨハネ23世　161, 162, 172, 197
ヨハネ・パウロ1世　173
ヨハネ・パウロ2世（カロル・ヨゼフ・ヴォイティワ）　v-vii, x, 49-57, 60-66, 74-76, 88, 93, 97, 102-03, 105-07, 123, 143, 144, 157, 170-79, 182-84, 187, 191, 197, 202, 205
ヨンパルト，ホセ　31, 50, 144

ラッツィンガー，J.　→ベネディクト16世
ルフェーヴル，M.　184
レヴェイダ，ウィリアム・ジョセフ　71, 185

Weigel, G.　171
鷲田清一　32, 45

事項索引

ア 行

『愛と責任』（カロル・ヴォイティワ）　172
『愛の秘跡』（ベネディクト16世）　193
（ヒト）iPS細胞（人工多能性幹細胞）　ix, 17, 18-20, 23-26, 34-39, 47
「iPS細胞研究の推進について（第一次とりまとめ）」　24, 25
アウシュヴィッツ＝ビルケナウ強制収容所　204, 205
アフガン攻撃　175
安楽死　7, 9, 11, 14, 56, 57, 62, 63, 68, 73-76, 84, 155, 175
（ヒト）ES細胞（胚性幹細胞）　vi, viii, 10-13, 17-28, 31-42, 44, 46, 47
ES指針　→「ヒトES細胞の樹立及び使用に関する指針」
EU（欧州連合）　88, 144, 175
意識変容　114, 118, 132, 135
イスラーム　178, 200, 201
『いつくしみ深い神』（ヨハネ・パウロ2世）　177
『いのちの福音』（ヨハネ・パウロ2世）　9-11, 63, 96, 143, 144, 157, 174
祈り　65, 81, 88, 154, 165, 170, 179, 187-90, 200, 203-06, 208
イラク戦争　166, 167, 175
インターネット　112, 116, 177, 191
「ウォーノック・レポート」　31
生まれ変わり　→転生
エキュメニズム　123, 177, 178, 183, 185, 199, 200
『エクレジア・デイ』（ヨハネ・パウロ2世）　184

エクレジア・デイ委員会　184, 185
『エクレジエ・ウニターテム』（ベネディクト16世）　185
エコロジー（環境保護運動）　113, 115, 118, 120, 121, 129, 130
エサレン研究所　126, 128
SCNT－ヒトES細胞（体細胞核移植ヒトES細胞）　21, 22, 32, 34, 35
エゾテリスム　126, 127
エニアグラム　119, 123, 134

カ 行

開発援助　163, 164, 174
解放の神学　vii, 120, 174
核の平和利用　205
『家庭——愛といのちのきずな』（ヨハネ・パウロ2世）　81, 176
カトリック教会　v-x, 4, 6-8, 14, 19, 39, 41, 42, 50, 56, 79, 80-82, 88, 90, 91, 99, 103, 104, 109, 111, 116, 122, 135, 139-45, 150, 151, 153, 157, 159-61, 165-67, 170, 176, 182, 186, 187, 189, 199, 201, 203
『カトリック教会のカテキズム』　vi, 6, 8, 56, 80, 88, 90, 91, 99, 103, 143, 144, 157, 165-67, 170, 176, 189
『カトリック教会のカテキズム要約』　189
カトリック中央協議会広報部
「人クローン胚の作成・利用を容認する総合科学技術会議生命倫理専門調査会の方針決定に対する見解」　44-45
神のいつくしみ　178
神の民　125, 176, 199
『神の民の牧者』（ヨハネ・パウロ2世）

事項索引

125, 176
『神は愛』（ベネディクト 16 世）　164, 185, 192
からだの神学　176
環境保護運動　→エコロジー
韓国司教協議会　123
機関内倫理審査委員会（IRB）　4
気功　113, 114, 116, 123
『希望による救い』（ベネディクト 16 世）　122, 181, 192
9・11 同時多発テロ　167, 169, 175, 202, 205
『急速な発展』（ヨハネ・パウロ 2 世）　178
教育　3-7, 11, 14, 84, 101, 116, 137, 151, 152, 155, 163, 169, 177, 189
教会法　101, 102, 104-06, 139-49, 156, 157, 159, 160, 176, 184, 200
教皇庁医療使徒職評議会（教皇庁医療従事者評議会）
　『保健従事者憲章』　56, 74, 76
教皇庁開発援助促進評議会　56, 62, 74, 76
　『重病者と臨死者に関するいくつかの倫理的問題』　56, 62, 74, 76
教皇庁家庭評議会
　『家庭，結婚，事実上の結合』　88
　『ヨーロッパの司教協議会会長たちへの手紙――同性カップルに関する欧州議会の解決について』　88
教皇庁教育省
　『同性愛の傾向をもつ人の神学校への受け入れと叙階に関する召命の識別基準について』　ix, 79, 84, 86, 99-108
教皇庁教理省　8-12, 39, 41, 49-52, 55-56, 58, 59, 62, 70-73, 76, 79-84, 86, 88, 89, 91, 94, 96-99, 104, 105, 116, 120, 155, 165, 166, 174, 185, 187
　『安楽死についての声明』　56, 73, 74, 76
　『解放の神学のいくつかの側面について』　174
　『教皇ヨハネ・パウロ 2 世自発教令『信仰を守るために』(Ad tuendam fidei) に対する解説』　10
　『教理に関する覚え書き――カトリック信者の政治参加に関するいくつかの問題について』　11, 84, 89, 155
　『教理に関する覚え書き――福音宣教のいくつかの側面について』　187, 188
　『自由の自覚』　174
　『人格の尊厳――生命倫理のいくつかの問題について』　40
　『生命の始まりに関する教書』（『人間の生命の始まりに対する尊重と生殖過程の尊厳について』）　8, 39, 41, 42, 94
　『性倫理の諸問題に関する宣言』　80
　「全米司教協議会から提出された人工的栄養補給と水分補給に関する問いに対する回答」　49, 70-72
　「『全米司教協議会から提出された人工的栄養補給と水分補給に関する問いに対する回答』の解説」　49, 72-77
　『堕胎に関する教理聖省の宣言』　7, 8
　『同性愛者間の結合に法的承認を与えようとする提案に関する考察』　ix, 79, 82-84, 86, 88-98, 104
　『同性愛者への司牧的配慮に関するカトリック教会司教への書簡』　82, 88, 91, 104
　『同性愛者を差別しないことに関する法的提案に対する応答についての若干の考察』　88, 96, 104, 105
教皇庁国際神学委員会　vii, 6, 12, 31, 81, 177, 194
　『人間の尊厳と科学技術』（『交わりと管理――神の像として造られた人間の人格』）　6, 12, 31, 81
　『普遍的倫理の探求――自然法の新た

事項索引　217

な展望』　vii
教皇省国務省　12
「人クローン個体産生禁止に関する国際協議に向けて――人クローン作製に関する聖座の見解（2004 年 9 月 27 日）」　12
「ヒト胚クローンについての教皇庁見解（2003 年 7 月 17 日）」　42, 43
教皇庁諸宗教対話評議会　vi, 109–11, 136
「ニューエイジに関する司牧的考察」　136, 137
『ニューエイジについてのキリスト教的考察』　vi, ix, 109–12, 114, 116, 124–34, 138
教皇庁正義と平和評議会　152
『教会の社会教説綱要』　152, 167–70
教皇庁生命アカデミー　9, 10, 13, 30, 41, 49–51, 58, 60, 66
「クローニングに関する考察」　10
『着床前の段階のヒト胚――科学的側面と生命倫理学的考察』　13, 30
「ヒト胚性幹細胞の作成および科学的・治療的使用に関する宣言」　10, 41
教皇庁文化評議会　vi, 109, 136
教皇庁法文評議会　99, 147
共産主義　173, 174, 202
共通善　11, 81, 83, 89, 93, 95–97, 129, 143, 157, 163, 166
教導職（教導権）　vii, 9, 11, 12, 14, 49, 51, 52, 73, 82, 100, 103, 111, 116, 122, 143, 156, 177, 184
『キリスト者の一致』（ヨハネ・パウロ 2 世）　177
グノーシス主義　112, 119–21, 124, 126, 130
グラウンド・ゼロ（世界貿易センタービル跡地）　205
苦しみ　70, 74, 132, 133, 177, 190, 202
グローバル化　183, 202
「クローン技術規制法」→「ヒトに関するクローン技術等の規制に関する法律」

（人）クローン胚　vii, 3, 6, 7, 11, 14, 17–23, 26, 28–30, 32–47
　研究目的の――作成　21, 26, 28, 29, 46, 47
　生殖目的の――作成　10, 12, 21, 26, 41, 44
軍備拡張競争　163, 166
経済的不平等　163, 166
結婚　81–84, 88–95, 97, 101, 135, 155, 164, 172, 173
原始線条　30, 31
『現代の司祭養成』（ヨハネ・パウロ 2 世）　102, 103, 105–07, 176
『行為する人格』（カロル・ヴォイティワ）　172
公共政策　4–7
功利主義　31
国際バイオエシックス学会　4
国際法　161, 168, 169
「国際麻酔学会に対する演説」（ピウス 12 世）　72
国民の科学理解教育（PUS）　5
国連（国際連合）　3, 5, 12, 41, 47, 94, 130, 163, 164, 167–69, 173–75, 205
　国連憲章　167, 168
　「児童の権利に関する条約」　94
「国連総会での演説」（ベネディクト 16 世）　168, 169, 205
「国連総会での演説」（ヨハネ・パウロ 2 世）　173, 205
国家　5, 6, 47, 83, 91, 93, 95, 112, 142–45, 147–54, 157, 159, 162–69, 174, 197, 198, 204, 206
　――宗教　154, 198
　――主義　112
骨髄間質細胞　23
子ども兵士　169

サ　行

再生医療　15, 19–25, 32, 33, 35, 38, 41, 45, 47

事 項 索 引

最低意識状態　53, 66
裁判員制度　ix, 139-47, 149, 155-60
細胞移植　21, 23, 33, 35
『サルヴィフィチ・ドローリス――苦しみのキリスト教的意味』（ヨハネ・パウロ2世）　177
産児制限　164
3前核胚　18, 36, 37, 47
「佘山（シェシャン）の聖母への祈り」（ベネディクト16世）　203
死刑　14, 140, 141-44, 149, 155-57
自己啓発セミナー　113, 133
司祭年　189
自然科学　vii, 14, 122, 126, 197
自然死　11, 55, 62, 75
自然的な手段　55, 56, 62, 76, 77
自然道徳律　→（道徳的）自然法
（道徳的）自然法　vii, 6, 9, 11, 14, 31, 80, 81, 83, 89, 90, 92, 93, 103, 151, 155, 161, 162, 164, 166, 173
疾患モデル　23, 33-35, 47
執拗な治療　51, 69
シノドス　→世界代表司教会議
シビル・ユニオン法　83
（教会の）社会教説　11, 101, 151, 152, 167-70
宗教多元主義　120
『主のことば』（ベネディクト16世）　195, 207
『主の日――日曜日の重要性』（ヨハネ・パウロ2世）　177
ショア（ホロコースト）　168, 184, 185
初期胚　13, 15, 27, 31
（持続的）植物状態　viii, ix, 49-77
「植物状態をめぐる科学的・倫理的問題の考察」（世界カトリック医師会／教皇庁生命アカデミー）　49, 51, 66-69
諸宗教対話　109-11, 178, 185, 199, 201
『女性の尊厳と使命』（ヨハネ・パウロ2世）　178

人格　6-8, 10-13, 29, 30, 40, 55, 61, 63, 67, 68, 70, 75, 76, 89, 90, 93, 95, 103, 107, 117, 121, 126, 134, 137, 169, 172, 173, 193
人格主義　30
『神学大全』（トマス・アクィナス）　93, 95
信教の自由　6, 139, 140, 141, 146, 150, 153-55, 173, 187, 198, 202
信仰　6, 10, 11, 15, 105, 110, 114-20, 122, 125, 131, 134, 140, 142, 146, 150-52, 154, 155, 159, 160, 165, 170, 172, 177, 181, 182, 185-87, 189, 190, 195-98, 200, 201, 203, 209
人工的な水分・栄養補給　ix, 49-59, 62-64, 68, 70, 72-77
『信仰と理性』（ヨハネ・パウロ2世）　177
人工妊娠中絶（堕胎）　7-9, 11, 14, 84, 119, 155, 174, 175
信者（信徒）　6, 11, 81, 83, 84, 89-92, 96, 115, 119, 123, 134, 136, 137, 139-47, 150, 155-57, 159, 160, 172, 176, 186, 187, 189, 191, 193, 194, 199, 202, 203
新宗教　109, 111, 112
新新宗教　111, 112
『新千年期の初めに』（ヨハネ・パウロ2世）　124, 178, 182
神智学（協会）　113, 118-20, 126, 127
人智学（協会）　113, 118
人道的介入　168, 175, 205
『真理の輝き』（ヨハネ・パウロ2世）　6, 14, 174, 177
心霊主義（スピリチュアリズム）　112, 118, 125, 127
『救い主の使命』（ヨハネ・パウロ2世）　177
『救い主の母』（ヨハネ・パウロ2世）　177
スピリチュアリティ　111, 112, 115, 125, 128, 131, 135-37

事項索引

滑り坂　viii
『スラブ人の使徒』（ヨハネ・パウロ 2 世）　177
『スンモールム・ポンティフィクム』（ベネディクト 16 世）　184
生活の質　57, 63, 64, 68
正義　95, 150-52, 162, 163, 165, 167, 169, 170, 174
政教分離　141, 145, 150, 152, 155
聖座（バチカン）　vii, 9, 12, 56, 62, 74, 76, 88, 109-11, 149, 164, 177, 184, 191, 203
政治（家）　viii, x, 3, 6, 11, 50, 84, 89, 96, 129-31, 143, 150-52, 154, 155, 162, 164, 166, 169, 173
聖書解釈　193-95
聖職者　99, 103, 140-49, 155, 157-60, 184, 189
生殖補助医療　8, 18, 20, 27, 29-31, 36, 47, 175
正戦論　→正当な戦争
聖体　177, 190, 192, 193
『聖体の秘義と礼拝について』（ヨハネ・パウロ 2 世）　177
聖伝　80, 81, 91, 195
正当な戦争　165, 166
正当防衛権　162, 165, 167
聖ピウス 10 世司祭兄弟会　184, 185
生物・化学兵器　166
「『生命維持措置と植物状態に関する国際会議』参加者への挨拶」（ヨハネ・パウロ 2 世）　49-58, 60-65, 75-76
生命倫理　vi, viii, 3-7, 10, 12, 13, 17, 19-21, 23, 25-34, 36, 39, 40, 44-46, 50, 144
生命倫理教育　5, 7
（総合科学技術会議）生命倫理専門調査会　vi, 3, 5, 6, 19-21, 23-30, 32-34, 36, 38, 39, 44-47
「ヒト胚の取扱いに関する基本的考え方」　3, 19, 28, 29, 32, 33, 39, 41, 44, 47

『聖霊——いのちの与え主』（ヨハネ・パウロ 2 世）　177
世界代表司教会議（シノドス）　102, 165, 176, 192-95
世界平和祈祷集会　170, 178
世界平和の日　169, 170, 175
セクト　109, 112, 123, 125
禅　123
遷延性意識障害　→（持続的）植物状態
戦争　14, 161, 162, 163, 165-68, 175, 204
全米司教協議会　49, 51, 70, 72, 82, 134, 149
『常に変わることのないわたしたちの子ども——同性愛の子どもの両親への司牧的メッセージおよび司牧奉仕者への勧め』　82
『同性愛の傾向をもつ人への奉仕』　82
全米司教協議会教理・司牧事務局
『エニアグラムの起源に関する報告』　134
総合科学技術会議　3, 5, 19, 20, 24-26, 28, 29, 32-34, 36, 38, 44, 46, 47
相対主義　44, 119, 120, 125, 153, 154, 198
（人格、人間、人の）尊厳　x, 6, 8, 10, 12, 13, 26, 27, 29, 31, 39, 40, 43, 47, 50, 55, 61-63, 67, 68, 70, 75, 76, 81, 94, 130, 143, 144, 157, 165, 169, 173, 185
尊厳死　53

タ 行

第 1 次世界大戦　204
体外受精　9, 31
体性（成体）幹細胞　11-15, 20, 22, 32, 42
第 2 次世界大戦　161, 167
第二バチカン公会議　x, 6, 89, 99, 101-03, 105, 110, 139, 143, 150, 153,

156, 161, 165, 170-74, 176, 177,
181-84, 186, 197-200
　──の解釈　　171, 177, 181-83,
197-99
『エキュメニズムに関する教令』
200
『神の啓示に関する教義憲章』
193-95
『教会憲章』　　139, 176, 186
『教会における司教の司牧任務に関す
る教令』　139
『キリスト教以外の諸宗教に対する教
会の態度についての宣言』　200
『現代世界憲章』　　6, 89, 143, 150,
156, 161-66, 169, 170, 172
『司祭の役務と生活に関する教令』
102, 103
『司祭の養成に関する教令』　　101,
105
『信教の自由に関する宣言』　6, 153,
198
堕胎　→人工妊娠中絶
多様性　　130, 131, 142, 154
『男性のみの司祭叙階を守るべきこと に
ついて（オルディナチオ・サチェルド
ターリス）』（ヨハネ・パウロ2世）
102, 178
地球倫理（協会）　　116, 121, 122, 130,
131
チャネリング　　115
中国の教会　　202, 203
超越瞑想　　113, 118
釣り合いのとれた措置　51, 52, 54, 56,
62, 70, 72-74, 76, 77
ディープ・エコロジー　　113
テロリズム　　167, 169, 175, 202, 205
転生（生まれ変わり）　115, 117-19,
132
ドイツ基本法　　26
「ドイツ連邦議会での演説」（ベネディク
ト16世）　　viii
同性愛　　ix, 79-86, 88, 90-93, 95-97,

99, 100, 102-05, 107
　──の傾向　　79-82, 84-86, 91, 96,
99, 100, 102-04, 107
　──文化　　85, 99, 104
同性結合　　79, 81-84, 88, 90-97
動物性集合胚　　28
東方教会法　　102, 104-06, 176
「特定胚の取扱いに関する指針」
17-19, 21, 26, 28, 32, 33, 46
閉込め症候群　　53, 66
トランスパーソナル心理学　113, 116,
128

ナ　行

『ナザレのイエス』（ヨゼフ・ラッツィン
ガー／ベネディクト16世）　182,
195, 209
日本カトリック司教協議会　v, ix, 3,
18, 39, 43, 44, 47, 139, 140-43, 146,
147, 150, 156, 157, 159, 160, 170
『いのちへのまなざし』　143, 157
「カトリックの聖職者の裁判員辞退に
ついて」　　140, 142, 145, 147,
159-60
「「裁判員制度」について──信徒の皆
様へ」　140-42, 145, 147, 156-58
「「ヒト胚の取扱いに関する基本的考え
方」（中間報告書）についての意見」
3, 41-43
日本カトリック司教協議会常任司教委員
会　　18, 39, 47
「「特定胚の取扱いに関する指針等の改
正案」への意見」　46-47
日本生命倫理学会　　4
ニューエイジ　　vi, vii, ix, 109-37
『人間の贖い主』（ヨハネ・パウロ2世）
177
人間の生命の始まり　　7, 8, 10, 39, 94
ネオ・ペイガニズム　　113, 118
脳死　　52, 53, 66

事項索引

ハ　行

『パーチェム・イン・テリス』（ヨハネ23世）　161, 162
パートナーシップ法　82, 83
バイオポリティクス　5
パウロ年　189, 190, 191
バチカン　→聖座
発生生物学　7, 8, 13, 30
パブリックコメント　vi, 3-5, 17, 18, 22, 28, 33, 39, 44
『反対を受けるしるし』（カロル・ヴォイティワ）　198
非合理（性）　119, 120
「ヒト iPS 細胞又はヒト組織幹細胞からの生殖細胞の作成を行う研究に関する指針」　26
「ヒト ES 細胞の樹立及び使用に関する指針」　17-21, 25, 28, 39, 46
「ヒト幹細胞を用いる臨床研究に関する指針」　22, 23
ヒト幹細胞を用いる臨床研究に関する指針の見直しに関する専門委員会　23, 35
人クローン胚研究利用作業部会　17, 18, 22, 23, 28, 32-37, 46
「人クローン胚の研究目的の作成・利用のあり方について（第一次報告）」　17, 19, 32-34, 36, 38, 46, 47
「ヒトに関するクローン技術等の規制に関する法律」　19, 21, 26, 28, 30
人の生命の萌芽　26-29, 47
ヒト胚（ヒト受精卵，ヒト受精胚）　vi-viii, 3, 4, 7, 9-14, 19, 26-33, 36, 37, 39, 41-47
　　──の尊厳　4, 7, 14, 19, 30, 44, 47
ヒト胚研究小委員会　27, 30
「ヒト胚性幹細胞を中心としたヒト胚研究に関する基本的考え方」　27, 31
「ヒト胚の取扱いに関する基本的考え方」

　→生命倫理専門調査会
非暴力　162, 165
ヒューマン・ポテンシャル運動　118, 126, 128, 133
貧困　77, 163, 175
フィリピン司教協議会　123
『ニューエイジ入門』　123
フェイスブック　191
フェミニズム　118, 120, 121
武器売買　166
福音宣教　138, 139, 154, 175, 177, 186-92, 194, 195
　新しい──　177
『フマーネ・ヴィテ』（パウロ6世）　164, 173
平和（論）　ix, x, 150, 154, 155, 159, 161-70, 175, 178, 185, 201-06
平和教育　163
ベトナム社会主義共和国　203
補完性の原理　164
保護する責任　168, 205
ホリスティック医療　113, 129
ホロコースト　→ショア

マ　行

マクロビオティック　113
マスメディア　135, 163, 191
マリッジ・エンカウンター　133
民主化　122, 173, 175
民族浄化（民族虐殺）　162, 166, 168
無差別攻撃　166
免疫拒絶　21
免疫抑制　35

ヤ　行

優生学　63
UNESCO（国連教育科学文化機関）　5, 131
『ヨーロッパにおける教会』（ヨハネ・パウロ2世）　125

ヨガ　118, 123
予防的戦争　166–68

ラ・ワ 行

ラテンアメリカ　vii, 174
理性　vii, 7, 8, 14, 18, 30, 32, 33, 38, 47, 72, 83, 88, 89, 92, 93, 120, 122, 151, 152, 169, 177, 197, 198, 200
良心的兵役拒否　162, 166
良心の教育　6, 7, 11, 14, 151, 159
倫理教育　152
レイキ　113, 114

冷戦　162, 174, 202
霊的読書（lectio divina）　195
礼拝　123, 154, 177, 192, 193
レトロウイルス　39
ロシア　127, 174, 178, 202, 203

ワールドユースデー（WYD）　121, 175, 176, 192
和解　168, 176–78, 181, 184, 186, 203–05
湾岸戦争　175

岩本 潤一（いわもと・じゅんいち）
1959年神奈川県茅ヶ崎市に生まれる。1990年上智大学大学院博士前期課程哲学研究科哲学専攻修了。真生会館聖書センター嘱託職員，上智大学中世思想研究所常勤嘱託職員をへて，現在カトリック中央協議会司教協議会秘書室研究企画主任研究員。日本カトリック教育学会常任理事，一般財団法人真生会館評議員。
〔主要業績〕（翻訳）『ギリシア語新約聖書釈義事典Ⅱ・Ⅲ』教文館，1994－1995年（荒井献・H. J. マルクス監修，共訳），教皇庁国際神学委員会『人間の尊厳と科学技術』カトリック中央協議会，2006年，同『洗礼を受けずに亡くなった幼児の救いの希望』カトリック中央協議会，2010年，同『普遍的倫理の探求――自然法の新たな展望』カトリック中央協議会，2012年。
（論文）「解釈学と政治的想像力――P・リクールの「イデオロギーとユートピア講義」をめぐって」（『人間学紀要』21号，1991年），「『カトリック教会のカテキズム』と『カトリック教会のカテキズム要約』――その神学的意味」（『日本カトリック神学院紀要』2号，2011年）ほか。

〔現代カトリシズムの公共性〕　　　　　　ISBN978-4-86285-136-9

2012年8月10日　第1刷印刷
2012年8月15日　第1刷発行

訳著者　岩　本　潤　一
発行者　小　山　光　夫
製　版　ジャット

発行所　〒113-0033 東京都文京区本郷1-13-2
電話03(3814)6161 振替00120-6-117170
http://www.chisen.co.jp
株式会社 知泉書館

© LIBRERIA EDITRICE VATICANA　　Printed in Japan　　印刷・製本／藤原印刷